山东省社会科学规划研究项目文丛·普及应用研究项目"以'红色地图'为载体的高校大学生红色基因传承实践研究"（项目编号：2020-SKZZ-03）成果

山东支前民众
口述资料汇编

陈建坡 ◎ 主编

九州出版社
JIU ZHOU PRESS

图书在版编目(CIP)数据

山东支前民众口述资料汇编／陈建坡主编. -- 北京：
九州出版社，2021.5

ISBN 978-7-5225-0009-6

Ⅰ.①山… Ⅱ.①陈… Ⅲ.①第三次国内革命战争-
史料-山东 Ⅳ.①K266.06

中国版本图书馆 CIP 数据核字(2021)第 088610 号

山东支前民众口述资料汇编

作　　者　陈建坡　主编

责任编辑　郝军启

出版发行　九州出版社

地　　址　北京市西城区阜外大街甲 35 号(100037)

发行电话　(010)68992190/3/5/6

网　　址　www.jiuzhoupress.com

印　　刷　北京九州迅驰传媒文化有限公司

开　　本　787 毫米×1092 毫米　16 开

印　　张　16

字　　数　280 千字

版　　次　2021 年 5 月第 1 版

印　　次　2021 年 5 月第 1 次印刷

书　　号　ISBN 978-7-5225-0009-6

定　　价　58.00 元

前　言

　　2019 年金秋，中华人民共和国喜迎 70 华诞。生活在繁荣开放新时代的青年一代，未曾忘记那些革命岁月中为了理想顽强拼搏的英雄战士，也未曾忘记那些追随党的事业为了美好新生活默默奉献的普通群众。70 多年前，决定着中华民族两种不同前途、两种不同命运的第三次国内革命战争（解放战争）打响。山东，因其重要的战略地位成为战争的主战场之一，也是中国共产党和人民解放军的战略后方基地之一。从 1945 年 9 月至 1949 年 8 月四年间，齐鲁大地发生了 20 余次比较著名的战役，每一次胜利，都离不开人民群众的大力支援。山东人民响亮地提出"解放军打到哪里，我们就支援到哪里！"从黄海之滨到微山湖畔，从鲁北平原到泰沂山区，在纵横 15 万平方公里的土地上，掀起了家家户户齐动员、男女老少忙支的前革命热潮。据华东支前委员会的不完全统计，从 1946 年 7 月至 1948 年 9 月两年的时间，山东先后动员 5886669 名民兵、民工，其中随军民工 379443 名，二线常备民工 144130 名，临时民工 4066096 名；整个战争时期更是输送了 95 万多兵员，出动 1106 万多名民兵、民工，使用了 146.8 万辆大小车辆，76.5 万头大牲畜，出动了 43.5 万副担架，支援了华东、中原、东北和西北四大野战军。支前群众"随军漂大海，进东北；走齐鲁，转沂蒙；渡黄河，挺中原；战淮海，下江南。转战 17 个省市，走遍大半个中国，参加了几十个战役。山东人民为支援解放战争做出了巨大的贡献，同时也付出了重大牺牲。在解放战争中，有 11 万多齐鲁英雄儿女血洒疆场，用鲜血和身躯换来了新中国的诞生"（张劲夫）。

　　每一段历史都值得回忆，每一个精彩画面都应该被牢牢记住。山东人民在革命战争年代可歌可泣的支前运动，为后人留下来无比珍贵的精神财富，留下了许多深刻的启示。逢中华人民共和国建国 70 周年之际，回看解放战争时期的那段艰难岁月，我们深知革命的胜利来之不易。正是无数朴实无华的普通民众激情昂扬地支援前线，保障了革命胜利的早早到来。其中，已有很多经典故事为我们熟知传颂，但也有更多则仅留存在个人的记忆中，甚至多数已随着他们的离世而永远消逝了。这些发生在普普通通民众当中的"小事情"却承载了那个年代热血青年的价值追求，印证了民族的精神和文化，需要青年一代去挖掘、整理、继承和弘扬。

早在 2013 年，习近平总书记在视察兰州军区时就提出了"红色基因"的概念，指出，"要把红色资源利用好、把红色传统发扬好，加强党史军史和优良传统教育，把红色基因一代代传下去"。此后，他又在多个场合号召全社会铭记光辉历史、传承红色基因、发扬革命精神，强调要将红色精神"深深融入中华民族的血脉和灵魂，成为社会主义核心价值观的丰富滋养"。大学生作为新时代青年的重要组成部分，肩负着中华优秀传统文化弘扬和红色基因传承的重要使命。与共和国同龄的山东青年政治学院原属山东省团校，建校 70 年来始终秉持培养"青年政治人才"的初心和使命，大力传承弘扬红色基因，与新中国同频共振、同向同行。因此，为迎接中华人民共和国成立 70 周年和建校 70 周年，我们于 2019 年暑假动员、组织在校大学生开展了"铭记历史·不负远期——那些年支前民众的革命岁月"专题口述史调研活动。活动以参与过支前运动的 80 岁以上老人为访谈对象，从历史亲历者的角度来记录大历史中小人物的心路历程，力图还原最真实而又最易逝的普通民众眼中的岁月，挖掘和整理那段特殊历史时期齐鲁大地上发生过的弥足珍贵的感人故事，使青年大学生更直观地了解支前运动的历史，更深刻地理解那些曾经为共和国成立做出贡献的"普通人"的革命情怀，使红色故事得以流传、红色基因得以继承和弘扬。

经过为期 5 个多月 50 余名师生的精心准备和积极运作，一次次虔诚真挚的对话材料、一张张饱含记忆的照片、一桩桩尘封已久的记忆、一件件满载荣誉的奖章证书陆续呈现在面前，为进一步开展山东民众支前运动的学术研究和社会教育提供了宝贵的资料和鲜活的素材。得益于山东省"十三五"高水平应用型培育建设专业——社会工作专业群项目的资助，我们现将第一期的调研成果编辑成册，希望能使更多的人了解那段不平凡的历史，了解那段革命岁月中普通民众的家国情怀，使支前民众的精神得以弘扬、红色基因更加深入人心。

编者

2019 年 12 月 6 日

目　录

王克昌支前口述资料

王 纯

（政治与公共管理学院政治学与行政学专业 2017级三班）

采访者简介

　　我是王纯，来自临沂临沭县的蛟龙航空小镇。性格温和，内在坚毅。我是一个正能量满满的小伙子。"知足，知不足；有为，有不为"，我始终相信我们的征途是星辰大海，并为了梦想全力以赴。上大学以来，我积极参加各种活动锻炼自己：参加过山东省艺考志愿服务、"青春引擎"助力基层团组织挂职锻炼、济南市历城区创城志愿服务、济南市供气供暖服务满意度调查、聊城市公共服务质量满意度调查等活动。获得过优秀共青团员、优秀学生干部、校奖学金三等奖等荣誉。

一、受访者基本信息表

调研点	山东临沂市临沭县曹庄镇朱村	受访者编号		WC20190728WKC	
调研员姓名	王纯	调研员单位		山东青年政治学院	
受访者姓名	王克昌	受访者性别	男	受访者年龄	88
支前时年龄	18	参与支前的类型		运粮队、担架队	
土改时成分	中农	支前时家庭人口数		10	
受访者结婚时间	1953	受访者子女数量		5（两男三女）	

首次采访时间	2019.07.28	调研员联系方式	17860523050
受访者所在村庄基本情况	朱村隶属山东省临沭县曹庄镇，位于鲁东南苏鲁交界处，西倚岌山，东傍沭河，与大官庄水利枢纽遥相呼应。该村水陆交通方便，地理条件得天独厚，自然环境十分优美。因境内河流纵横、溪水汇流、玉带缠绕，呈"九龙戏珠"之格局，故村庄由此得名"珠村"。历代村民由于崇尚朱子儒学，后正式更名为"朱村"。		
受访者基本情况及个人经历	王克昌老人 1929 年出生，11 岁娘去世，17 岁爹去世，从小跟着哥嫂还有姐姐生活，婚后有三个女儿两个儿子。老人小时候因为家庭经济困难，上学只上到三年级。1956 年开始担任当地生产队会计 14 年；1979 年开始，在大队自建窑厂工作，主要负责销售；采访时，老人在家做点小买卖，有一定收入。老人现在的家庭是四世同堂，家庭和睦。但大部分人都不在家居住，有的在临沂，有的在郯城，有的在上海，只有二儿媳妇在家照料老人生活。老人对生活没有太大的要求，对于现在的生活很满足。 王克昌老人非常关心国家大事，了解民生动态，积极拥护和支持习近平总书记提出的党风廉政建设和反腐败斗争，并将"爱党爱军、开拓奋进、艰苦创业、无私奉献"的沂蒙精神传播给后辈，以言传身教影响着身边人，在当地有极高的声誉。2013 年 11 月习近平来到山东临沭县曹庄镇朱村"老支前"王克昌家看望并请他"批评指正"。总书记说，我们这一代、下一代都要沿着中国特色社会主义道路向前，让老区人民生活得更幸福。老人说，祖国的强大就是他最大的喜事，作为社会实践队员，我们热血沸腾，愿意秉承光荣革命传统，发扬伟大抗战精神。 他认为大学生是国家的财宝，是国家的希望，对他们最大的期望就是好好学习天天向上，时刻准备报效国家。老人的热血澎湃让我们年轻人感受到了那热血的革命精神，老人是红色革命精神的传承者，更是红色革命精神的践行者。他的记忆里留存有太多的故事，值得我们继续挖掘。		

二、全文整理

访谈时间：2019 年 7 月 28 日

Q＝王纯　A＝王克昌老人

王克昌老人是全国著名的"支前模范"，习近平总书记曾登门看望他。老人也不断接受从中央到地方各种媒体的采访，但他最喜欢的还是和来自全国各地高校大学生讲他年轻的经历和感悟。因为调研员和老人所住的村庄不远，比较顺利地与老人取得联系，约好时间前往拜访。

Q：爷爷，您好，我是来自山东青年政治学院的学生，我们正在做"铭记历史·不负远期——支前民众的革命岁月"口述史调研，这个活动在全省 17 地市同时开展，主要就是找您这样的支前模范聊一聊支前运动的一些故事。

A：好啊，你们做的这个事很有意义。

Q：爷爷，我们了解到 2013 年咱们习主席还特意来探望过您是吧？

A：是的是的。他（习近平总书记），还有省委书记，在俺"当天子"① 和俺大队书记，还有俺二儿，俺儿媳子，拉了半天呱。

Q：哦，那时候的省委书记是谁呀？

A：姜异康书记啊。

Q：几年了？有 5 年了吧。

A：6 年，2013 年到 2019 年的 11 月就 6 周年了。

Q：爷爷，您的记忆是真好啊，都过去 6 年了，您连哪一天都记得清清楚楚的。那咱们找个地方坐着慢慢聊聊，好吗？您这屋挺凉快的啊。

A：是啊，这不，有开的空调，这是咱政府给我安装的，去年安的。平时我不用开的，不怕热，这不你们要来我就开着了。

Q：爷爷，我们做的这个关于支前运动的调研啊，之前在章丘那边，老师就带着我们找过好几个老人访谈过，也准备了一个提纲。您记忆特别好，今天我们就随便聊，之后我们再整理。

A：哈哈哈，好好好，人老了，有些事也记不那么清楚了。

---

① 院子。

Q：爷爷，今年正好是新中国成立的七十周年，我们开展这个"铭记历史，不负远期"的一个主题教育活动，目的是让我们这些新时代的青年人能够更多地了解咱沂蒙精神，接受熏陶和教育。

A：你们的想法不错。你是哪的人啊，小伙子？

Q：我是册山那边的。

A：册山我知道。俺亲家在那里，离这有 45 里路。

Q：嗯，您去过我们那里啊？

A：那个罗庄、付庄、汤庄……那些煤矿，没有我没去过的地方。

Q：嘿，我是付庄镇的。

A：你是付庄的？

Q：嗯嗯，付庄的。

A：付庄，那时候有个供销社，有个旅社，我经常在付庄住。当时我在大队的砖厂搞外调，到处跑。你看我现在能记住好多事，也和那段工作经历有关系。

Q：哦哦，爷爷您到的地方不少，那大概是啥时候呢？

A：那还是八五、八六、八七年那个时间，那个时候恁①还不大。

Q：嗯嗯，像我们这几个学生，都是九八、九九年出生的。

A：哈哈哈，那还没有你们。现在看你们真好啊，你们这些年轻人都是国家的栋梁、国家的财宝啊。

Q：谢谢您的夸奖啊，爷爷。我们就是想通过这么一个活动，让更多的年轻人能够不忘历史，不要忘记那段艰难岁月和你们那代人拼搏奋斗的精神。那个时候您大约也像我们这么大，是我们学习的榜样。所以我们想听您讲一讲您年轻的故事。那咱现在就开始，行吗，爷爷？

A：行，恁都是大学生哦。之前有北京大学来的，南京大学来的，青岛大学来的，今年暑假来这三伙了，加上你们已经是第四伙了。你看，上面这张就是我们在大队的合影。

Q：我们几个在济南那边上学，都是咱这边的学生。

A：济南我去过。这不抗日战争 70 周年，在那里开会，叫我去的济南，住那个隆福医院②。后来开会呢，济南南郊宾馆开的，姜异康书记讲的话。

Q：哦，挺好哈。您是以什么身份被邀请去的呢？

---

① 你们。

② 老人家记错了，隆福医院在北京。

A：支前模范啊！建国70周年，可能要我去参加这个国庆节的。

Q：太棒了，去天安门观礼啊。

A：嗯，头两天上县里查完体了，问题不大，可以去。

Q：坐什么车去啊，火车还是汽车？

A：那咱还不知道县里怎么安排的，听县里安排。

Q：哈哈哈，是是是。

A：怎要问我哪方面的事？

Q：就是关于支前运动，支爱前线，时间大约在1946到1949年左右。

A：四八年的阴历①九月，共产党到了咱这边，过了阳历年回来的。这个全国大军南下，一开始在孟良崮消灭了蒋介石的七十四师，还有那个解放济南，接着就南下了吧。南下的时候，莒南跟临沭两个县的民工，组织到前线去帮忙，那时候郯城县属于国民党驻地，就俺这两个县的。一开始去呢，俺们这个名叫什么呢，就是预备役担架队。

Q：哦，咱这去的支前队伍都是预备役担架队吗？

A：用着就用，用不着就是跟着走，预备着，没定日期，俺村里摊上25口子抬担架的。也不全是抬担架，别的村也有干其他事的，我知道的还有运粮队。

Q：这个25口子是怎么出的？是自愿报名的还是村里安排的呢？

A：就是村里安排的，然后老百姓参加的。

Q：派的，是吧？

A：派的，得要壮年。因为那时候我还不是壮年啊，我那年才18岁，本来是派的俺哥。俺哥呢，得过两次肺肿，不能出大力，走路喘不开。我不是跟着俺哥嘛，就替俺哥去的。俺因为打小吧，11岁没有娘，17岁没有爹，就跟着俺哥，他摊上这个事呢，我就替他去了。一开始呢，先奔的泉源，奔郯城，一直到了运河，到运河呢，碰上碾庄战役了，打黄百韬。

Q：哦，碾庄战役啊，挺有名的，我们历史书上学过。

A：开的碾庄会议，那里那个车站，叫碾庄子。这个黄百韬部队驻扎在那呢。

Q：碾庄在哪？

A：碾庄子，铁路桥嘛。这个，过去运河车站就是赵墩，赵墩过去就是碾庄子。

---

① 农历。

Q：碾庄离咱这有多远？

A：离这啊，得有二百多里路。

Q：二百多里路，不近啊。

A：嗯嗯，在徐州东了，咱这边离徐州得有三百里。

Q：您这是四八年底跟着一起走吗？

A：是的，跟着一起走的。经历了淮海战役，打黄百韬。黄百韬这个兵团在哪里去的呢，是在连云港撤回去的。咱共产党的兵搁哪里去的呢，是从宿迁过来的。两伙人就在碾庄子遇到了，解放军在碾庄子把他掐断了，这个战役就开始打了。在碾庄子西边打的仗，后来西边的这个兵团就跑徐州去了。而碾庄子东边的这伙呢就投降了，缴枪投降就成了解放军了。这些投降的人过来了以后，组织开了两个会，就连军装都不换，接着就去打仗。国民党部队吧，这个性质不行，他跟咱中国共产党的性质不一样。共产党的部队是自愿参军，他（国民党）是抓壮丁。你这个村子来了任务，要几个兵，就问保长要，他国民党叫保长不叫村长。

Q：哦哦。

A：他看到我们张三家小孩、李四家小孩身体还行，黑天半夜的他就像逮犯人一样地逮去。逮去当兵你说他能为你打仗吗？

Q：是的，没有战斗力。

A：咱这边是带着大红花参军的，敲锣打鼓欢送，这是什么心情，所以说国民党失败就在这里。

Q：是的，他（国民党）那都是一些空数字，没什么战斗力。

A：是啊。这个呢，他（国民党军队）是官僚主义太多，他不跟咱这解放军。人民解放军呢，是官兵平等。当然，领导得说话算数。在政治上呢，是平等的，不是敢说你当官成天老爷了，你不当官成孬种了。所以说呢，他（国民党）不撑打。从碾庄子打完了以后呢，接着就上了徐州，在徐州转了几天。徐州没用打，徐州没用打为什么呢？在徐州有个飞机场，飞机场有个火药库，有一天早上的四点钟，天不明，这个火药库失了火。不能那么巧就失火了是吧，说实在的这都是我们的人干的。咱共产党在国民党那边进的人不少，去不干的也不少①。这次从四点钟开始火药库失了火，一个劲地响起，响到什么时候啊，响到十一点多，白天的十一点多，就一个劲地响起。徐州城里了呢，都晕晕的，也不知道怎么回事啊，这徐州城里当兵的在跑，老百姓

---

① 指脱离国民党部队。

也跑。就顺着这个新浦铁路往南跑，到这个徐州南了，有个叫南徐州的地方，也叫南徐县，是个县城。到这个地方呢，再往南就是蚌埠，蚌埠那边住着咱人民解放军。蚌埠那边一截，他（国民党）就从这个南徐县下西南了。下西南，河南省有个襄县。到襄县，襄县前边有个河叫漯河，通淮河。从蚌埠赶去的解放军，在那边也给截死了。他（国民党）有河过不去，解放军在那边他也不敢过啊。所以呢，在襄县，接着就打起来了。在襄县这伙子兵（国民党）是哪里的兵呢，是从台儿庄撤回去的，在台儿庄撤到徐州，又从徐州朝那跑的。和这半个兵匹在襄县打了58天，这58天下了三场大雪。共产党就有个特长，打仗越下雨越好，越刮风越好。

Q：解放军有吃苦的精神。国民党是不是冻得就跑了？

A：他这个国民党的部队呢，吃不了苦。下雨就不干了，他是自在兵，是资本主义的兵，不是共产主义的兵。所以说呢，襄县战役，他（国民党）因为什么完那么快的呢，里边当官的，这军长师长，包括旅长一级的都跟飞机跑了。那团长捞不着跑，他上边都跑没了，人家直接出声明了，缴枪投降。

Q：群龙无首了。

A：嗯，头头都跑了，谁还去打仗了，明显的败仗，送命的。

Q：就是军心乱了哈。

A：是啊，那以后呢，也是军装没换，开上几个会，你想家走①的给你路费，你不想家走就跟着共产党干，没几个家走的，俘虏都上了战场。

Q：这就是当时的国民党军队啊？！

A：嗯，他都是平民老百姓啊，都是全国跟着打仗，都是贫下中农家的小孩啊，他因为什么呢，都是被抓的壮丁。

Q：是啊！

A：他抓壮丁也是抓的咱贫下中农的小孩呀，地主家的他也不抓啊。他抓的都是咱贫下中农家的小孩，所以说一俘虏过来，经过教育，那他就跟咱共产党一心了。

A：在这以后呢俺就跟着过了淮河。

Q：去了这么远吗？最远是到的哪里呢？

A：到了蚌埠。安徽的蚌埠，当时安徽的省会不就在蚌埠嘛。

---

① 回家。

Q：这一次总共走了一百多天吗？

A：一百多天，具体多少天俺忘了。从阴历九月走的，过了阳历年来家的，三个多月，不到四个月，跟着使劲往南走。

Q：你们去的，有领着你们的吗，领头的是什么身份啊？

A：有领导的啊，哎呦嘿，班、排、连、团，都板正的①。

Q：你们算是什么身份呢？算是民兵，农民组织还是什么，有编号吗？

A：嗯，就是村里安排的，农民参与的这个，没有什么编号吧。算是什么组织我忘记了，就叫担架队、运输队这些。

Q：担架队、运输队？像咱这个担架队、运输队有没有分成哪一队。

A：有有有，这个成班成排成连成团，有编制的。俺这个临沭县一个团，莒南县一个团，咱那个团长我还想着了，副团长，副团长姓张。

Q：他之前是干什么的？

A：团长啊？团长都是咱县里派去的。就是和团长一级的干部。

Q：就是咱县领导带队，咱这些农民排成队跟着在后面是吗？

A：嗯，这个当营长的呢，也是从县里去的。这个当排长、当班长的就不是了，是咱自己的人，给安排的职务。这个排长是咱大队的，是个党员，那时候还没亮开身份。

Q：哦，地下党啊。

A：那个时候叫指导员，那都是大队的党委②书记带队。

Q：是啊。

A：俺那个排长就是附近庄上的，是哪个庄的，记不清楚了，姓张。

Q：就是那时候就已经把他共产党的身份亮出来了吗？

A：没有没有没有。

Q：没亮出来？

A：1949 年以后才亮明身份的。那时候都不叫书记，叫指导员。

Q：那指导员的话，也是不知道是不是党员吗？他们为啥是指导员呢？

A：那时候不知道他是不是党员，都是上面安排的人。

Q：哦，不知道他是党员啊。

A：那时候啊，好比，你我他三个人，都是党员，但我也不知道你是党员，你也不知道我是党员。互相不知道，就偷偷地开个会，知道一个半个，

---

① 正规的。

② 应该是党支部书记。

大部分都还不知道，都是保密的。

Q：差不多能理解了。

A：那个七十四师不就住俺这了吗，在俺庄上住了三宿，之后就走了。接着奔莒南，到莒南奔的这个沂蒙山头嘛，在沂蒙山头上叫咱解放军打败了。这个七十四师还是国民党最好的师。

Q：嗯，这个我们学过，是国民党的王牌部队，装备很先进。

A：师长是蒋介石的恩人，张灵甫嘛。张灵甫，那个电影还在演呢，说是跟蒋介石什么亲戚。

Q：那是电视剧《亮剑》吧？

A：从莒南一开仗，七十四师就被打垮了，他就往南跑。他这一跑，咱共产党机会就多了。在镇江这个部队就被掐断，相互失去联系了。到蚌埠以后呢，当地政府就重新组织服务队了，因为带着俺们是个累赘，得吃饭呀。

Q：到了那里就让你们回家了吗？

A：嗯，离家是越来越远了。再说这个胜利，一个接一个的胜利，就不用俺们跟着了。

Q：蚌埠离这里有多远呀？

A：哎呀，咱到蚌埠得说七百多里路呢。

Q：七百多里路啊？七百多里路的话比去济南远多了，到济南也就三百公里，比上济南远。

A：比去徐州、济南都远。这不临去是步行得几天几夜嘛。

Q：咱们去的时候，具体到哪，路线是不知道的吧，回来的路线是知道的吗？

A：回来的路线那就不用说了，是直接回来的，不用绕路，可快了。

Q：咱们回来的这一路上，都是已经解放了的吧，那时候徐州南都解放了吧？

A：那时候早胜利了。俺在蚌埠住的时候，蚌埠淮河北不是有个桥嘛，桥让国民党炸坏了。回来的时候，桥都恢复了，咱这个铁路线啊，从济南就通到了徐州了，全部都正常了。俺回来的时候，在蚌埠过淮河，就我刚才说的南徐州啊，在南徐州上火车送回来的。

Q：哦，直接坐火车回来的啊？

A：坐火车回来的。那个火车，不是现在的火车哦，他好歹有个铁盒子①，上去坐着就行了。首先到的新沂，俺们在新沂下来的。

Q：新沂挨着江苏很近吧？

A：嗯嗯，离咱这边一百三十里路。在新沂下火车以后呢，你看这个劲头多大：在这个新沂下火车，是下午的四点，从那里下火车，俺们这些人一直走，一派②来到家，来家几乎要天明了。

Q：哈哈哈。是想回家了，都走了三个多月了。那你们从蚌埠回来大约多长时间啊？

A：从蚌埠回来的呢，得四天的时间吧。在蚌埠过淮河，步行到了南徐两天，在南徐上火车拉到徐州。在徐州又住了一宿，那时候跟这个铁路车还没有那么多呢。第二天在徐州上火车送新沂，一天就一班车，下午俺们坐火车来到新沂呢就四点多了，下了火车一派来家了。

Q：你们这一批回来的有多少人啊？

A：25个人都回来了呀。

Q：就你们村上这25个人啊？

A：就整个的俺这个临沭团都回来了。

Q：哦，是咱临沭团都一起回来了啊，在这个过程当中有牺牲的吗？

A：没有。俺这趟哈，在萧县打过仗，没让上前方。前方人家部队自己搞。俺们直接到前线的第一站是张新集。人家部队吧，在上边抢线，俺们去接任务。第二个站叫朱楼，第三站到徐州了，第四站就到这里了。

Q：哦，你们这一批就是预备担架队是吗，不一定有任务的吧？

A：就叫预备役，不定时间，胜利早了就早回来了。

Q：你们的任务主要是抬担架吗？

A：也不都是抬担架的，也有是运输队。

Q：也有运输队啊。像咱庄上这25个人去的是什么队？

A：俺这25个人吧，是四副担架。

Q：四副担架，一副担架得几个人啊？

A：一副担架是四个人。

Q：四个人啊，我那时候在济南做采访的时候，他们一副担架是五个人，四个人抬担架，一个人背行李。

A：俺们也差不多是那样的。临去的时候呢，俺庄上是25口人，弄了四

---

① 铁皮车厢，没有座。

② 一口气。

个担架，四个小推车。

Q：哦哦，还有四个小推车啊。

A：临去抬担架不用人多，这个小推车不光用推担架。俺们吃的用的也得推着。真打起来，担架少了呢，就使车子。下雨阴天车子不能推了，得使担架去抬。

Q：像咱去的时候，咱担架队是抬着空的担架去的吗？

A：空着去的。

Q：小车是推着粮食去的吧。

A：粮食不是推着去的，路上有粮站，这站走到那站，粮食不是从家里推去的。

Q：哦，怎么接任务呢？

A：人家有站。好比你今天有任务，会给你写个介绍信，就直接到那个站那里去领了，人家板正的，管哪里都有站，兵站啊、粮站啊这些。

Q：哦，就是咱去推粮食，到指定那个地方让你去，很近是吧。

A：也就二十里、三十里的，离粮站不太远，但粮站安排得相当保密。一开始是运的小米，到了徐州一解放了就不吃小米了。得了徐州国民党粮店，人家存的都是大米，咱就吃上大米了。

Q：咱打下国民党的阵地来，就吃他的东西是吧？

A：咱山东都是小米，到那里成大米了。那时候我还年轻，也不害瞎①，大部分都是黑夜出发的。

Q：哦哦，都是晚上走啊？

A：白天有飞机啊，太容易暴露。

Q：咱一个团得有多少人啊？

A：一个团三个营，一个营三个连，一个连一百多人，都是一个县的。

Q：一个团得有一千多人吧？

A：嗯，一个营就三四百了，三个营得那么多人。

Q：一千多人哈，走的话都是一起走的吗？

A：这跟部队一个性质的，听命令的，服从命令、听指挥的。

Q：那咱就是从家里，跟着团长去前线，到前线之后，再跟着前线部队走，是这样的吧？

A：是的是的，俺们回来了是吧，人家团长、营长都没回来。人家都是国

---

① 害：害怕；瞎：天黑迷路、害怕等。

家干部，他们在那里接受新任务，在当地继续搞民工，还叫他们带队呢。老百姓都回来了。

Q：他们有经验了。

A：嗯，他们接着带当地的队。

Q：爷爷，还有一个问题，咱在路上去的时候，咱的这些人吃住是怎么解决的？

A：这一开始是带了四五天的熟食，在咱这就是带煎饼。临走是九月①天气，俺还带了棉裤棉衣，防备着过寒天的。解放徐州以后，还发了部分鞋给我们，也穿坏了，成天下雨，很费鞋。有缺袄的发袄，没棉裤的发棉裤。

Q：这些东西也是咱农民支援的吗？

A：别的不清楚，发给俺们的这些东西啊，都是国民党仓库的。

Q：这样啊，那国民党是怎么弄的？

A：他原来在那住，有粮库、粮站，也是板正的啊。都是收上来的，人家是国家发给的，米面，衣服，枪支弹药啊，都有仓库。咱共产党不也板正的嘛，一样的。不都说兵马未动粮草先行嘛，部队不管上哪里，你得先把粮食、衣服先准备好哦。

Q：那咱一般走在路上的时候，有在老百姓家里吃饭吗？

A：没有，一般有伙房，一个连一个伙房，一吹哨子就吃饭。

Q：那个伙房的是咱们自己带的粮食吗？

A：不，过了徐州，就跟部队吃了，就跟部队待遇一样的了。

Q：这样啊！爷爷，咱再说说当时您家的情况吧。那时候爷爷您家里弟兄几个呀？

A：我弟兄四个。

Q：弟兄四个，您排行第几啊？

A：我是老四，老二老三都是闹革命的。

Q：哦，他们是当兵的啊？

A：俺家老三是南下干部，那张照片还是六二年（1962年）照的，去世了，要是在的话，今年91了。

A：他比您大三岁？

Q：大两岁多。这个是俺二哥，鬼子一投降就任码头税务局局长，得病早去世了。

———————————

① 农历。

Q：哪年去世的呀？

A：这个病搁现在也说是瘤也说是气累，就得那个病。正好赶上国民党打回来，没人管，也治不好，去世了。鬼子刚投降时，他原来在十字路，鬼子一投降把他分到郯城码头①上了。

Q：哦，那就是大概 1947 年哈。爷爷说了这么长时间了，喝点水吧。

A：我不渴，不喝水。

Q：爷爷身体太棒！

A：老了，一年不如一年的，我一般就早上喝点水，喝点饮料。

Q：嗯嗯，家里的人经常过来吗？

A：都怪勤，我二儿媳就在黄山，一个孙子现在在罗庄，另一个孙子当兵的，原来就在这边，后来上了浙江，拉练上山西了，那天来电话说真热哦，山西高温不下雨。俺三哥一家人都在上海。

Q：那个爷爷还在吗？

A：2013 年的阴历十月初十去世的。

Q：爷爷，习主席来看您是 2013 年的 11 月 25 日吧？我们都在网上看过您的视频，都看了好几遍，您讲得好啊，那视频是咱这边临沂电视台采访的您吧？

A：是的是的，经常来采访。这采访的，每年都不断，尤其是暑假，大学生来的挺多。

Q：嗯，我们这叫暑假社会实践活动，来跟您学习的。

A：这不主席来的第二年，他不是寒天来的嘛，过年的寒假上海复旦大学的大学生就来了，后来河南什么大学也来过，这两年咱山东大学、青岛大学、临沂大学的来过好几波，今年北京大学、南京大学前一阵子也来找我拉呱。我就喜欢和你们这些大学生聊天，懂得多。

Q：临沂大学方便，嘿嘿嘿。爷爷咱继续哈，就是咱支援前线，像您就是担架预备队，当时是怎样动员咱去的呢？

A：不用动员，叫谁去谁就去。

Q：就是安排的任务是吧？

A：庄上摊（分到）多少，叫谁去，谁就得去的。

Q：您说的是您家的二爷爷和三爷爷都是当兵的是吧？

A：恩，他们闹革命的。

---

① 距离老人村庄 70 里路左右。

Q：一开始您好像说过，原来这个任务应该是派给您大哥的吗？

A：嗯，他得过两次肺病，走路喘不开，我就替他去的。

Q：他比您大几岁呀？

A：俺大哥比我大 20。

Q：哦，那时候他都快 40 了，38 了吧？

A：那年我 18，他可不 38 嘛，大 20 呢。

Q：你姊妹几个呀？

A：姊妹，我就一个姐，姐夫在爆炸队里当官。

Q：那时候 47 年就有爆炸队啊？

A：有啊，就是埋地雷的那个。俺姐夫是爆炸队的供给员吧，也说是部长也说是供给员。还有个叔家的姐夫是爆炸大王马宝才。

Q：嗯，这个人听说过。

朱村抗日战斗纪念馆馆藏的《华北人民政府、华北军区扩军归队接收送补兵员工作暂行规则》

A：那是我三姐夫，南下的时候这里的营长就是他当的。从南边回来以后回咱临沭县当武装部部长，后来去了济南。现在也去世了，有好几年了。

Q：您大哥是最大的吧，在家里？

A：俺大哥最大，俺二哥第二，俺姐第三，老三第四，我第五。

Q：您二哥、姐、三哥都比你大多少岁啊？

A：俺二哥比我大 17，俺姐比我大 15 嘛，俺家的老三按周岁比俺大两岁。

Q：那相差还挺大的啊！您父亲去世的时候有多大啊？

A：俺父亲死的那年不大，1946 年去世的。

Q：爷爷，我听说当时要是家里有当兵的就不用去支前的吧？

A：不对不对，那时候不讲这个，是看你有几个儿子。俺曹庄有个刘大娘，六个儿都当兵，没一个不当兵的。

Q：哦，如果有当兵的是不是凭自觉啊？

A：人刘大娘坐的大花轿。俺庄上还有个白曹英，坐着大花轿一天送两个嘛，大儿二儿，送那里 18 天就死了嘛，在临沂死的，接着那些小的都送，就撇着个小六。这个小六为什么撇下了呢，因为伤了脑子，她五个儿都是打鬼子时死的。

Q：牺牲这么大啊，刘大娘真是沂蒙红色革命精神代表人。

A：都是打鬼子，打临沂时死的。

Q：咱这里是不讲家里有没有当兵的，支援前线都得去哈！不过其他地方，比如济南那边有这种情况，你家里有四个儿子的话，就要去两个，你家里要有当兵的话可能就会不让你去了。

A：那是1949年以后，1949年以后还有个规定来，独子还不让当兵。

Q：对。

A：那是1949年以后啊，之前不管你几个儿子，你能干就得干。那时候当兵，喘不开的也得当，腿瘸的也得当，只要你抗得动枪，反正多一个比少一个强。

Q：哦，当时情况紧急嘛，特殊时期。

A：你像俺庄上那谁，走路都喘不开，也去当兵了。这都换上军装了，看看实在不行，就让他回家了，不能走路哪能当兵啊？

老人找出家谱给我们看，说了他还记得一起参与支前的一些人名字。

Q：爷爷，我看当时这些人都是昌字辈的啊？

A：俺姓王的呢，家谱上是"裕方勖继昌，经济保家邦，文武永定有，富贵万年长"这20个字。俺姓王的来到朱村五百年了，我是十四世，现在都到了二十世了，二十世就是二十辈人了。俺这家谱哈，起二世就开始修，六世又重修，八世修十世修，基本上是每两世修一回。

Q：现在像我们这一代，还按照这个起名字的很少了。

A：俺庄上哈，这个村史搁咱山东也是第一家。俺们搞分支谱的时候（老人给我们看照片介绍搞家谱的成员）他是俺老族长，现在还是他领导。

Q：现在还是族长制吗？

A：他是临沂公安处处长退休。这些事都得有人操持啊，他就忙活着这些事。

Q：是啊，都是族里的老一辈人用心去做事。

A：那当然喽。

Q：爷爷，那时候当兵有没有粮食或者其他的物质奖励呢？

A：没有没有没有。

Q：没有这些吗，没给过家里一些补助吗？

A：没有没有，那时候够吃的就行。要去当兵，这个土地就安排人帮给一起种上，代管地嘛。

Q：哦，就是找其他人帮当兵的家里种地啊？

A：劳力去当兵了，这个地呢分给旁人给带着，带着给好耕的耕，好种的种，好收的收，这些就不用他操心了。

Q：爷爷我还想问一下，就是日本鬼子打跑了之后，是1945年的几月，咱这边鬼子是什么时候走的？

A：他不是1945年声明投降嘛，全部都是1945年走的。郯城和临沂没到1945年就把鬼子给打跑了。

Q：哦，没到1945年就打跑了啊？

A：俺想着1944年在俺老林子①打的仗，俺村那个纪念碑恁没去看吗？

Q：去过去过，咱们村的历史悠久，也是有名的红色革命基地啊。

A：那是钢八连的，这不上年，原来俺庄就有个抗日纪念碑，主席来了以后，这不又修了个大的！这不就是——五师四团钢八连打鬼子的纪念嘛。

Q：嗯嗯，咱这边把鬼子打跑还挺早的！

A：打跑了后，就去打郯城县、打临沂，后来呢全国鬼子就都投降了，咱这里乡下就没有鬼子了。

Q：哦，这个鬼子是谁打跑的，打跑了之后谁先来管的咱庄？

A：共产党啊，都说是国共合作。实际咱这里呢都是共产党打的。共产党在咱这里有根据地。咱这里是共产党打跑的，江南的鬼子是国民党打跑的。

Q：这样啊。

A：这蒋介石不够意思啊，这不1945年鬼子投降，国共合作打跑了日本鬼子，1946年他反过头来，又来打共产党，你说人家能服吗，不够意思啊！

Q：是啊，我了解，他那时候人多，武器好，以为能打胜仗呢。

A：人多、钱多，比共产党实力强得多。但是啊，他那个兵不行，他100个兵跟不上咱中国共产党10个兵。

Q：是啊。您还记得咱打鬼子的时候咱们庄来过鬼子吗？

A：来过啊，在俺庄上老林打的嘛。那时候临沭县政府驻俺庄上，他来打县政府的。

Q：哦，咱庄以前还是县政府驻地啊。

A：这个四团三营呢，在俺庄上是整训三年，打仗那年他上河东住去了。这边呢，是驻的二连，保护县政府的。鬼子是从李庄来的，先奔黄庄，在黄庄上去的。这四团三营呢，有三个连，枪声就是命令呢。没用团长下命令，团长他知不道②。八连主攻，就八连和二连在和他拼的，这不八点钟接上火，

---

① 墓地。

② 不知道。

一直打到十一点钟，庄上的老百姓都跑了。

Q：这样啊。这些鬼子一般驻扎在哪里，咱们这边驻扎过吗？

A：附近啊，四方庄上都有鬼子。

Q：有鬼子据点吗？

A：有据点啊，炮楼，大道十里路，北边十五里醋庄，再朝北那个幌子村上也有。

Q：醋庄那边有鬼子啊？

A：北边黄庙，这不在李庄安扎的大炮，醋庄、黄庙都是鬼子。咱共产党就在这个地方，河东沿岸。到南边十五里之后就属于郯城了，就又是汉奸地了。

Q：那这样的话，鬼子都住在据点里面吗？

A：据点啊，炮楼啊都有。

Q：就是他没有上村里来住是吧？

A：没有没有，没来过。因为咱这庄上吧，共产党一来，就没断队伍，这三个大队先来的，之后来了老四团。

突然老人的重孙打来电话，老人和重孙聊天很是亲昵。

A：俺重孙子，他上学，今天星期天。

Q：哈哈哈。我们听到了爷爷。真好啊，您重孙今年多大了？

A：六岁了，他在郯城上幼儿园，县城的幼儿园没放假，农村幼儿园放假了。他一家在郯城，他爸在纸板厂工作。

Q：那是您你大儿家的吧，其他孩子呢？

A：俺二儿，原来在这边的，黄山你知道吧，黄山干完了来家了。现在去上海了，去上海打工去了。家里就我跟俺二儿媳妇，俺一大家人就没在家的。俺哥一家，俺哥三个儿，包括厂个孙子，六个孙子全在郯城和临沂。郯城三个，临沂三个。俺老三①在上海，光有女孩，所以没有孙子。我是两个儿两个孙子。

Q：哦哦，您有几个闺女啊，爷爷？

A：三个闺女，外孙外孙女都在外边工作。俺家没有打庄稼的。俺这家庭吧，历来就不打庄稼，这事牵扯什么呢？牵扯白涛②，这个白涛，曾经是东北办事处主任。白主任来的时候住在俺家，后来住在俺表姐家。俺家里，包括

---

① 老人的三哥。

② 时任临沭县县长。

俺姑家表哥姐夫这些人都是白涛主任介绍出去干活的。所以说俺家都是闹革命的，没有打庄稼的。那你说你怎么打庄稼了呢，我这个弄到节骨眼去了。从小没有娘，17岁没有爹，跟着俺哥嫂，我跟俺侄一样大，上学只能供应一个，两个供应不起，没能出去。

Q：这样子啊！

A：这就是命，所以我这回能见着总书记呢，这也是命。这个命比什么命都大。

Q：嘿嘿嘿，打完鬼子之后，咱这边就是共产党主事了吧？这期间都做过哪些工作啊？像土改，是不是共产党来了之后就给咱做土改了呢？

A：土改，那1949年前就改完了，白涛在这里当县长的时候就搞了。这不是1945年鬼子投降了嘛，1946年就开始减租减息。

Q：哦，先是减租减息啊！

A：嗯，先是减租减息，1947年就是大型的土改了。

Q：咦，我记得您说过国民党1946年下半年又打过来了是吧？

A：1946年下半年国民党又来了，来了这不正在减租减息嘛，打乱了。打乱了呢，到1947年的夏天，阴历四月份左右，共产党又打回来。来了个大运动，那就不是减租减息了，就是彻底扫除封建地主，有的地方还有砸死的，这就是土地改革了。

Q：那咱这1948年的夏天就开始大整改是吧，到1948年9月在咱这搞了一年吧？

A：对。一年，到1948年就结束了。1949年以后国家平稳了。平稳以后呢就开始搞这个水利建设了。

Q：哦，是这样的啊！

A：他（国民党）是1946年的寒天来的，1947年的春天又跑了，待了有五个月吧。

Q：哦，您说的那个1946年的减租减息还不是后来土改吗？

A：那时候也属于土改啊，但是又不一样。

Q：分土地了吗？

A：有捐献的啊，朝外捐献土地，多数脑子不宽阔，就不捐，这是1946年。1947年呢叫"大复查"，1948年呢就什么事都搞好了。

Q：咱家那时候评的是什么成分？

A：俺是老中农。

Q：老中农啊。家里那时候还有不少地啊？

A：老中农一般有三十亩地吧。

Q：三十亩地？

A：俺人多啊，俺十几口人呢！

Q：哦，您那时候最小的吧？

A：我最小。

Q：您最小的话，您大哥家应该有好几个孩子吧？

A：俺大哥家那个侄跟我一样大的，我小时候俺大哥家就四口了。二哥家三口，俺三哥家两口，那时候俺姐还在，还有俺父亲。

Q：那时候还没分家吗？

A：没分，俺没分家。怎着分？我没爹没娘跟着俺哥，那俩哥在外边闹革命，跟谁分啊？

Q：是啊。以前有这么一个大家子不分家的多吗？

A：那时候弟兄姊妹五六个，二十口子不分家的多得是。

Q：这样啊，是不是战乱的原因啊？

A：也不是，人家弟兄们和睦，姊妹团结，人就不分家。都是家庭有矛盾才分家的，没矛盾哪有分家的？那时候好比有五个儿，这五个儿好比全结婚，才能分家，有一个不结婚的不能分家，你分家这个不结婚的没法带啊。

Q：国民他们是怎么来的，怎么打过来的？

A：哪里过来的？从郯城来的，在这西边山上安的据点。他就是个无赖，上庄上砸鸡、砸猪、抢粮，人事不干一个。

Q：国民党啊，哎呦，那部队性质就坏了。

A：性质根本就不好。

Q：纪律就决定他失败了。

A：共产党是军民团结，鱼水交情，他（国民党）不行，他不顾老百姓。

Q：那时候咱共产党撤的时候是自己战略性撤退还是被打跑的呀？

A：谁个，国民党啊？国民党来的时候，咱共产党已经朝北上了。

Q：是朝东北去的吗？

A：一个劲地往北撤，一边撤着呢，一派让他（国民党）把这个山东的地面占完了，大城市占完了，咱不挤到边边上去了嘛。国民党这个力量就分散了，好比咱10个人在一起有劲吧，10个人分你10下里，你没劲了。为什么，共产党就使得这个法。弄得这伙国民党还有个才坏①，没命令不打。不像共产党枪声就是命令。国民党是上级没有命令不敢打，他有这个才坏。

Q：也就是说国民党占领了那些大县城，就分散了兵力了吧？

A：是啊，咱这不就一共子齐上②。

Q：对啊，咱的兵力少但是比较集中。

A：被消灭的七十四师在孟良崮，临沂是驻的师，新泰驻的师，莱芜还有驻的一个师，蒋介石下命令叫去支持，这个张灵甫，不去，不干！你应该听说啊，张灵甫他因为什么不干的，蒋介石给他吃双饷，好比你当兵一月一块钱，他呢得两块钱，他的装备都是美式装备，他的衣裳都是呢子衣裳，所说呢其他的就不服了，人家说一客不能二待呀。

Q：是这样的。

A：一样的人你两样待行吗，所以说毁就毁这里了。

Q：嗯，咱共产党的军队和国民党的军队有着天大的差距哈。

A：那是不一样哦，那个差距很大，共产党的部队纪律太好了。

Q：他（共产党）来到之后会给咱做一些工作，为老百姓服务的一些工作是吧？

A：是啊，好比三营在这里整训，他住谁家，这个卫生、挑水，还有农活，什么都干。要不为什么他们要走的时候想得难受嘛。

Q：我就是听老辈说，就是我爷爷那辈的说，那时候就和那些兵建立联系，有的就是到现在还有联系的，就是那时候交下的感情。

A：共产党现在，不讲旁的，光这个退休人员全国得有多少，早晚供给到老，这个本事有多大啊。国民党那时候，当官不干了，辞职家走了，一次性给俩钱，你家走算完了，往下没有了。你看看现在，老干部的待遇多好啊。

Q：这说明，咱国家富了，国家强盛了呗。

A：这不是死了的还补几个月的，补多少万。

Q：那是抚恤金，对家里的一个补助。

A：那还得有啊，以前种地得打粮吧。现在农业税减免，市场开放，照顾老年人给钱，各项生产补助，国家有钱了。

Q：是啊，国家有了大的改变。

Q：爷爷您现在是党员吗？

---

① 毛病。

② 方言，意指比较集中。

A：不是的，那时候呢，我在俺哥家过，也在俺姐家过，两家轮着过，成了三不归了！

家中来了客户，爷爷经营着村里边的白事生意，包括寿衣、孝带、烧纸。老人跟村里有白事的人家结算生意，头脑清晰，老式算盘打起来很顺手。

Q：您现在还弄这些哈，算盘打得真好。爷爷，我得问一下关于咱支前运动的，就是那个支前运动啊，咱共产党做过一些宣传工作吧？

A：宣传工作，那你别管到哪里这个宣传队都有啊。人部队上也有宣传队，县里也有宣传队。那会俺庄上打仗，县政府就驻这里，在俺大园里十八亩操场，安台子，唱戏、扭秧歌什么的，这个瞎子说书样样有。

Q：哦，土改的时候有农会、农协这些吗？

A：有啊，叫农救会。

Q：当时还有哪些人在管事呢？

A：有村长，有指导员，指导员就是党员，那时候光知道是指导员，不漏党①；有妇女主任；各个大队下边设旅长。

Q：这些人怎么产生的啊？

A：全是在大队里选的，农民参与选举过程来着。

Q：就是开选举大会吗？是一人一票？还是怎么选的？

A：也就是口头表决，就是我叫你当，赶开会的时候举手表决通过。就是张三某人当什么什么，同意的举手，就这样的。不是现在的投票选举，不是那样的。

Q：那时候就是先提名吧，是先问问谁当这个？

A：上级领导委派的，然后社员通过，开大会通过。

Q：是这样的啊，我明白啦！

Q：那时候，咱家里的经济来源主要是什么？

A：经济来源搁俺这庄上，就指着二亩地。

Q：都是种地吗？没有做过什么小买卖？

朱村抗日战斗纪念馆馆藏手枪

---

① 不暴露党员身份。

A：有果树，有杏树、桃树，这不还有菜园，也就去卖点青菜，养个猪，旁①没收入。那时候没有副业，也有打工的，国民党政府那时候，根据地都有打工的，就是叫雇农的那些人。

Q：哦，是这样子的啊。

A：怎么分的呢？这个地主、纯地主、经营地主，富农、富裕中农、老中农、中农、下中农，贫农、贫雇农。雇农自己没地，就天天给人家打工，给人家干活，这最穷的了。

Q：像贫雇农就是家里一点地也没有的吗？

A：也有地，很少，跟地主打工挣钱。

Q：那像咱家土改的时候是中农，您感觉土改对您家影响大吗？

A：中农就是咱不得人家的东西，人家也不得俺的东西。那时候咱还是小孩，还没上学，弄不清那些事，就知道弄过。

Q：您感觉土改这样的工作效果咋样啊？

A：那时候党的政策哪能不好的，不好能行吗？

Q：那时候老百姓对土改的积极性高不？

A：高啊，那不高能弄起来了吗，大多数都积极参与。

Q：您认为当时参军打仗、支援前线和土改有关系吗？

A：这个没关系，参军是替国家服务的，这个跟土改没关系。

Q：土改不是把地给分了嘛，老百姓的积极性被调动起来了，然后再给他去宣传当兵打仗，再给他宣传去支援前线，不是更积极了吗？

A：没有那么大的影响。要说影响的话就是土改的时候越弄人，这贫下中农团结了，越团结越齐心，这力量就大了。

Q：好比说如果硬派你去前线，你要不去的话有什么影响吗？

A：没有敢说不去的，叫谁去谁就得去。

Q：哦哦，咱们农民的执行力挺高哈。

A：那时候摊上就得去啊。那就是硬性的任务，你该摊的，超过十八周岁你应尽的义务。

Q：必须去是吧，不去的话有惩罚吗？

A：你不去也不行啊。不去有这样的，有的有钱的户不是雇人嘛，他花钱雇人去替他，那样有。后来搞水利建设，他摊上不去雇人都不行，必须亲自去。

---

① 别的，其余的。

Q：这样啊！当时，有外来人员来咱庄上搞动员的吗？

A：有啊，不断有人来哦。

Q：有派的工作组住在庄上吗？

A：驻点嘛，就是区里县里都派工作队，历来就有，现在各处不都有村官嘛，性质差不多。

Q：对呀，他们工作组来了是怎么工作的呢，就是开大会吗？

A：是的，他都是按国家这个路子来的，不能胡讲，国家叫他怎弄他就怎么干，那得有原则的，有一定的规定。你在这说报告讲话也不能胡讲啊。

Q：嗯，爷爷记性真好哈，您是什么文化水平啊？

A：三年级

Q：哎呦，三年级算盘还打得这么好啊。

A：我是因为什么呢？1956年开始合作化，我就任生产队会计，干了14年的会计，搁那里学好了，现学也学会了。接着呢，1979年，俺大队搞了个副业窑厂，把我叫去当业务员，搞外交，幸亏我有点文化，这两个字我始终没撂下，要是起那时候不鼓捣什么也不认识啦！

Q：哈哈哈，是啊。

A：我这个文化吧，边干着边学。就说你们青年人，去当个小学教师，怎一毕业，啥都不会干，老师得备课吧，备课就是学习，工作就是学习。再一个吧，你就是看现在的电视新闻，也能学不少。那电视新闻有小字，你要天天晚上能跟上，就能学不少来着，我天天晚上对这个怪关心呢。我这个电视也是国家给我的，这是县委书记和纪委书记送我的，上俺家来了，俺现在这个电视是免费的。

Q：那时候除了开会通知，有没有挨家挨户动员啊？

A：直接派的。

Q：他派的话是怎么联系你们啊？

A：有村长，有旅长啊。旅长就是多少户，多少户摊几个，你派谁，就是派的，派谁谁去。

Q：哦，就是上面分给下面名额，下面自己安排？

A：嗯，一级级的领导嘛。

Q：当时的管理体制管理得挺好哈，您就参加过这一次支援前线吗？

A：就这一次，后来就胜利了，哈哈哈。

Q：对对对对

A：那原先打鬼子俺还小呢，打鬼子叫俺去支援俺也去不了哈，人家在老林打仗那会俺才十三。

Q：是啊，应该是共产党来了一年多来才支援的吧？

A：俺这里共产党来得早，俺这1939年就来了。39年来的白涛，40年来的三大队，41年来的一一五师老四团。

Q：咱庄上领头的是谁啊，那时候叫啥来，那个带你们去支援前线的那个人？

A：俺庄上的？当班长的？王景龙啊，他是党员，后来才知道的。

Q：哦，他是党员啊。

A：那时候不知道他是党员哦，原来他在家里是农救会会长。

Q：哦，他在家是农救会会长，支援的时候带着你们一起去的？

A：恩，人家是干部啊。

Q：回来也不知道他是党员吗？

A：那不知道，1949年以后现党①才知道的，不现党谁知道啊。

Q：1949年之后，他以后又当了什么呀？

A：以后啊，以后也就在大队里，也就在农会上操操忙忙的，后来年龄大了，不干多少年了。

Q：他入党应该挺早哈。

A：咱弄不清这个，俺庄上最早入党的是1939年，就是白涛来了之后发展的。

Q：哦，那支援的时候咱们一个团，是临沭县团是吧。

A：嗯，临沭一个团，莒南一个团。

Q：咱那些小车呀和担架都是咱自己出的吗？

A：自己的，小车自己的。回来的时候都撂在那边了。就直接坐火车回来的，撂蚌埠车站上了，在蚌埠车站上了火车。

Q：是撂了还是卖了？

A：撂了，这谁能买啊？撂在那里可能会有人使。

Q：没有给补贴吗？

A：那阵子还有补贴？什么事也没有，没什么我是模范，他是模范，难得不死就行了，那时候谁得闲弄这个，管什么都是过好了才弄得；要过坏了，什么事也没有了啊。

Q：嗯嗯，是啊。爷爷，您是活明白了。

---

① 公开党员身份。

A：刚才看的那个家谱，穷得都要饭，谁还弄这个啊，是吧。现在国家富了才弄这些事的。你看咱总书记，别管多少年的老革命，他都找出来了吧，就因为富了。像搁江西死的那些老干部他都找出来，纪念他们，就是让后辈学习他们的精神。

Q：嗯嗯，咱们这些支援前线回来之后有没有一个表扬大会呀？

A：没有没有。

Q：就回来之后很普通吗？

A：回来就回来呗，完成任务就行了。

Q：不说开个大会表扬啊？

A：没有没有，那阵子就想安安稳稳过日子，还不知道会什么样，穷。

Q：回到家之后亲人应该特别高兴吧。

A：高兴，一家人高兴呗。

Q：爷爷，像你们有没有荣誉证书呀，表扬你们的？

A：以前没有，现在有了，刚刚给的。

A：这个是聘书，家电协会嘛，我这个电视就是他给的。

Q：是啊。

老爷爷介绍他的荣誉证书，有县里给的，有临沂给的。

Q：爷爷，您这么大年纪还能记得这么多。

A：以前还好点，今年不行了，耳朵不行了。眼雾浑，就还一个眼，有这个我还能写个字。

Q：爷爷，听了您说的这些，我们对这方面的历史也更加了解了，谢谢您啦。现在咱们政府照顾您的生活吗，一个月大约给多少补贴呢？

A：现在一个月 138 块。一开始胡锦涛总书记的时候是 55，55 涨到 75，75 涨到 100。对了，是涨到 80。习近平总书记的时候涨到 100，100 涨到 118，今年又加了，现在是 138。

Q：咱村上是不是也有补助呀？

A：没有。以前有，省里、县里逢年过节的会给点，去年就没有了。

客人来送钱，老人点钱。

Q：得让爷爷喝点水。

A：我不喝水，我不渴，我喝这个①，现在不渴。我清早起来吧，喝上碗白糖水，一天也不渴。

---

① 白糖水。

Q：哦，老爷子身体真好。在支援前线的时候您是做过特大贡献的啊！

A：那就提不着了，过去的事了，过去就过去了。

Q：包括现在对以前老人的挖掘，也没有了是吧？

A：都死没了。那时候都是三十以上的、四十的，就壮年。我是替俺哥去的，都是三四十的壮年，不要年轻的。

Q：您那时候应该是最小的吧？

A：我最小，因为我替俺哥去的，我比俺哥强啊，再说俺哥在家是一家之主，我是个闲人。我在家一是跟着俺姐，二是跟着俺哥，俩姊妹家两下跑。

Q：那时候说支援打仗害怕不？

A：没爹没娘跟着哥，跟着姐。打仗啊，俺也不上前线，也不害怕。

Q：对于这部分历史，从您这里我们学到了很多，谢谢爷爷。咱们村上像您这么大年龄的还有多少？

A：俺庄上啊，俺庄上像我这个年龄的光男劳力还得有 20 多，这指的是光男劳力，不算妇女。连女的都算上哈，八十以上的俺庄上还 200 多呢。

Q：咱村里现在有多少人啊？

A：这个村哈，按户口是 900 户，2900 口人。

Q：之前呢，就是解放前的时候？

A：那时候少，1958 年才 500 来口子。

Q：那解放的时候，把日本鬼子赶跑的时候人也不多吗？就你小的时候庄上人不多吗？

A：不多，俺庄上也就 200 来户，四五百人。

Q：爷爷，今年正好是七十周年，我们还想做一个视频剪辑，来教育我们新一代的大学生，您对我们新时代的大学生有什么期望吗？

A：咱这些学生都是国家的栋梁，都是国家的财宝，老人的愿望。这不我成天说嘛，祝恁好好学习、天天向上！

Q：是啊。

A：恁这些大学生吧，都是国家的财富啊。没有文化就没有技术，没有技术就不能钻研。你造原子弹、造飞机大炮能少的了吗？

Q：是啊，从您年轻的时候，打日本解放战争，再到改革开放这一阶段，我们一步步走向繁荣富强啊，生活会越来越好。

A：我这个年龄吧，什么事都摊上了。打鬼子、维持会；后来就是国民党，国民政府的时候有马子、土匪，这我都遇到过。这解放了以后，搞水利建设，这工程那工程都要去。53 年统购统销，61 年还苏联的账，什么样的吃不饱的都有。起这个 82 年，分田到户，起那时候呢解决了温饱。接着呢邓小平南下（南方谈话）开放了市场，可以出去打工，做生意挣钱，这经济就富裕了。各村各县都打工挣钱，现在都挣钱，现在这生活，主席来看我不说嘛，争取奔小康嘛。我现在就达到小康了，现在家家吃饭除了米就是面，不愁吃饭，四菜一汤也很简单。我的孙子 17 了，上学煮的鸡蛋都不吃。这不，习总书记他 1953 年的，他什么事都知道，当过大队书记，一级级上去的，确实是有才。像现在他讲的这个"不忘初心"，很简单的一句话，但这是很不简单的事啊。

Q：是啊是啊。

A：他（习近平总书记）说的这些话三句话离不开老百姓，那老百姓就有福。现在这经济发达了嘛，他一上台，头一条弄这个治国理政，这是大事。种地纳粮，自古如此，你不给粮食国家吃什么？现在不但不要，而且还给补助。你别说青年人穿的了，你看我的，这一撩，除了被就是衣服。那个光夏衣就四包袱，寒衣两箱子，穿不败了。尤其现在还不坏，买了一条裤子一夏天过完了，还和新的一样，不坏，多好啊。

Q：是啊，爷爷，我们今天能够有幸来采访您是我们的福气，听您的故事对我们也有很大的教育啊。

A：难得恁大学生来，咱就慢慢拉①，越拉越好，越拉越有交情。恁来问我，也是我的福气。越来我越高兴，高兴了吧，心情就好，心情一好吧，就不胡思乱想，什么也没有了，越好越好。咱总书记说我健康长寿，俺这闲拉呱，俺也不死了。

Q：是啊，我们有时间的话还会常过来的，爷爷。

三、分段整理

（一）基本情况概述

1. 家庭基本情况

（1）支前前后家庭情况

我叫王克昌，出生于 1931 年，今年 88 岁。11 岁时母亲去世，16 岁时父亲去世，之后在哥哥、姐姐家生活了几年，直到自己成家。我总共姊们 5 个，我是最小的，有 3 个哥哥，1 个姐。排行最大的是大哥，比我大 20 岁；二哥

---

① 拉呱，聊天。

第二，比我大17岁，姐第三，比我大15岁，三哥第四，比我大两岁。父亲是1947年去世的，正是那一年，二哥也因病不幸去世，才33岁。大哥那年36岁，已经成家并有了4个孩子，他家的大儿子和我一样大；大姐那年31岁，已经成家，我的姐夫是爆炸部队的，他们当时有了3个孩子。三哥那年18岁，已经去参加革命了，尚未结婚。我当时16岁，之后不久就参加到了支援前线的任务。从临沭朱村老家一直走了三个多月，最远到达安徽蚌埠。我二哥和三哥都干革命的。二哥解放战争的时候，就在十字路①那边工作，加入了共产党。鬼子投降后，组织就把他分到郯城码头那边工作，担任码头税务局局长。1947年初，因突发疾病去世。他的病是肺癌，那时正逢国民党掀起战争，正乱的时候，都在积极投入抗战，没人顾得上管他，所以是不治而亡的。三哥那年已经跟着部队南下，后来成了南下干部，往后一直生活在上海。支前开始时，大哥36岁，但身体弱，得过两次肺气肿，不能出大力，村庄组织支援前线的时候，他身体不行，所以我代替他去参加的支援。支前结束后，回来正常生活，我在1953年结的婚，之后在生产队当了11年的会计，改革开放以后在村办窑厂当销售。

（2）现在家庭基本情况

我跟老伴一共5个孩子，两个儿子，三个闺女。大儿子在郯城县纸箱厂上班，二儿子去上海打工去了。有两个孙子，一个在山西当兵，另一个在罗庄区那边工作。三个闺女家的外甥外甥女也都在外面工作，没有打庄稼的，现在家里只有我和二儿媳。所以说，我们一家人，留在临沭县的很少，都在外面居住和工作，包括我大哥的6个孙子，3个在郯城县，3个在市区工作。我们这一家人的生活都还可以。三哥在2013年农历的十月初十去世了。

2. 村庄基本情况

朱村是我生活了一辈子的地方，是临沭县曹庄镇中比较大的村庄，位于鲁东南苏鲁交界处。我们村子早在抗日战争时期，就是共产党的根据地，是抗战老区，当时临沭县政府就驻扎在我们村上。抗日战争结束后，朱村属于解放军领导的范围，还是县政府驻地，那时候白涛在我们这担任县长。在解放战争打响之前就开始在我们临沭县这边搞减租减息，1946年的冬天国民党打过来，打乱了减租减息的安排。他们在这边有5个月，到1947年4月份左右，就被从北面来的解放军打跑了。之后解放军就在我们这边进行大规模的土改，有的地方发生过地主被砸死的事，富农们多数也都顺着形势把地捐出

---

① 地名。

来。到了1948年土改基本上完成了，临沭县基本平稳了。在那个动荡的年代，村民的经济来源主要靠二亩地，有的家里有种的杏树、桃树，还有菜园等等，卖点青菜和瓜果。有钱的家里还养个猪，其他的收入就没有多少了，没有几个搞副业的，做买卖的也很少。1949年以后，村子开始搞水利建设，我们去出夫挖河道、修堤坝等等，庄稼的产量也高了些，然后开始搞生产合作社，搞人民公社化等等。

支援前线时候村庄有多少人，我记得不是很清楚了，大约四百到五百吧。因为我记得1958年的时候，我们村是五百多。现在都长寿了，我们村上仅八十以上的老人就有二百多呢，我们村现在的户口是九百多户，大约有两千九百口人。

(二) 抗日战争胜利与土地改革

1. 激烈的抗日战争

鬼子刚来的时候，我还小，记得不是很多了。还记得他们来了以后，一部分住在据点、炮楼里，大部分都在城里，当时离我们最近的据点也有10里路，所以鬼子没怎么来过我们朱村。那时候，共产党的部队到我们这边很早，1939年的时候就进驻了，当时白涛就来了；到1940年，又来了三个部队，1941年来的是一一五师的老四团。老四团在我们这边整训了三年，二连是住在俺村上的。所以说，俺们这边就没有断过部队，日本人、国民党、共产党都有。当时，俺们村往南的郯城县那边，离这得有15里路，汉奸很多，也有小鬼子在那边。1944年，老四团和小日本鬼子打起来了，小鬼子知道我们这边有县政府，就偷偷摸摸地摸过来。他们是从西边李庄镇过来的，然后去了黄庄，黄庄的老百姓就都跑了。当时在黄庄的四团三营三连的官兵，就直接跟鬼子干起来了，团长都还没下命令的。那时候，枪声就是命令，这样就都打起来了，一直打到我们这边，就在村子的老林打了仗，打得非常激烈。八连和二连主攻、九连和七连打掩护，我们村当时住的是二连的兵，专门负责保护县政府的。那一战是从八点钟开始打，一直打到十一点钟，最后小鬼子被打跑了，是钢八连把鬼子打跑的。那一战打完以后，他们就走了，去了河东区，然后又去打了郯城和临沂。所以，我们这边还没到1945年就把鬼子都打跑了，乡下就没鬼子了。我们这边的鬼子是共产党打跑的，所以打跑鬼子之后，就由共产党领导我们朱村。江南那边的鬼子是国民党打跑的，所以国民党多在江南活动。到了1945年鬼子投降，抗日战争胜利的时候，我们这里已经在共产党的领导下好几年了。

2. 群众积极响应抗日战争

抗日战争的时候，我们这边的群众在党的领导下积极性非常高。那都是无私奉献的，几乎每家都有孩子去当兵的，只要家里有儿子的都要去打仗。我们镇上的曹庄就有个刘大娘，他把六个儿都送去当兵了。一说起刘大娘，我们这边的人都知道她是坐过大花轿的人。因为她在去送儿子当兵的时候，是被人用大花轿抬着的。她那一天就送走了两个儿子去战场，大儿和二儿在打临沂的时候战死了，才刚刚送走了有18天就在打仗中牺牲了。她后来又接着把其他几个儿子都送上了战场，总共六个儿子，送走了一遍。其中五个儿子在战场上都是被鬼子打死了，就撇下小六子。这个小六是因为从小伤着脑子了，参军以后不能去前线打仗，只能当马夫喂马，所以活了下来。当时在那个时候，都知道刘大娘，都宣扬刘大娘的精神，鼓励年轻人们去参军去打鬼子。我们村在那时，经常说起刘大娘，这样普通的老百姓家里有儿子的都去当兵，都是自愿地去保卫家乡。这个也就是到了1949年以后，独生子的话就不建议去当兵了，在那时候只要是走路好好的，能扛得动枪支的就可以当兵。

3. 土地改革

鬼子被打跑了以后，白涛就做了我们这边的县长。1946年，白涛在我们这边担任县长的时候，就开始搞减租减息了，共产党已经开始为老百姓做一些实实在在的事了。到了1946年的冬天，国民党挑起的内战就打过来了，国民党就来了，打乱了减租减息的政策。不过，国民党在这边时间不长，到1947年阴历四月共产党就又打回来了，并且开始进行大规模的土地改革。这回就是地主富农的都打倒，有的地方地主富农有被砸死的，还有的地主富农乖乖地把东西拿出来，捐地来进行自保。

当时俺家被划为老中农成分，家里有三十亩地左右，但因为家里的十几口人，那时候大哥和二哥家里都好几个小孩了。我们一家人没有分家，因为当时家里有干革命的，我和三哥都没结婚，就没有分家，一家人都是团结和睦地生活中一起。那时候动荡不安的，分家的也少，老的在的话，儿子都结婚了才能分家。所以，家里十几口子没分家的很正常，二十多口子不分家也有，这样一看你地很多，但是人也多，一平均就一个人两亩地左右，就说不着了，所以就是中农成分。以前，国民党在这边的那时候，我们这里很多是打工的，家里没有地，只能靠寄人篱下打工生活，这也就是为什么土改的时候为啥有贫雇农，就是因为雇活是唯一的生路所以叫贫雇农。这个贫雇农就是最穷的了，天天给人家打工，给人家干活。土改的时候分成了地主、纯地主、经营地主，富农、富裕中农、老中农、中农、下中农，贫农、贫雇农。

当时土改搞得效果很好，具体的我也记不太清了，那个时候父亲有病去世，我16岁，之后跟着俺哥住，有时跟着俺大姐住，就是两家子轮着住，成了三不归了。土改过程我没参与，我知道那个地主和富农就得把地拿出来，我们有工作队在这边监督着，各个村上都有农救会，他们来具体负责，游街啊、批斗啊都是他们操持，这个贫农也就翻身了。那时候就是贫农多，这样积极性确实高了，在后面支援过程中，就多是我们贫下中农去做的。

（三）支前运动的动员与参与

1. 支前运动的筹备

支援前线之前有过招兵，当时每个地方都有工作组进行宣传。后来支援前线的宣传工作做得也很全面，别管到哪里都有宣传队，部队上有宣传队，县里也有宣传队。

当时县政府驻我们这里。我们村的大园里有十八亩的操场，有安的台子。下乡的宣传队、扭秧歌活动、瞎子说书等样样有。当时有农救会，有村长，有指导员，指导员就是党员，这也是后来才知道的，还有妇女主任，各个大队下边设旅长。那时候的工作在咱们共产党的领导下就公开多了，这些干部也都是开大会的时候，上级领导委派提名一个，然后通过社员大会通过，然后就口头表决选出来了。

当时，超过十八周岁后，当兵就是个硬性指派的义务。然后又号召不当兵的去支援前线，那时候我们村分配到25个名额参加支前运动。俺家里就有一个名额，安排的我大哥，但是因为他患有肺肿疾病，不能出大力，走路困难，且需要管着整个家庭，我就替他去了，就成了淮海战役中支前运动中的一名预备役担架成员。当时跟我一起支援前线的有三四十的青壮年，大多都二十岁以上，我是当中最小的。

2. 解放战争中国共两党的区别

国民党和共产党有个天大的区别，他们的工作性质区别很大。共产党做事讲情义，所以共产党的工作就好做。首先，在招兵这方面：共产党的部队是自愿参军，参军的都带着大红花，坐着大花轿，有的时候还会开欢送大会之类的；国民党就是抓壮丁，国民党招兵是对保长下任务，保长带着人看谁家的小孩还可以，黑天半夜的像抓犯人一样抓去打仗。所以在参军心理上就有本质的不同，由于国民党部队中许多人都是非自愿的，导致了他们人数虽多，但真心实意打仗的人数少，没有战斗力。其次，国民党是官僚主义严重，他们当官的就像老大一样，大吃大喝，随便玩，很自大。他们有时不听命令，欺下瞒上，群体内互相争斗；共产党军队的干部说话算数，在政治上是官兵平等，人人平等，都是穷苦老百姓，能吃苦，在一起有感情。

在那个时候共产党领导的部队和支援前线都是组织安排，村民自愿。当时那些去当兵和支援的人没有什么奖励。如果你去了的话，组织会安排其他人照顾照你家里的事。比如你有地要是忙不过来，家里男劳力去支援前线了，家里的土地在农忙的时候，村里会组织留在家里的人帮你种和收。所以人们也没什么顾虑就去支援前线了。

（四）支前与胜利

1. 我参与的支前部队编制情况

我去前线支援的时候是预备役担架队，就是用着就用，用不着就跟着走，来来回回地没有确定的日子。我们去支援前线的这些民工也是有组织、有领导的，班、排、连、营、团都是按照正规军队排编的。我们临沭县的支前民工组成了一个团，莒南县的民工组成一个团。这个团有正儿八经的编制，叫临沭支援团，一个团三个营，一个营三个连，一个连一百多人。一个团当时得有一千多人，和部队一个性质，服从命令听指挥。我们支援团一般都是晚上走路，因为白天有飞机。团长是县里派去的，是和部队的团长一级的干部，营长也是县里派去的，到了排长、班长就不是了，排长是大队里的指导员安排的。那时候郯城县属于国民党驻地，就我们这两个县是共产党领导的。

2. 支前过程的风雨坎坷

我们从临沭集合出发，一路上去的泉源、郯城，直到运河附近。过河之后碰上碾庄战役，与国民党黄百韬的部队进行激战。当时黄百韬的兵团从连云港往南撤退，解放军兵从宿迁北上。双方在碾庄相遇，然后开始了激战。碾庄战役中一部分国民党投降，剩下的国民党逃往徐州。交抢投降的国民党紧急开了几个会议，军装也没有换，紧接着改编成解放军，接着南下。

去的时候，一开始是只带了四五天的熟食，主要就是煎饼。临走那时候是农历九月天气，带着棉裤棉衣，防备着过寒天。到了解放徐州以后，有缺袄的发袄，没棉裤的发棉裤。还给我们发了一部分鞋，发的鞋也都穿坏了，因为往南边去，是经常下雨的，路不好走。他们给我们发的这些东西，都是从国民党仓库弄出来的，打下来一道关卡，就能把他们的物资给收了。他们国民党的仓库物资丰富，征收上来的有米面、衣服、枪支弹药，都是有专门仓库。咱共产党的东西也是一样，都是有模有样、规规矩矩、板板整整的。

俗话说兵马未动粮草先行，部队不管去哪里，都得先把粮食先准备好，都是不远就有仓库。跟我们随行的有伙房，一个连一个伙房，一吹哨子就吃饭，等到打过了徐州，我们就跟人部队待遇一样的了。

我们去的第一站是张新集，第二个站叫朱楼，第三站就到徐州了，第四站就到蚌埠了。我们是担架队，这25个人一共四副担架，一副担架四个人，还有四个小推车。去的时候抬担架不用人多，推车也不一定都推东西，后来担架少了，就用车子。阴天下雨车子不能推了，得使担架去抬，就这样来回变换着。小推车是空着推着去的，在路上有粮站，一般不远就有一个，你要是去推东西，得带着介绍信，什么兵站、粮站都有。山东这边都是小米，一开始是运的小米，到了徐州一解放我们就不吃小米了，吃徐州国民党粮店的大米。部队在打仗的过程中，是不让支援的民工上前方的，前方就是部队官兵自己搞，他们在上边抢占先锋，激烈地打起来，我们去接任务，就是做后勤保障工作。

支援的过程来来回回共有三个多月，不到四个月，大约一百多天。从九月走，过了阳历年回来的，最远到达安徽蚌埠，距离出发地700多里路。打仗胜利后，我们普通的民众就回来了，团长营长没有回来，这些人就相当于国家干部，在那里接受新的任务，在当地继续搞民工，继续带领部队。

3. 解放战争的情况

把鬼子打跑了以后，是共产党在这边领导了我们一年多。但是，1946年下半年，国民党从郯城县城那达打过来了，在临沭县西边山上驻扎的，那边有建的据点。共产党的部队就进行了战略性撤退，他们就一个劲地往北撤，直到国民党把这个山东的地面占完了，大城市占完了，共产党的部队被挤到山东边上和山区里。这时国民党的力量就是分散的，都在城市里，共产党就使的这个法子，力量集中进行攻了。就这样，国民党党来了时间不长，大约5个月就又被打跑了。

1947年的5月，解放军大军南下，先在孟良崮战役中消灭了国民党七十四师，七十四师之前还在朱村住过三天，然后就去了莒南，又去了沂蒙山，在那里他们被打败了。七十四师是国民党的王牌军队，师长是张灵甫，是蒋介石的恩人，所以装备非常好。孟良崮战役消灭七十四师的时候，蒋介石曾下命令让其他部队支持张灵甫，却没有部队去支援。不去支援可能就是嫉妒七十四师的装备都是美式装备，他的衣裳都是"银子衣裳"，其他部队当兵的不服。这就是国民党对待部队不一样，老话说"一客不能二待"。这就是他们国民党的毛病，没命令不打，当时国民党在临沂、新泰、莱芜都驻扎至少一个师的部队，而我们共产党则是枪声就是命令。自七十四师失败了以后，国民党就一直往南撤退。

4. 参与支前运动与战争胜利

碾庄战役结束后，解放军前往徐州，在那里并没有遇到什么抵抗。解放军们偷袭了徐州的火药库。火药库被炸，从早上四点一直炸到上午十一点，徐州国民党部队以为开战了，所以四下逃窜。许多国民党军队顺着新浦铁路往南跑，跑到南徐州，也就是那个叫南徐县的地方。当时，淮河以南是蚌埠，是人民解放军驻地，蚌埠那边就对这些人进行拦截。因此，国民党在南徐县不得不转头下西南了。河南省有个襄县，襄县前边有个河叫漯河，河的那边有从蚌埠去的解放军驻守。在那边截死了国民党，他们是有河过不去，解放军在那边他不敢过，所以就在襄县，打起了战役。原来在襄县的国民党部队是从台儿庄撤回去的，从台儿庄撤到徐州，在徐州朝襄县跑的。接着这黄百韬半个兵团在襄县战役打了 58 天。这 58 天下了三场大雪，我们共产党就有个特长，越下雨越能打，越刮风越好。共产党的部队有吃苦精神，国民党的部队，吃不了苦，下雨下雪都不动了。他们是资本主义的兵，不是共产主义兵，所以说襄县战役结束得也很快。他们当官的军长师长，包括旅长一级的都跟飞机跑了，团长没能跑但他上边都跑没了，所以大部分国民党就直接缴枪投降。紧接着这些投降的国民党俘虏军装都没换，开上几个会，大体上说是想回家的给你路费，你不回家就跟着共产党干，结果没几个回家的。那些国民党俘虏都是穷人家的孩子，都是全国跟着打仗，都是贫下中农小孩，所以被俘虏之后就跟着共产党干了。

5. 支前任务完成

当时往南京去的国民党部队在镇江被掐断了，失去了联系。上海也没用打，在浙江就掐断了。到了蚌埠以后，当地政府又组织了新的服务队，我们就结束了支前任务。

回来的时候，都是解放军的根据地了，所以就回来得快了。小车都撂了，扔在了蚌埠车站上。在南徐州上的火车，在新沂下了车，那个火车很简陋，就是个大铁盒子。在新沂下火车是下午四点，我们支前运动的老百姓劲头十足，走了整整一夜回到了家。从前线退下来就花了四天的时间。我们这一批人全回来了，我们村的 25 个人一个没少，整个临沭团也是一个没少，都回来了。

6. 国共两党的区别与解放战争胜利原因

咱共产党的军队和国民党的军队就是天大的差距。共产党来到之后一般就是给咱做一些工作，为老百姓服务的一些工作。比如在抗战的时候，三营在我们这里整训，当兵的住谁家，他们挑水、打扫卫生、农活等都干，所以共产党走的时候我们都想得难受。国民党统治时期，做官为患。当官的下任后，一次给点钱让他回家，所以没有真心跟他干的。而且国民党在上任期间就一直压榨百姓，他们就是无赖，去村里砸鸡、砸猪、抢粮，不干人事。相比之下，共产党是军民团结，鱼水交情，国民党则是不顾老百姓，纪律不行等，所以最后失败。

7. 1949 年之后

我三年级就不上学了。1956 年开始合作化，我就在生产队担任会计，改革开放以后，俺大队搞了个副业窑厂，把我叫去当销售，搞外交，因为我有点文化，始终我这两个字呢没撂下。要是那时候不鼓捣，现在也什么都不认识啦。

（五）奖励与回馈

1. 奖励情况

那时候去当兵和去支援前线没有什么奖励的。当时国家都还是动荡的，共产党是穷人的部队，没有钱。那个时候，你要是去当兵或者支援前线的话，你家里的地在农忙的时候，村里会安排人给帮忙耕种和收割。从前线回来以后，也没有什么奖励，还是平平常常地过日子，和之前一样。我们支前回来之后，家乡就太平了许多，没有再出去参加任务，然后到了 1949 年就新社会了。

现在我们国家越来越富强了，国家富了也没有忘记当年为国家付出的老一代人，这就是我们国家富强的表现。我们的习近平主席，自从他担任国家主席之后，他到全国各地考查和登门拜访，不管是多少年的老革命，他都会记住，把他们再找出来，表扬他们。你像在江西死的那些老干部，他都让人找出来，为他们记上一功，表彰他们的事迹。

我一个月生活补贴现在是 183 元，从胡锦涛主席的时候 80，习近平主席以后就涨到 100，然后又从 100 涨到 118，今年又到了 138。主席来的那几年，省里、县里在逢年过节的时候都会给我点东西问候，2015 年村子里还给我安了空调，2017 年县里还给我一台电视。不过，去年就没有了。

2. 难忘习主席

2013 年的时候，习主席来了我们村，一起来的还有那时候的省委书记姜异康。就在我这屋里聊了一个多小时，当时还有我们村书记、我二儿子和两个儿媳。习主席给跟我说我们要奔小康，我跟他说现在就是四菜一汤了，已经达到小康了。现在家家吃饭除了米就是面，不愁吃饭。我说"我这个孙子今年 17 了，上学连煮的鸡蛋都不吃，没挨过饿。"主席听了以后哈哈笑。

习主席他是 1953 年出生，那些苦日子经历过。他当过大队书记，一级级上去的，确实是有才。他说的"不忘初心"，就是要说咱们不能忘记以前的日子，不能丢掉了那种吃苦的精神。他走这个路子很对：在教育上，他在农村大力发展教育，现在教育提高了多少，不用说大学了，农村学校现在条件也很好，上学有教学楼，有食堂。在吃的方面，现在农村没有钱的不多，吃不上饭的更是没有，现在都有政策保护着我们的基本生活。以前种地是先纳粮，现在不但不纳粮，而且公家还倒给补贴，这是历年来没有的事。在穿衣上，不要说现在青年人穿的了，我床边这些，除了被子就是衣服，这个夏天的衣服就有四包袱，寒天的衣服都有两箱子，有的衣服几乎都不穿了，因为穿不着了，就如我身上穿的这条裤子都有二十年了，质量很好很耐穿，穿着很舒服。

2015 年，抗日战争胜利 70 周年，省里叫我去参加抗战胜利 70 周年大会。当时我们县长和村支部书记跟我一块去的，住的是宾馆，来回都是有车接送。今年国庆，新中国成立 70 周年典礼，上边又下来了文件了，邀请我去北京，前几天去县里刚刚体检完了，都合格了，到时候县里就安排去了。

3. 对青年人的建议

我是小学三年级水平，到了 1949 年以后，安排我去当会计，我现在的文化就是在这个过程中边干边学的。刚开始也不会干，慢慢工作学习就逐渐成熟了，这些就都是被逼出来的。所以说，你们现在学习条件好了，得好好珍惜，要逼自己一把。就像看现在电视新闻，能学不少，要天天晚上看。

我这个年龄什么事都摊上了，国民政府的时候有马子、土匪；到打鬼子时候，有维持会、返乡团；这解放了以后，就大力搞水利建设；到了 1953 年就统购统销，然后搞合作化、人民公社；到了 1959 年就挨饿，那时候还欠着苏联的账，什么都吃不饱，一直到了 1978 年改革开放。从 1982 年开始，彻底的分田到户，从那开始才解决了温饱问题，接着就搞开放市场，可以出去打工，做生意挣钱，这样经济就富裕了。各村各县都开始打工挣钱，现在就有钱了。现在的这个生活，现在经常有人来问我一些事，有单位或者组织来我们村学习的，也有大学生寒暑假来聊聊的。习主席走后的第二年暑假，复旦大学、河南大学的学生就有过来的；这几年还有山东大学、青岛大学的来；前几天，南京大学，北京的什么大学的学生刚来过呢；我们临沂大学的学生也来了好几次了。我看见你们这些年轻的大学生真好，你们都是国家的栋梁，国家的财宝哦，一定要好好学习，将来为国家做贡献。老人对你们的愿望，这不我成天说嘛，祝你们好好学习天天向上，没有文化就没有技术，没有技术就不能钻研。

四、调研员心得感悟

2019 年 7 月 29 日，农历六月二十六，临沂市临沭县朱村。

为了做好这次支前模范的口述史调研，我们团队做好了充分的准备。整个调研活动非常顺利、收获满满，真真正正地在朱村红色教育基地体验到了红色文化的精髓。对王克昌老人的访谈，我们感受到了那个年代普通民众的真实情感。

王克昌老人现居住在临沭县曹庄镇朱村。朱村隶属山东省临沭县曹庄镇，位于鲁东南苏鲁交界处，西倚夏山，东傍沭河，与大官庄水利枢纽遥相呼应。该村水陆交通方便，地理条件得天独厚，自然环境十分优美。

朱村距离临沭县城 20 多公里，距离罗庄区需要一个多小时的车程。所以我们一行人从这两个地方分别出发前往，大约坐了一个小时的公交来到朱村抗日纪念馆，找到了事先联系好的王主任。因为当时正值中午，老人正在午睡，所以打算等老人睡醒之后再去看望他。借等待之际，我们听王主任介绍朱村抗日纪念馆。

王主任近期负责编写朱村村志，也是朱村档案馆的负责人，对于朱村的历史十分了解。王主任 70 多岁了，见证了整个新中国成立以来的风雨历程，对于支前那段革命岁月也是有许多自己的见解。王主任向我们介绍，近期他要出版一本朱村村志，找了许多本地的大学生来整理朱村档案，这将是一本具有重大意义的乡村村志。对于支前的那段历史，王主任简简单单地向我们介绍了他所了解到的情况，他也是通过档案和老一辈的老人口述了解到的，要想更深入、更真实地了解那段历史，还是需要去找真正参加过那场运动的老支前们。

王克昌老人醒后，我们调研队带上为老人准备的牛奶、水果等走进他的家。第一眼见到老爷子就感觉他精力十足，老爷子说出第一句话就让我们感觉到了他那的热情和关怀。一进门，老爷子就把空调打开，说天气太热，不能让我们热着，说我们是祖国的栋梁是未来的希望。老爷子还说，就盼着有学生来找他聊聊天，听他讲一讲那段艰难的岁月。这几年有不少的专家、学生等来看望他。老爷子现在是一个人住，生活起居都十分正常，家里人都不在朱村，有的在上海，有的在临沂其他县区，他的生活也完全不用别人操心。

调研过程中，老爷子头脑清醒，热情高涨，向我们讲述着抗日战争、解放战争、新中国成立后的历史。老爷子向我们分享了他们家族的宗谱、他获得的荣誉、国家领导人来看他的照片以及他们家其他成员的照片。我们在调研过程中，村里边还有村民来找老爷子结账，这才知道老爷子还经营着农村白事的生意。老爷子打算盘非常熟练，算账、记账清晰。他说，他三年级就不上学了，因为家里供养不起，但是之后他去了大队当会计，也正是这个机会逼着他不断学习，不断实践。

淮海战役的时候，王克昌老人家里有4个哥哥，一个姐姐，就属他的年龄最小。当时支前民工主要招的是中年、壮年，老人年龄还小，但是还是毅然决然地参加了支前运动。他算是支前运动中年龄最小的了。

抗日战争结束后，临沭就是共产党的驻地。党领导的土改运动一开始就是在这片土地上进行尝试。1946年，随着国民党大举北上，共产党进行战略性转移，将主力部队撤到华北地区。由于国民党兵力分散，解放军不久重新夺取临沭，并迅速站稳脚跟，之后就实行了大规模的土地改革运动。老爷子回忆说，土改运动实施的时候，农民获得了前所未有的幸福感，人民群众死心塌地跟着共产党走。淮海战役中，支前运动建立了一个十分严格的体系，各村的青壮年由指导员带头共同报名参加，家里的土地暂时让别人代耕。老人说，当时临沭县组建了一个团、莒南县也组建了一个团，他们就随着部队继续南下。老爷子和其他支前者们推着自家的小推车和他们自己制作的担架跟随部队。他们是部队的后援团，为部队打胜仗提供了充足的保障。

战争胜利后，老爷子说当时特别高兴，一心想着回家，自家小推车都不要了。去蚌埠坐火车回家，这一路用了四天时间，胜利的喜悦已经没有什么能够阻挡。这些为新中国成立做出贡献的普通民众应该被历史铭记，广大劳动人民的支持为解放战争的胜利奠定了坚实的基础。这些支前老人也成了我们学习的典范和红色精神传承的榜样。我们生活在和平安定的新社会，王克昌老人一直反复说，青年人是国家的财富，好好学习、天天向上是他对我们最大的期望。

调研结束后，老爷子高兴地和我们合了个影，希望我们下次还能够来陪他聊聊天。我们临走的时候帮老人打扫了一下卫生，又去了一趟朱村抗日英雄纪念馆打扫了一下庭院，也算是用实际行动向英雄致敬。

本次调研，我们每个人收获满满，了解到了那段艰难的岁月，感受到了普通民众的家国情怀和革命精神。我们会继承和发扬老一辈的红色精神，为建设国家富强、民主、文明、和谐、美丽的社会主义强国贡献自己的一分力量。

谢德来支前口述资料

张国富

(政治与公共管理学院政治学与行政学专业 2017级一班)

采访者简介

我是张国富，来自山东省临沂市罗庄区的一个农村家庭，是2017级政治学与行政学专业的一名学生。很荣幸能够担任这次支前运动口述史调研的学生负责人。我喜欢做访谈，曾做过关于合作化时期的农民口述史、妇女口述史等主题调研，每一次访谈都能学到很多，受到深深的感染和教育。支前运动口述史是我大学中最后一次参与的社会实践，希望能让更多的同龄人了解那段历史，了解老区普通民众的革命精神。

一、谢德来老人基本信息表

调研点	山东省济南市历城区彩石镇岔峪村	受访者编号		ZGF20190616XDL
调研员姓名	张国富	调研员单位		山东青年政治学院
受访者姓名	谢德来	受访者性别	男	受访者年龄	91
支前时年龄	19	参与支前的类型		运粮队、担架队
土改时成分	中农	支前时家庭人口数		6口人

续表

受访者结婚时间	1951 年	受访者子女数量	6（四男两女）
首次采访时间	2019.6.16	调研员联系方式	17860523050
受访者所在村庄基本情况	谢德来老人所在的岺峪村，位于山东省济南市历城区彩石镇东南，距离镇政府驻地有 6.8 公里。村庄处于泰山山脉的最北端，四面环山，地势较高，成梯子状分布，农田多为梯田和山地。西邻郎猫山水库，环境优美，景色秀丽。 抗日战争结束后，岺峪村直接由共产党接管，组织农民成立了农协，领导农民进行了土地改革、扫盲运动、训练民兵等等。村庄与另外七个自然村组成王庄大队，村庄当时大约有七八十户，400 多人。该村属于王庄大队中规模较大的，农民多靠务农为生，平均每人 3 分大亩土地，折合现在约每人 1 亩多点，以种植谷子、高粱、大豆等抗旱粮食为主。闲暇之余以贩卖窑货、编织等为副业。解放战争时期，多次组织农民支援前线，运物资、抬担架、编草鞋、做被褥等。 现在村庄有 200 多户人家，1000 人左右，村民以外出打工为主。2015 年开始，不仅全村主要街道通了公路，而且种植了成片的核桃树，村庄走向了绿色发展和脱贫致富的道路。调研时正值夏天，整个村庄处于大山环绕之中，绿树浓荫，环境宜人。		
受访者基本情况及个人经历	谢德来老人出生于 1928 年，今年 91 岁，定居在山东省济南市历城区彩石镇岺峪村，从小没有上过学，一生以务农为生。1951 年结婚，老伴比老人小 6 岁，今年 85。两位老人身体健壮，单独居住，有 6 个孩子，4 个儿子、2 个女儿。最大的儿子，今年已有 67 岁。 抗日战争结束时，老人大约 17 岁，是家里的主要劳动力。那时家里有 6 口人，老人是孩子中的老大，还有母亲、两个妹妹、一个弟弟和二奶奶。父亲去世早，1943 年就得病去世，那时，谢德来老人才 15 岁，大妹 15 岁，最小的弟弟才 6 岁，因此母亲、大妹和谢德来老人就成了家庭的主要经济支柱。 解放战争支援前线时，老人大约 19 岁。老人先后参与过两次支援前线，第一次参加的担架队，他是随军担架队当中年龄最小的一个，从岺峪村出发，参与了莱芜战役和汶上作战，前后接近四个月；第二次参加的是济南战役的运粮队，总共做了 8 天的工作，济南就解放了。老人除了参与支前运动，还当过民兵，保卫自己的家园。 1949 年之后，老人一直在家务农，勤勤恳恳，平淡幸福。		

二、全文整理

访谈时间：2019 年 6 月 16 日

A：张国富　B：谢德来

谢德来老人为政治学与行政学专业2015级谢伟师兄的爷爷，居住地距学校较近。通过谢伟师兄的帮助，调研员跟随项目指导教师陈建坡老师一起来到谢德来老人所在的村庄，做本次调研活动的首次尝试性访谈。老人和老伴早早地在四儿子家里①等候。参与此次调研的，还包括调研员任君政、谢伟，老人的四儿媳②。在这个过程中，非常感谢老人的四儿媳帮助传达我们的问题，帮助老人一起回忆那个阶段的历史，并为我们解释了一些方言。

A：爷爷，咱们这个村的环境真好啊，有山有水，这个村子一直就在山上吗？

B：是的。这天热，温度也挺高，山上早晚还是挺凉快的。

A：挺好的，咱这边比学校那边凉快多了，空气好。老人家，像您这么大年龄，身体还这么棒！您高寿啊？

B：91 岁啦，哪一年的我忘记了。

A：那应该是 1928 年的。

B：我这个年龄经历过的可不少。抗战的时候没抗成③，因为得了病了。和国民党打仗的时候就去给抬担架，那时候像我这样的家里兄弟俩的就得去一个，家里就一个男的话，就不用去。

B：我那时候抬担架走了得有 1000 多里路啊，都是两只脚走的。

A：爷爷，那个抬担架就是去支援前线吧？这事您还记得挺清楚的啊！我们这次来，主要就是向您了解一下支援前线这事，谢伟哥应该跟您说过了。这不今年是新中国成立 70 周年了嘛，我们老师带着我们搞这些土地改革、支前运动的口述史。觉得这些事很有教育意义，应该让更多的年轻大学生了解你们为国家做的贡献。想通过这个访谈活动，让更多的年轻人了解历史，受

---

① 老人单独居住，此次访谈安排在谢伟师兄家。

② 谢伟妈妈。因老人听力弱，还考虑到方言的问题，谢妈妈帮忙传达和解释。

③ 意思是因为身体不好没有当兵。

到教育。

B：支援前线我参加过两次。打济南那时候，我就去抬过担架，咱得去给送东西。那一战打得可激烈了啊，8天就把敌人给消灭完了；再就是支援莱芜和汶上，那一次时间长，去了得有几个月。

A：打济南那是哪一年的事啊？

B：具体的哪一年，说不上来了。

A：爷爷，我就按照我们的提纲帮你回忆一下哈，咱们梳理梳理。首先，您想想把日本人赶跑了以后，咱们这边是谁管着的？

B：吴化文①来的。

A：吴化文是国民党的吗？具体的时间能想起来吗？

B：这个时间没有印象，咱不识字，记不起来这些了，只记得洋鬼子走了之后，国民党的队伍就来了。

A：那咱慢慢地回想，毕竟这么长时间过去了。

A：土改的时候，您还有印象吗？

B：土改啊，是毛主席领导的。土改时候成分高了不好，得往外拿东西。

A：土改的时候咱家划的什么成分啊？

B：中等成分，也就是中农，不高也不低。

A：那咱家的土地有没有变动，是给咱们又分了一些，还是分出去了点呢？

B：这个地刚刚②是给分出去了一点，然后又给我们还回来了，说俺家里是不用往外分地的，俺家是不高不低，中农。

A：爷爷，您说的这个分成分啊，那时候新中国还没成立吧？

B：这个土地改革是新中国还没成立，鬼子走了之后呢，毛主席领导的队伍过来了就给分的地，划的成分，咱这边直接是由共产党领导的。国民党主要占着城市，那时候章丘就有国民党兵，乡下这么大他也占不过来不是。

A：共产党来了之后是怎么跟我们老百姓宣传土地改革的呢？

B：就是给咱说人人有地种，人人有饭吃，你那个土地多的需要拿出来，土地少的能分到一些。

A：当时有没有召开什么会议，像村民大会之类的？

---

① 经查，日本人投降之后，吴化文作为蒋介石的先遣部队驻蚌埠、徐州一带。1948年4月奉命进驻济南。1948年9月16日爆发的济南战役中，率2万官兵战场起义，加速了济南解放的进程。

② 一开始。

B：开会啊，经常开会。有大事要说的话还开村民大会，全村集中起来说，开会的时候可热闹了，有时候还会表演节目。人差不多齐了之后，那些干部们就上台讲话。成分高的农户必须往外拿地，不拿不行，不拿的话就不让你回去了。

谢德来夫妇

A：这些工作那时候谁来领导的？

B：村长，村长组织我们开会给大家说这些。对了，还有农协会。

A：村长是怎么选上的？他是什么成分？

B：村长也是开村民会议选的，他是贫农成分。

A：他是党员吗？

B：不是，那时候党员很少，没有党员。就是有，咱也不知道，都是秘密的。

A：村上就没有党员派过来吗，像现在的村支书。

B：没有书记，有农协会长，很多事都是农协会管。

A：农协会会长是怎么产生的，是几个村庄一个农协会长还是一个村上一个？

B：农协会也是村民选举的，一个庄上就有一个。说选举吧，也不是现在这么个选法，那时候人家说出个人来咱也就举个手。

A：咱们这个村子土改完后，一个人大约有多少亩地？

B：那时候地少，一个人才3分多地，不过那时候可是大亩，这三分地放在现在也就是一个人一亩多点地。以前的一大亩折合现在的3亩地。

A：我看咱们这边是不是都是山地啊？

B：嗯嗯，都是山地，平地很少，你进村的时候这不都是一路梯田嘛。

A：那以前地里都种什么呢？

B：种高粱、谷子，棒子很少，种个大豆也行。

A：嗯，高粱、谷子、大豆这些抗旱一些哈，还种一些果树什么的吗？我来的时候看到满山的树啊，以前也种树吗？

B：不种，那时候种了也长不起来。

A：哦，这么点地，又都是山地，光种地的话，这些不够吃的吧？那时候家里除了种地还做些别的吗？比如做个小买卖什么的。

B：是啊，得做个小买卖啊，卖个瓦盆瓦缸瓷碗之类的。那时是一个大队，我们这个大队是王庄大队。就去大队那边赶集卖点东西。

A：那时候就有自然村、行政村啊？那么这个王庄大队的领导人是不是党员，是不是大队就有书记啦？

B：我们是8个村一个大队，大队就是行政村。大队管事的是党员，这也是后来知道的，那时候不叫书记，好像叫指导员。就是他们领导着咱这个大队，主持着开会、监督着分地这些。

A：爷爷，分土地的时候你和奶奶结婚了吗？家里总共多少人？

B：结婚了，那时候家里8口人吧。有两个妹妹，一个弟弟，还有老娘和二奶奶，俺爹、爷爷奶奶那时候都没了，俺爹是日本鬼子还在章丘城的时候就没了，应该是1943年。

A：您在家里排行第几啊？爷爷。

B：我是老大，下面还有俩妹妹一个弟弟。

A：那么爷爷，您在那时候应该不是很大吧，不到20吧，应该17、18？

B：嗯，是的，还不大。

A：那奶奶比你小多少？

B：她比我小6岁，我今年91，她85。

A：这样的话奶奶也就大约12、13岁左右。那时候结婚有这么早吗？那这样的话，家里能干活的就挺多的了。

B：那时候结婚的早，不像现在。

A：咱家您最大的孩子年多大岁数了？

B：老大是大儿子，今年也有67了。

A：您和奶奶是结婚了多长时间才有的孩子啊？

B：那得有一年吧。

A：那么那时候你和奶奶应该是没有结婚哈，咱这个是1949年前的那次土改，没结婚来。那个时候家里人口应该还不到8个人，咱等会再理理哈。

A：那时候您在家里主要干什么？家里经济来源靠啥呢？

B：我就是种地，赶集卖个瓦盆。其他人也是种地啊，旁的营生也没有。那时候都是吃不饱，吃糠咽菜都过来了，生活保不住，可不容易了。

A：咱家的经济状况在庄上属于什么情况呢？

B：也就是个中等啊。土改的时候没动我的东西，也没给我东西。

A：那您当时对土改是啥态度呢？

B：愿意啊，那时候都愿意。你地主就得把地给交出来一部分，都是开会决定的。你要是不交出地来，就不能回家。他当然不愿意给了，那时候没地、少地的农民也不敢去找地主要，但是他不给的话，那个农协会的人也不让他回去，真不给的话，就去他家拿粮食。

A：爷爷，土改完了后，贫农得到了土地，有没有给前线去送粮食，去支援前线，或者自愿去当兵之类的？那个时候，应该说咱们这边解放了，但是还有地方还没解放，前线应该还是在打着仗的吧。

B：送过啊，打济南的时候，我们就去送过粮食呢。但是和分不分地好像没啥关系吧，支援前线的任务都是按人口派的。

A：还去给别的地方送过吗？像南边打临沂，不是有沂蒙山战役吗。

B：往南边就不是去送粮食了，我们是去抬担架的。

A：这样啊，这些工作，具体是怎么做的，还需要爷爷帮我们回想一下，比如您是愿意去吗？

B：愿意去啊，不愿意去能去了吗。兄弟俩的就得去一个，兄弟三的就得去两个，兄弟一个的就不用去了，愿意去得话，也能去。

A：关于这个支援前线，那时候有什么宣传之类的吗？

B：嗯嗯，宣传啊，天天开会，天天宣传这些，还贴的有些标语，具体内容记不清楚了，就是天天说，不去当兵的就得去给当后勤的保障人员，给你安排了你就得去。

A：这些东西是义务的，还是有补贴？

B：你去当兵的话，给东西，给粮食也给钱。抬担架、送粮食这些没有。

A：这样的啊，如果安排了的话，有那种不愿意去的吗？

B：你不去的话不行啊，不去的话就得把地给拿出来。这都是给安排的任务。

A：哦，那么有没有因为累和害怕逃回来的呢？

B：没有听说有不干的。不行啊，跑回来不行，跑回来还得再去。这些去不去都得靠自觉啊。再说了，抬担架、运粮食也不是啥累活，比后来出河工强多了。你那样的不行，不管你是兄弟三个还是四个，跑回来的话，还得再去，不去不行的。

A：那么留在家里的有什么要求吗？留在家里的需要做别的事不？

B：在家里的正常的劳动啊，有去支援的家里的地就都得在家里的人来帮忙种。

A：您那时候没去当兵，做过一些保障前线的工作，都去过哪些地方呢？比如往南抬担架的时候是怎么去的，最远走到哪里呢？

B：从家里走，一直走到济宁汶上。俺就去前线抬受伤的战士。前线打着仗，他就有死了的或者挂彩的，俺们就都给抬走，抬到后方去，给治疗。

A：抬的担架是自备的吗？

B：担架是村上出的，各个庄上出自己的担架，派人去抬。

A：那个时候吃饭怎么解决？是自己带着干粮吗？

B：吃饭就是在老百姓家里吃，会给联系好，人家给咱安排的。

A：这样子啊，咱们去的时候是什么季节？具体去过几次呢？

B：那得说是春上走的，我记得是种地农忙的时候走的，回来的时候是到了七月多了吧。一去就是好几个月，走了不知道多远，最远到汶上，得有1000多里路呢，回来了后就没再走那么远过，就没有再去。俺庄上一共三批人，俺是第二批那一伙。

A：哦，还有好几批呢，这几批都是去抬担架吗？

B：嗯，是担架，好像也不一样，每次情况不一样。

A：这一批一批的是怎么去的？是一批回来了，另一批再去，还是？

B：他是一次次地宣传，宣传一阵子，准备准备就够一些人，然后就一起直接去，有人带着就走了，然后再宣传，再接着一起去。

A：这一批一批的去的都是一个地方吗？

B：不是，都不一样。第三批那个，去了就被国民党逮起来了，去让他们换了衣服当国民兵，这批人换上衣服几天，就跑回来了。

A：这样啊，这个还挺危险的啊！那你们去的这一路上，有在路上牺牲的吗？

B：没有，这个倒没听说过，应该没有。

A：那时候是谁领着的去的前线？

B：八路军领着，有安排的一些人领着去，还有当兵的护送。

A：咱们这个三批去了大约多少人啊？

B：俺这一批，光咱这庄上，就有十二三人吧。好几个庄上的人一伙去的，5个人一组，四个人抬担架，一个人背东西，背一些衣服、被窝什么的。

A：抬担架的过程你还记得吗？一天得抬多少个？

B：这个抬担架，你得看他打得什么样，有时候伤亡得多，有时候伤亡得少，赢了的时候就好些，输了的时候就得赶紧跑，抬多少忘了。

A：您那时候在里面算是年纪小的吗？

B：是的，我那时候刚有劲，但也不撑劲，我是最小的那些了吧。比我小的不多，那时候才将十七八，再小的就干不动。最大的都有三四十的。

A：咱们这个庄上当时有多少人口呢？

B：那个时候人不多，能有400人吧。

A：400多人啊，那大约七八十户？

B：嗯，现在得有接近200户了吧。

A：咱这个村子在整个王庄大队是大村还是小村呢？

B：中村，不大不小，算是人比较多一些的。

A：回来后没有给你们证书什么的吗？有什么奖励什么的吗？

B：没有，都是义务的，啥也没有，要是有的话现在不得有那个照顾吗，现在一点都没有。不是你们来问我，都忘了还有。

A：那么回来之后，有什么说法吗？

B：没有，回来还是正常干活，就不用再催着去支援前线了。

A：带着你们去前线的人是从前线下来的人，还是就是咱们后方有联络员，带着去的呢？

B：是俺庄上的一个人带我们去的。

A：这个人是当兵的吗？

B：当时他不是当兵的，从前线回来后当兵去了，到山西去了。

A：带您走之前，给说过去哪里吗？

B：没有，就是跟着他们走，找部队，跟着部队走。

A：那个部队是谁的您知道吗？或者有什么番号吗？

B：这个咱就不知道了。

A：咱们村上去的男劳力能占到村上劳力的多少呢？

B：得占到2/3，差不多都去过。

A：咱们村上妇女和小孩子在家里有什么任务和安排吗，像临沂那边给做鞋子之类的？

B：这个倒没有。

A：那打仗的时候征的粮食不得运到前线吗？

谢德来接受采访

B：这个都有专门的运粮队。

A：哦，那应该是有专门的村负责运粮食。

B：打济南的时候，俺们庄就是负责运粮食的，8天就打完了。

A：粮食是怎么运去的，是咱自己的粮食送去的吗？

B：用扁担挑过去的，人家有粮站，都是从粮站里运去的。

A：这个粮站在哪里，是一个大队的还是一个乡的。

B：这个是上级安排的，是一个镇上一个粮站吧，怎么安排的就不清楚了。那时候不知道几天能消灭完啊，谁知道8天就打完了。

A：是什么时候给送，白天送去吗？

B：不是，都是晚上走。

A：您那个时候不大吧，

B：那个时候大了哦，得有20左右了吧。

A：这个路上有危险吗？

B：何止危险啊，那时候路上都没有灯，都是山路，那不危险嘛，没有什么好路，都是晚上走。不像现在，都有照明灯什么的。

A：有土匪和山匪这些劫道的吗？

B：没有，他敢劫吗？这都是一大队人去，还有当兵的在路上保护着，可不容易啦。那个时候济南可厉害了，都有城墙，很高，解放军想着怎么把他打下来，吴化文在济南这边守着，不好打啊。谁知道刚打，那个吴化文就起义了，8天就打完了。

A：嗯，那时候有民兵什么的吗？

B：有民兵啊，我也当过民兵，还当过好几年的民兵呢。

A：是啥时候啊？

B：比挑粮食早一些，是土改以前当的民兵。

A：训练吗？

B：可得训练，都有枪，早上去练体操，上北边山上跑步，有三八大盖和子弹。

A：打过仗吗？

B：没有，主要是抓特务。我当过好几年，不过正经的手续没有啊。

A：那时候民兵是大队组织的还是村上组织的呢？

B：不是村上的，大队组织的，都是从村上选人。

A：当民兵的时候吃饭怎么解决的，管饭吗？

B：吃饭就是在自己家吃，不管饭的，鞋子也是自己的。

C：八路军来了，都还得给他们安排粮食。后来咱们就被安排给蒸馒头，白面馒头。都是上面发的面，俺们给蒸。蒸的多了的也给我们，小孩子在后面跟着要热馍馍。

A：这个也算为打仗做贡献了，有些村还组织妇女纳鞋底、缝被褥呢。

B：年龄大了，也听不过来了①。

A：1949 年之后又进行了一次土改的吧。

B：嗯嗯，又分地来，分了好几次呢，这都是一次次的变化。到了吃食堂了，我还去给做过饭来。

A：您还做过厨师啊？

B：从那时候过来可不容易，啥都干过。

A：那时候有没有扫文盲？

B：没有，那时候也没有那个时间扫。到了解放了，1949 年之后才有教的。那时候都没有时间学，家里的活都干不完，怎么学啊。

A：嘿嘿嘿，爷爷，你记得真不少了。这个最后，今年正好新中国成立 70 周年，你算是看着咱国家成长起来的，感觉国家变化得怎么样啊，现在生活满意吗？

B：现在挺好啊，苦日子都过来了，都很好哦，我们那时候过的苦日子就值了。你们大学生好好学习，都是国家的栋梁，你们跟小伟②都把学上好了，现在这个日子这么好，一定要认真的，不要辜负了国家的培养。

A：好的，爷爷，我们记住了！您说得很好，帮助我们完成了一份口述史。祝你身体健健康康，每天开开心心的啊！

B：你们喝点水，喝点水，这么长时间了，喝点水哈。年纪大了，很多事记不太清楚了。

A：这已经帮我们了解了不少了，以后再找机会找您聊。③

三、分段整理

（一）基本情况概述

1. 家庭基本情况

我叫谢德来，出生于 1928 年，今年 91 岁，现在和老伴一起单独居住，老伴比我小 6 岁，今年 85 岁。我们现在身体都很健康。我经历过抗日战争、解放战争、新中国成立等等国家大事，体验到了现在小康生活的来之不易。

---

① 老人耳背。
② 指谢伟，老人的孙子。
③ 文字稿整理好了之后，调研员再一次通过谢伟师哥和爷爷联系回访。但老人表示该说的都说了，再多也记不起来了。回访未能成行。

日本鬼子来的时候，我那时还不大，也就 9 岁左右，记忆不是很深刻。到 1945 年抗日战争结束时，我 17 岁左右，当时已经成了家庭中的主要劳力。那时，家里人口不多，就 6 口人。父亲去世得早，那时日本鬼子还在章丘，好像是 1943 年的秋天父亲去世的。所以没有父亲，只有母亲、二奶奶、我、两个妹妹和二弟。父亲去世后，家庭的压力挺大，都压到了我的头上。那个时候，我们姊妹几个都很弱小，鬼子被赶走时，我才 17 岁，大妹 14 岁，二妹 11 岁，二弟才 9 岁，是我们姊妹几个当中最小的一个，所以，家里能算得上的劳力只有我和母亲，大妹平时也就是在家帮助母亲干点家务活算是半个劳力。当时，我们家里的经济条件在整个庄上应该属于中等水平吧，所以在土改的时候划为中农成分。到支援前线运动时，这应该是在抗战胜利后 2 年左右的时间，那时我、大妹就稍微大些，算得上壮劳力了，再加上母亲很能干，家里的活基本上能忙过来了。

回想起那个时候，家里没人，又是一穷二白的，常常是吃了上顿没有下顿的。新中国成立后，随着国家一步步地强盛，现在的日子好多了。我和老伴是在 1951 年结婚的，现在有 4 个儿子、2 个女儿，共 6 个孩子。儿子们也都在村上居住，都在身边，姑娘也都是嫁到济南本地，时不时地会回来看看，所以我现在感觉到生活很安稳、幸福。我最大的孩子是大儿子，今年有 67 岁了，最小的是四儿子，今年也有 50 岁了，领你们来的谢伟就是他家的，我孙子，在你们山东青年政治学院读书，今年刚刚毕业。我们现在的生活很好，吃喝都是自己做，孩子们也经常来，非常幸福。

2. 村庄基本情况

我来自山东省济南市历城区彩石镇的岔峪村，我们庄位于山东省济南市历城区彩石镇东南角，处于两个镇子中间位置，距离彩石镇中心有 6.8 公里。村庄周围山高水深，属于泰山山脉的最北端，四面环山，地势较高，农田成梯子状分布，多为梯田和山地。我们村子向西有郎猫山水库，整体环境优美，景色秀丽。在抗日战争结束以后，我们岔峪村在共产党的领导下，民众激情似火，积极参加了支援前线运动。日本投降以后，济南城是被国民党吴化文接管，但是我们村实际上是由共产党来领导的。共产党在这边组织农民成立了农协会，领导农民进行了土地改革、扫盲运动、训练民兵等等。村庄与另外 7 个自然村庄组成王庄大队，那时，村里人不多，也就有七八十户人家、400 多人左右，算是王庄大队中规模较大的庄了。农民基本靠务农为生，平均每人 3 分（大亩）土地，折合现在约每人 1 亩地多点，以种植谷子、高粱、大豆等抗旱粮食为主，闲暇之余以贩卖窑货、编织等为副业。解放战争时期，多次组织农民支援前线，运物资、抬担架、编草鞋、做被褥等。现在村庄有200多户人家，约1000人左右，村民多以打工为生，村庄已在2015年底实现路路通，村委还鼓励农民种植核桃树，这就是我们的摇钱树，实现村庄的绿色发展。我们整个村庄现在生活条件大大提高，现在时属夏天，整个村庄在大山环绕之中，绿树浓荫，气候宜人。

二、抗日战争胜利与土地改革

1. 抗日战争的胜利

日本鬼子来的时候，没有进过我们村上。因为这个村子，周围都是山，偏远且周围都是山地，所以，他们一般不想上来。鬼子的大本营有驻扎在章丘城的，也有驻扎在济南城的。我们彩石镇那时候也驻有日本鬼子，人数不是很多，他们都是和维持会的人一起住，出来的时候也经常是和维持会一起。在抗日战争打鬼子的时候，我们这边就有共产党领导开展工作，有组织过民兵和游击队。把日本鬼子打跑了以后，济南城这边先是由国民党控制的，守城的是吴化文。但是，济南城离我们这边有40多里路，我们这个村呢，又属于济南城和章丘城的中间地方，一个稍微偏远的山村。所以当时国民党的力量也没有渗透到我们这里，从把鬼子打跑以后，我们这边的工作实际上就是由共产党领导着做的。但是那个时候也不知道谁是共产党，这些是到了后来慢慢知道的。

2. 土地改革

共产党在这边带着农民进行了土改。在这期间，我们村里的村长也换了。我记得是老百姓选的，选的是那些成分低、积极配合共产党工作的人，是这些人当选的村庄负责人，还有农协会。当时，人们也都不知道谁是共产党员，王庄大队里有指导员，只知道他应该是共产党员。他经常会来庄上检查、指导工作。各个村上的具体工作都是农协会和村长带着做的。他们为普通老百姓协调矛盾、主持公道，分了土地，组织劳动生产。那时候，我家在村中属于中等水平，划分的是中农成分，所以，在分土地斗地主的时候，既没有得到别人家的东西，也没有被分出去东西。

土改的过程中，我还记得是做了很多宣传工作的。刚换的村长，晚上经常组织村民集合，召集全体村民开大会。会上公开说土地的事，然后依据地多地少，将土地多的那些家子的地划给地少的那些家子，也就是根据成分，地主把地分给贫农、雇农。如果他不答应拿出来的话，一般是不让回去的。负责土改分地工作的是农协会的人，这个农协的会长也是老百姓选出来的，他负责领着贫农去跟地主要东西。分地的时候，也有从大队里下来的工作队来跟着监督着这件工作的完成。一般的地主见到那个形势，都是乖乖地把地和粮食交出来。因为那时候没地、少地的农民热情很高、很激进，他们也很团结，地主也就害怕了。就是那样，有的地主因为之前压榨贫农太厉害还得受批斗。我们村庄当时与周围其他 7 个自然村组成的王庄大队，那时候，我们村有 400 多人，属于王庄大队中人数较多的村子。每个村子都有农协会长和新村长，大队里有工作组，有指导员，有大队长，这个大队长和指导员好像就都是党员。当时，家里一个人平均有 3 分土地，这个三分是大亩的，折合现在的一亩多地。地里一般是春种高粱、大豆，秋种谷子。那时候都是靠天吃饭，所以收成不多。土改的整个过程，对于我们家影响不是很大，家里还是和以前一样不够吃的，都是吃糠咽菜地过日子。我平时不忙的时候就做个小买卖，贩卖瓦盆瓦罐去附近集上卖，但是也挣不了多少，那个时候条件都不好。

在这个土改的过程中啊，还有些地主不服气，跑到济南城那边告状。他告了状也没有用，虽然那时候国共还是合作的时候，国民党也没来管，所以很多地主看到没有希望了，多半都顺从了。分了地以后，这些贫农也是担惊受怕的，刚开始也是不敢要，到后来经常给宣传"我们是主人"，慢慢地就顺应过来了，积极性也高了。

三、支前运动的动员与参与

土改完成了不久，国民党和共产党又打起来了，于是我们村就开始组织支援前线。当时，虽然济南这片是国民党控制，但是我们村实际上还是咱共产党在这边活动的，彩石镇上也有国民党在，那时候还叫彩石乡。就是这样咱共产党照样在咱们这边做着宣传工作，宣传说要保护自己的家乡，保卫自己的胜利果实，组织人到前线做支援准备工作，这些都是自愿参与的，不过也是任务，也是按要求派人去。那时候，村里农协会会长和村长就出来说，家里要是有兄弟两人的就需要去一个人，有兄弟三人的就要去俩，家里要是有当兵的就可以不用去。我家里刚好我和弟弟两个人，那时候我刚刚 18 左右，弟弟 10 岁左右，就只能我去了。我总共参加了两次支援前线，第一次最远去的汶上，第二次是去的济南城。

四、支前与胜利

我参加的汶上、济南的两次支援前线的任务，现在还有些印象。

1. 第一次支援前线，参加汶上战役

那是在 1948 年的春天，正好是在种地农忙的时候走的，一直到了七、八月才回来，走了有四个月。我当时参加的是庄上第二批担架队，我们这一批一起的有 13 个人，然后和其他村上的人一起跟着去的前线，有人给我们领路的。我记得给我们领路的是我们村上的一个老行家，把我们送到部队那里，他后来去了山西了，也去当兵去了。到了前线之后我们就是一路跟着部队走，前面要是打着仗，我们就跟在后面去抬那些受伤的或者倒下的人，抬着就往后方去。前面打得可猛了，我们都是低着头，顺着渠道抬着就往后跑。一天也忘记抬多少个了，很多抬担架的，不少人来。我们这些人一直是 5 个人一副担架，四个人抬着，一个人背着行李，就这样从家里走，一直走到济宁汶上。路上就带了几天的干粮，以后就都是从老百姓家里吃饭，部队是走到哪里，都会有专门的人去安排好，我们跟着一起吃。我那时候年龄不算大，在这些人当中最小了，其他一同去的人都是二三十的人，也有四十多的，我当时还没有足够的劲。

这一次向南方去的支援任务，我记得我们村子好像是去了三批人。这三批人，是有先后顺序的，这个先后顺序就是根据每一次的宣传情况，响应的人多少来安排的。一段时间之后，凑够了一定的人数，这个人数是整个大队出的人数，有需要了，就直接派人带领各个村的人一起走，那时候我们也就是跟着走，都不知道到底要去哪里。家里就再继续宣传动员，我们第二批从村上走的是担架队，其他那两队也都是担架队，去的地方不同。这个任务分配啊都是上面安排的，有时候我们村上是担架队，其他村上就安排运输队。我们用的这些担架啊，都是由村上提供的。

这次支援前线，我们村上去的这三批支援队，每一批的情况也不是一样的。像俺村上的第三批，去的地方和我们不一样，他们还没有去到，在路上就被国民党捉去当兵去了，国民党就把他们训斥了一段，就脱了衣服换上，让他们去打仗。他们不愿意，趁着没注意就都跑回来了。

2. 第二次支援前线，参与济南战役

我第二次参与支援前线也是在 1948 年，是从汶上战役回来后，没过多久就去打济南城的时候，这一次是安排我们给送粮食，用扁担从粮站里挑过去的。都是上级提前安排好的，我们那时候去的是彩石乡的乡公所，是晚上去的，然后一起运送到济南城边上，这回走得很近，去的时间也不长，济南战役打了 8 天就结束了，运粮也就运送了 8 天。运粮食的道路不好走，都是晚上，一路走得不快。当时运送粮食的时候，都是一大堆人一块去，还有当兵的在路上保护着。那时候，共产党还组织给村上一部分粮食，让村里的妇女给做馒头，馒头刚出炉的时候热乎乎的，做够他们要求的数量之后，剩下的馒头就可以给我们了，小孩子们都跑过去吃热馒头。

3. 参加民兵组织

在去支援前线之前，我还当过民兵，回来以后也是当民兵。那时候当民兵的话，每个人都给发枪，有三八大盖枪和一点子弹。早上要集合去练体操，但是没有打过仗，主要任务就是做保卫、抓特务。也没有正经的手续，因为是一个大队组织的，从村上选人。吃饭是回自己家吃，那里是不管饭，训练就是几个人一伙去训练，那时候也都是在自己村上巡逻，没有什么好处。

五、奖励与回馈

支援汶上和济南战役的民工，在战争结束后回到自己的家乡，像往常一样默默无闻地从事着农业生产，回来以后还是正常地生活，没有什么改变的。不过，我们现在生活得越来越好了，国家还给我们发钱，过年过节的时候还经常给我们发东西。真是感谢咱共产党，带领咱们人民赢得了内战。改革开放啦，生活是一天比一天好。以前的苦日子都过来了，现在想想，那时候过的苦日子都很值。你们这些个大学生，一定要好好学习，你们都是国家的栋梁，把学上好了才能有希望，以后工作也要认真的，不要辜负了国家的培养。

六、调研日志

此次"铭记历史，不负远期——那些年支前民众的革命岁月"口述史调研，是由我们政治与公共管理学院发起，面向全校招募调研员开展的首次口述史调查项目。项目以每位调查员身边的 85 岁以上老人为调研对象，讲述他们在解放战争时期为战争的胜利做出的贡献，留存那些发生在普通民众身上即将消逝的记忆，也借此机会，献礼新中国 70 周年华诞。

此次对谢得来老人开展的口述史调研，是此次主题调研项目开启的第一份访谈。一方面是对事先编制的调研提纲进行检验，以便做出必要的补充、修改和说明；另一方面是为了更准确地把握符合标准的受访老人对那段历史的记忆情况，发现调研中可能存在的那些问题，并针对存在的问题给出解决方案。

谢德来老人家住济南市历城区彩石镇的岔峪村，距离我们学校仅有 17 公里，是调研员本专业 2015 级谢伟师哥的爷爷。通过向谢伟师哥打听，今年老人家 91 岁，身体状况良好，记忆清晰，并有过参与支前运动的经历，是非常不错的受访对象。于是我同本专业 2015 级任君政师哥、指导教师陈建坡老师一起，经谢伟师哥带路从学校打车前往拜访谢得来老人。

虽然路程不是很远，但这一路要经过一个大水库，绕过两座山，一路上坡下坡地来到老人生活了一辈子的村庄。村庄是四面环山，抬眼望去尽是一片碧绿的林海，道路是一条通往村子的水泥路，路不宽但很平整。纵横交替的梯田在道路的两边，路边种了很多核桃树。时值初夏，济南的天气已经有些热了，但身处在碧水青山之间，空气格外清新，温度比学校那边低一些，感觉很舒适。山上视野也很开阔，远远望过去，到处都是绿色，赏心悦目。

老人很热情，听说我们要来，早已和老伴在小儿子家等待着。听见我们来了，还出屋门来迎接我们，和陈老师握着手来到堂屋。堂屋正中间是一张大的八仙桌，两边各有一把太师椅。老人热情地要让我们坐在太师椅上，几经推辞我们还是没能避开。老人的热情让我们感觉到没有距离，再加上老人和我爷爷（1922 年）是一个时代的老人，所以更加亲切，只不过爷爷已经走了 4 年，没能有机会做自己爷爷的口述史，在调研的时候，还想到这个问题如果爷爷在的话会怎么回答呢？

这次调研是我们开展的一次试调研，目的就是为了了解情况，发现问题，完善提纲。通过老人全力的配合使我们这次调研达到了我们预期的目标。试调研的过程给了我们很多信息。首先是由于时间仓促，对支前运动的知识储备不完善，多是一些片段化的了解，这是我仅仅根据提纲进行询问，不能脱离稿子，打开思维，灵活运用。发掘更多的事实细节，造成很多问题没有问清楚就直接切换下一问题，还有很多问题没有抓住老人的流露出的信息，加以追问，导致错失很多信息；其次，在做老人口述史之前，没有先通过村委会或者乡镇政府查看相关的文献资料，导致对当地情况缺乏一定的了解，对于调研中产生的很多问题，不能及时发现并解决。最后，这次访谈还暴露出这一过程中常见的一个问题，就是老人年龄较大，回想问题有点慢，我们年轻人往往性子急，缺乏足够的耐心，往往掌握不好节奏等等。

谢德来老人虽是一个普通老百姓，但是他的经历不平凡，通过这次调研，揭开了老人这么多年一直藏匿在心中的那些故事。他参与过两次支前运动，第一次是 1947 年春天，18 岁的谢德来老人受组织动员参与到汶上战役的担架队，从济南到汶上一路上走了 4 个多月。跟随部队前行，前线的危险他们没有畏惧，为了解放战争的胜利，他们默默付出，归来后依旧回归平常。第二次是 1948 年的济南战役，仅仅打了 8 天就结束了，在短短的八天中，老人又自发报名参与前线的运粮工作，晚上趁着夜幕从粮站往前线运粮，然后再急忙赶回来，没有抱怨没有放弃。就像老人最后在回忆这段历史的时候，想到现在和以前是鲜明的对比，没有想到越到老了越有东西吃了，以前的老人因为家里没有粮食被活埋的都有。这一切的变化，是老人口中的"政策好了，每个月都给我们发钱"，老人是解放战争中默默奉献的普通人，看着新中国的成立，感受着自民国到抗日战争到解放战争再到新中国成立带来的变化。他的那个没想到正体现出党领导人民群众为了美好目标奋进的过程和取得的成就。

调研过程中，有老人的小儿媳和老人的老伴坐在旁边协助老人配合我们访谈。老人的老伴今年85岁，比老人小6岁。由于方言问题，儿媳在访谈过程中主动给我们做翻译，再次特别感谢。此次调研圆满完成，让我对支前运动有了更深的了解，非常感谢老人一家人为我们这次访谈的支持。能够借此机会走出校园，参与到这次调研之中，是我的荣幸。虽然只有短短两个多小时，但能够听老人讲述的他亲身经历的土地改革、支援前线的故事，仿佛也跟随者老人的记忆回到那个艰难岁月。作为新时代的大学生，我一定会谨记老人嘱托，认真学习，时刻准备着报效国家、服务社会。

孙勇强支前口述资料

蔡 达

（政治与公共管理学院政治学与行政学 2017 级二班）

采访者简介

我是蔡达，来自政管学院政治学与行政学 2017 级 2 班，山东烟台人。作为 2017 级里很少的○○后，我算是先一步体验了大学生活吧。我参加本次调研的目的，一是为了更多地了解那个时代的历史事迹，尤其是自己亲人的生活经历；二是为了锻炼自己的采访和写作能力。

在空闲的时候，我喜欢听周杰伦的歌，吹一吹陶笛，玩一玩魔方。在学校里我积极参加各类活动，比如一二. 九大合唱、侍酒师考试和数学建模比赛等。我做事喜欢顺其自然，凡事尽力而为，少说多做。我的家乡烟台是一个四季如春的滨海城市，经济发达，风景秀丽，欢迎大家来旅游！

一、孙勇强老人基本信息表

调研点	山东省栖霞市西城区任留村	受访者编号	CD20190726SYQ	
调研员姓名	蔡达	调研员单位	山东青年政治学院	
受访者姓名	孙勇强	受访者性别	男	受访者年龄
支前时年龄	29	参与支前的类型	担架队	
土改时成分	中农	支前时家庭人口数	5 口人	

右上角：续表

受访者结婚的时间	1951 年	受访者子女数量	5（两男三女）
首次采访时间	2019. 7. 26	调研员联系方式	17860523003
受访者所在村庄基本情况	村庄处于山东半岛丘陵地区，风景秀丽，气候温和。村落周围有小型丘陵，村民以种植苹果为主要经济来源，此外还种植花生、玉米、地瓜等农作物，物产丰富。1949 年前较为贫穷，改革开放后逐渐走向富裕之路，村民生活水平稳步提高。 该村民风淳厚，村民性格朴实。村里从未发生过抢劫、偷窃等恶劣事件。村中居民以孙姓为主，也存在少量其他姓氏。该村在附近属于大村，有 100 户左右村民，现在正在改革开放的浪潮下逐步走向小康之路。		
受访者基本情况及个人经历	老人名叫孙勇强，男，1940 年出生，山东省烟台市栖霞市西城区任留村人。1969 年至 1978 年任生产队会计，后兼任保管。经历过三大改造、"大跃进"、三年自然灾害、"文化大革命"等一系列事件。父亲孙玉胜，1918 年出生，从小就с替人扛货为生，经历过更多的历史事件，在 89 岁时去世。孙勇强作为孙玉胜唯一的孩子，赡养父亲直至病故，对父亲生前的经历了解得颇为详细。老人目前有 5 个子女，男孩 2 个，女孩 3 个，全部顺利长大，其父亲病故后，老两口将自己名下的土地转让给两个儿子，靠养老金生活。		

二、全文整理

访谈时间：2019 年 7 月 26 号

A：蔡达　B：孙勇强

孙玉胜是附近比较有名气的支前模范，是任留村仅有的 4 个志愿担架队队员之一，对于济南战役和徐州战役了解颇多。但老人在 89 岁时已经去世。孙勇强是孙玉胜唯一的孩子，赡养父亲直至病故，对父亲生前的经历了解得非常详细。本次采访位于孙勇强老人家中，陪同人员有老人老伴宫春芳及小女儿孙淑卿，感谢以上两位在采访中的辅助。老人腿脚不便，采访在老人的农家炕上进行，根据不同的问题，老人一边回忆一边回答，全程没有拖沓。据小女儿孙淑卿透露，老人平常沉默寡言，从没有和别人有过时间如此之长的交流。

A：姥爷，咱们这个村曾有日本兵驻扎吗？

B：日本兵啊，日本鬼子上咱这里来，就住一宿，不常住，第二天就走了。他们有自己的据点，他们人少，一般不会在据点之外的地方过夜。平时也很少进村，来的都是汉奸、二鬼子。

A：咱栖霞当时鬼子多吗？

B：栖霞啊？那就多了。

A：咱们家里有当兵的吗？

B：当兵的没有。

A：那日本鬼子赶走之后咱们这块地方是哪只部队接管的呢？

B：嗯……日本鬼子不在这里的时候，是蔡振康的部队在这里住，他们一帮大约有 200 到 300 人，住了有一年多，再以后就是咱共产党的部队了。

A：哦哦，二三百人，那么他们在这里驻扎了多久呢？

B：他们住的日子也不长，主要就是接报员①在这住，住了一年多。

A：鬼子被赶跑的时候姥爷您大约多少岁啊？

B：鬼子走的那阵，我才四五岁，我是这个 1940 年生人呐，鬼子不是在 1945 年投降的嘛。那个时候不怎么记事，光记得挺热闹，大家庆祝嘛。其实鬼子很少进村的，干坏事的是那些汉奸、二鬼子。

A：咱们解放军接管了之后，他们做了些什么事啊？

B：接管了之后没有什么变化。

A：他们没有分地什么的？

B：没有。

A：也没有进行土地改革？

B：嗯，土地改革是 1949 年之后的事了，这个我多少有些印象。

A：当时有国民党的军队吗？

B：国民党没到咱村。到过观里的，观里有国民党部队。他们和日本人一样，都集中在城市，很少来村里。

A：咱们这当时有共产党员吗？

B：（想了一会）有！但是具体是谁就不太清楚了，1949 年以后谁是党员就公开了。那时候党员少，谁家有个党员是很光荣的事。

A：那个时候是谁管咱们村的事啊，是村长啊还是别的什么人？

B：那个时候啊，是村长，当时的名字叫村团长，就等于这阵的民兵连

---

① 情报员。

长，整个村就他能管着。

A：他们是上面安排下来的还是自己选的啊？

B：他们主要都是上级安排下来的。

A：不是选出来的？

B：嗯，那阵还不讲究选举。

A：那什么时候后来开始选举了呢？在生产队的时候吗？

B：选举呀？就在这个 1948 年、1949 年以后啊，才讲究选举。也不像现在这样投票，就是开大会举手。

A：咱们这儿什么时候开始土改的呀？

B：嗯……土改这个日期很长。听说从 1946 年就开始了，从 1946 年开始到 1948 年，1948 年就结束了，就分完啦。1949 年以后还有土改，那次的我多少有点印象。

A：这个工作是村上自己来做的吗，还是上面派人来的？

B：那阵有区呀，人都是区上派的。

A：区上派人？

B：区上来人领导，具体事还是自己弄，他们在那个时候叫农救会，以后改为贫协。

A：贫农协会？

B：不是，是贫下中农协会。

A：姥爷，土改的时候，咱们家几口人啊？

B：啊，那阵就有 5 口人吧。

A：都有谁呀？

B：要按我的称呼啊，有俺爹、俺妈。

A：还有我姥姥？

B：嗯，还有个小妹妹。

A：当时咱们家都是种地吗？

B：啊，就是种地，别的咱也干不了啊。

A：土改之前咱们家有多少地呀？

B：土改之前，咱们家大约十二三亩地吧。

A：那土改之后呢？

B：咱家是个中农，咱也没要人家的，人家也没分咱们的，还是那些地。

　　A：一点都没分着，还是那么些？

　　B：嗯。

　　A：贫农是不是就能分地呀？

　　B：啊，对，贫农就能分地，雇农也分地，就是过去给地主打工的那些人。

　　A：富农就什么都分不着？

　　B：啊，到咱这儿就停下来了，那阵给咱们划了个中农。

　　A：这个成分是怎么划出来的呀？

　　B：他有个政策，按政策划分的，嗯……具体啥标准，那阵咱也不知道，谁知道是怎么分的。

　　A：咱家就是什么都没得吗？

　　B：咱们没有，管什么也没分人家的，咱也没分人家的，人家也没分咱们的。

　　A：哦，当时咱们都种什么庄稼呀？

　　B：种什么？就是种麦子、苞米、地瓜，这是主要粮食，还有谷子，就种这几样。

　　A：一年能收多少啊？

　　B：收不了多少的，哈哈哈。

　　A：家里人够吃吗？

　　B：也就刚刚够吃的吧。

　　A：刚刚够，留不下粮食来？那么咱除了种地，咱还做过什么别的买卖吗？

　　B：除了种地呀，你老姥爷也推着小车出去做个小买卖。

　　A：哦，那土改之后咱们家有几个劳动力呀？

　　B：就你老姥爷一个呀，我那个时候还小。

　　A：咱们家土改之后情况怎么样啊？

　　B：土地就是比较少的吧，十二三亩地就是比较少的了，那个时候产量低。

　　A：那时候有没有担心国民党回来报复什么的？

　　B：没有，咱是中农，没往外拿也没拿人家的，没什么可报复的。

　　A：就安心过日子了？

　　B：国民党走了以后就没有回来了。

　　A：那当时除了分地和选村长还做过什么事儿吗？还有没有像识字班、扫盲班什么的？

B：哎呀，没有呀，管什么都没有。你说的这些都是 1949 年以后才有的。

A：姥爷，淮海战役打响之后，咱们这个村有多少人去支援前线的呀？

B：呃，这个打起来之后啊，咱们村一共是去了 4 个抬担架的。

A：4 个抬担架的？

B：对，4 个担架队员。还去了 4 个参加别的组织，叫支队兵团。

A：支队兵团是什么？

B：啊，支队兵团和老百姓一样，只不过去了之后受支队安排，带着些枪，就是些收集的土炮什么的，上级也给了一批。

A：他是上头来选人呐，还是咱们自己报名去啊？

B：上级给数字，一个村去多少，这个村去多少人、那个村去多少人，具体叫谁去，都由村长安排。

A：是按什么安排的呢？

B：安排叫谁去谁就得去，那时候人口少，除去当兵的，男劳力没几个，够年龄的基本都得去。

A：当时就让老姥爷去啦？不去不行？

B：啊，他安排了叫谁去，谁就得去。

A：那他去的时候有没有带什么干粮什么的，去的时候拿的什么？

B：去的时候啊，去的时候就是村里安排了一些木匠，做了担架，5 个人安排一块儿抬着。

A：5 个人？

B：对，5 个人安排一块儿，4 个人抬担架，剩下的这一个人拿些零碎的东西。

A：那老百姓对这参军和支前是什么态度呢，是爱去还是不爱去？

B：没有爱去不爱去的，安排上的都得去，不去哪能行啊。

A：都是村长安排着去的啊？

B：等去了就叫志愿担架队。

A：是村长安排的吗，村长是党员？

B：村长啊，对，村长是党员。

A：当时有没有来解放军动员和组织？

夏津县档案馆馆藏开放文件

B：他们就是过来介绍介绍，开开会，写写标语这些。

A：就是过来介绍介绍，然后就让你去？

B：谁去他们不管，村里自己安排。

A：那当时他们是先去了济南，参加济南战役吗？

B：经常的啊！当时那个担架他一出事①就要，一出事就要。咱们村去的这4个原来是解放济南，没说要参加淮海战役，就是去了以后，上级准备打济南打一个月，打一个月的时间，可是我架②，但是那个……姓吴，叫吴化文，这地方叫他无花鬼，其实他不叫无花鬼，他就叫吴化文，吴化文是国民党的一个军长。

A：军长？

B：嗯，守是守的文县城，这阵叫昌文的那个文县城，当时他叫解放军一仗打垮了，他一共是4万来人，叫共产党一下消灭了一半。

A：还剩两万。

B：教共产党消灭了两万。吴化文守在这里（济南），共产党就派人去劝他投降。劝降的人还没到呢，他带着部队去投诚了。就是说你投降必须得举着手把枪交出来给咱们。上级就叫安排安排把他的部队整顿一下，愿意留下的就留下，想回家的就让他们回家，该打发到哪儿就打发到哪儿。他这个投诚主要是人家部队带着枪过来，也没有什么处罚，想留下的就安排。意思就是说：招收人家过来，欢迎人家过来。他原来是国民党，受国民党安排。投降之后呢，就安排着他右济南那儿修飞机场，他干了件好事，就在那修飞机，到了飞机场那个地方，他把那些旧的飞机都修好啦，把修好的飞机交给了共产党。济南这个长官叫王耀武。

A：王耀武是谁？

B：王耀武守济南，有25万军队，25万后来有5万来人跑出去了。

A：剩下的20万是死了还是被抓了？

B：光说叫咱们解决了，也有打死的，也有俘虏的。

A：我老姥爷当时就是去那儿抬担架，抬到哪里啊？

B：那个时候抬担架不远呐，分一级火线、二级火线、三级火线。一级火线是人家军队上的，两个人抬的担架，弄绳子放在肩上，就这么两只手扶着，

---

① 指打仗。

② 表示感叹。

这是两个人，前面一个后面一个。他们抬呀，近便，就像任留店①到咱们村这样的距离。

A：这么近，一两百米呀。

B：不，里数地。那个时候大山里的部队都带着有工具箱，就是这个绷带呀，一个当兵的带3个，当时负伤了就这么握把握把②就行了。然后就抬着走，抬到这个……那个时候不叫医院呀，叫团部，团部组织的卫生所。

A：姥爷您介绍介绍卫生所吧。

B：叫卫生所，就是临时的医院啊，很简陋那种。伤员抬到卫生所，人家卫生所的人就把绷带拆下来，能缝上血管的就缝好，不能缝上的就交给担架队了。担架队是前面儿一个小伙儿，后边儿一个小伙儿两个人。

A：噢，这来回儿要抬多少遍呀？

B：一次最少抬五六里地，就到师部卫生院了，如果打到胳膊上打到腿上，豁个口子，就把子弹拿出来，拿出来以后再用针来缝死。缝死之后，上点儿药包把死，这就行了。这是轻的，要是重的，比如这里和这里③打下来的。部队就拆开绷带看看什么样，护士就上点儿药。然后又得抬走，这次就是三级火线了，抬得远，得有八九里地。

A：那个也是两个人抬吗？

B：是4个人抬，也就是5个人啊。5个人抬就发一支枪，呃，抬担架的，平时走着累啦，这个棉袄就交给第5个人，就这个扛枪的收拾收拾拿着，挑着走。哪个累了，谁累了跟他们换换。这4个人是主要的，前面两个后面两个。

A：走的都是平路吗？

B：就济南那个地方，它不像咱们烟台这样有丘陵，有上的有下的，他们那里都是平的地方。

A：打济南那个地方打了多久呀？是打了一个月吗？

B：打济南用了8天吧。8天就把王耀武解决了，据说跑出来5万来人，剩下的全都解决了，这些有投降的，也有抓着的，也有打死的。

A：那打完了济南又打的淮海战役吗？

B：打完了，这剩下的这5万来人，他往外跑。他们跑咱们的部队在后边

---

① 附近村庄。
② 简单包扎。
③ 老人比画的是关节和四肢根部。

就赶，赶到了枣庄，离枣庄还有 12 里地，他分成了两半儿，前边儿也有解放军啊。离着枣庄有 12 里地，发现有解放军，又往别处跑了，跑到了泰安。听说咱的部队连饭都没吃，又去追。

A：担架队也得跟着追吗？

B：啊，也得跟上。这 5 万来人又跑到了徐州，徐州是国民党黄百韬在那里驻守。黄百韬也是 25 万驻守在徐州，他还有些杂牌部队。王耀武的这 5 万部队就被黄百韬收编了。从东北那里来的逃兵从连云港来到了徐州，也被他收编了，这一共是 35 万左右的人。解放军这里有 4 个纵队。一看徐州这个地方不好打。徐州是中间儿突突着，前面儿有个山头。在一个山上，解放军准备好了就向徐州开炮。打得轰通轰通的，打了一阵之后，这个黄百韬他害怕了，丢下徐州又跑了。

A：他再往哪跑？

B：跑到这个杨家圩子，这里都是大村，八九百户、一千多户，有的是。都是大村房子多，能掩护部队。他一共占了能有 25 里地长，15 里地宽。

A：那么大？

B：这就准备在这里要和共产党打仗，战斗。

A：这一仗打得怎么样啊？

B：啊呀，他不是打了一仗啊，打了好几仗。

A：伤员多不多啊？

B：伤员是不少，被国民党打伤了我们就往后运。

A：我老姥爷他们就这么一趟一趟地运啊？

B：啊，一趟一趟地运。四到五里地，来回一趟十来里地，一天能有个八九趟。再就是伤亡情况比较急了的话，负伤的人多了，他们就得快一点儿，就得跑着回来。

A：那他们当时吃什么，吃的和解放军一样吗？

B：谁？

A：就我老姥爷，担架队的。

B：他有兵站和民站，接待他们的是民站，是民站接待他们。

A：那他们吃的就和老百姓一样，是不是？也是地瓜干儿什么的吗？

B：不一定，民站供应粮食和兵站不一样啊。兵站粮食都是大米，这个民站，什么粮食都有，就是说打到①什么吃什么。

---

① 征集到。

A：打什么吃什么，要是打不着就没有？

B：哈哈哈哈。这个民站没有就得去那个民站，有一阵竟是打了些高粱面，这高粱面儿他不好做呀，吃多了大便不通。

A：那个时候有没有什么口号啊？

B：不知道。

A：然后就是去淮海战役了？

B：嗯，淮海战役。

A：情况怎么样啊？

B：赶等到了淮海战役，咱们解放军的武器就比较好。和国民党打仗打一阵，缴获一阵，打一阵，缴获一阵。解放军的武器就换下来啦，净是好的，和国民党的武器差不多。

A：打了多久啊？

B：淮海战役一共是从 1948 年的 11 月，打到 1949 年的 1 月。打了一共不到两个月。

A：打完了之后，我老姥爷就回来啦。再就没有往南边打？

B：当时担架队里发生了一种传染病，就是说你老姥爷当时两个眼看不见了。部队就把他们给留下来了，看不见了能怎么办啊？所以没有病的就跟着往南的部队继续走了，有病的这些人就在泰安住院。

A：在那儿休息？

B：在那儿人家给扎顾①。

A：治好了吗？

B：扎顾好了。

A：那回来的时候有没有拿什么东西啊？没发钱发粮什么的吗？

B：啥也没给啊。

A：回来接着种地？

B：是啊。

A：我妈说老姥爷回来的时候精瘦精瘦，浑身都是虱子。

（姥姥：净带了些虱子回家，哎呀，那个虱子老去了。）

A：在民站也吃不饱？

B：不是吃不饱，是部队这个民站供应这个粮食啊，就是打到什么就吃什

———————————

① 治疗。

么。有一遭是只打了一些胡须面①，有一遭是打了些豌豆，只能做豌豆面，但是豌豆面不能做饼子，就能做一些馒头。擀面条儿还得赶快咯喽咯喽②，不咯喽咯喽就糊到一块儿了。

A：抬担架的这些人都是什么成分啊？都是贫农、中农吗？

B：嗯，中农、贫农比较多。

A：除了我老姥爷，其他那些人都怎么样啊？有没有没回来的？

B：都回来啦。

A：咱们村儿有没有那个时候当兵的？

B：有哇！1948 年没有去当兵的，1946 年、1947 年去的不少。

A：当时有没有牺牲的呀？

B：有呀，怎么没有？到了淮海战役就有牺牲的。打孟良崮战役的时候，咱们村死了 4 个，1949 年的时候我已经十岁了，记事了。

A：再往后的一些事儿，姥爷你应该记得吧？就是我老姥爷回来之后，他又干嘛③？接着种地吗？

B：对，就是接着种地。

A：村长不分点儿粮食什么的吗？

B：那个时候哪有什么粮食呀。

A：当时参军有年龄限制吗，就是说必须得 18 岁才能当兵？

B：那个时候啊，不知道，那个时候咱不知道。

A：当时参军有什么要求吗，就是说必须得贫农、中农才能参军？

B：劲④，没有什么要求啊！报名去就行了。

A：参军的这些人，家里有没有什么奖励呀？

B：没有什么奖励呀！就是到时候会划一个军人家属，等到时候你家里没有吃的时候，就是吃的不够就给你捎持⑤些粮食，种地种得好好的，给你发一些西瓜地，那种地当时叫西瓜地呀，就是只给这些抬担架的民工和这些去当兵的，叫西瓜地。

A：哦，就是给他们西瓜地。那咱们村牺牲的这 4 个有没有给他什么补偿啊？

---

① 当地的一种面食。

② 咯喽咯喽：搅和搅和。

③ 干嘛：干什么呢。

④ 表示不屑，"切"的意思。

⑤ 找一些（东西）带过去。

B：补钱？

A：就是咱们村不是当兵去，然后牺牲了4个嘛，给了他这4个人的家属什么呀？

B：那个时候，我那个时候岁数小，我也不知道给了什么。

A：没有给他们安排什么？

B：就是给了一个烈士家属，阵亡了就给一个烈士家属的称号。

A：姥爷，老姥爷当时抬的担架是村里统一分配的吗？

B：担架是村儿里统一做的。

A：姥爷，我说的是咱去的时候就抬担架的这个任务。

B：到了部队上人再给一床褥子给个小补丁儿。这是提前配备的，配备的担架，他不能光这么样（去）呀，这么样也不行，还得自己带着些东西。

A：那当时晚上睡觉怎么解决呀，是自己拿着被褥还是睡老百姓家？

B：部队上当时有人安排，人家部队会安排这些人在哪儿睡觉。

A：那个时候晚上有没有什么娱乐活动啊，比如唱戏或者喊口号什么的？

B：有，有啊。光听你姥爷说挺热闹的，具体搞些什么就不清楚了。

A：抬担架是不是固定的，去的地方远的拿枪，近的不拿枪？

B：他这个有时远有时近。

A：那我老姥爷是不是一直抬那些二三里地的？

B：他是在二级火线上，一般最少都是四五里地。

A：四五里地？

B：嗯，多的时候是八九里地。

A：就是说有时是四五里地，有时是八九里地？

B：对啊。

A：当时我们这里还有别的一些队伍吗？

B：光有担架队。

A：没有医疗队什么的嘛？

B：没有，那个时候叫分所。师部那里就叫野战医院，那是大的。小手术转到师部一般就做了，中了子弹在团部医院就能抠掉，赶到师部医院就是切腿。腿这个地方不行了，发炎了，就得把这儿割开，割开了之后，用小锯从这里割开，切掉，也可能是往下的一节，因为中间那一节可以活动关节。

A：那个时候打麻药吗？

B：啊，不打麻药就疼死了。他不叫麻药哇，那阵不叫麻药，叫蒙药，吃了这个药就昏过去了。那么你就割掉这一块儿，管怎么样（做手术）他也不知道，赶停①什么时间就醒过来了。

A：那时候是不是流血很多呀？

B：流血当然是流血呀，弄掉以后把些血管儿就都扎死了，扎死了他就不流血了。扎血管之前都得流一点儿血，都流。

A：那当时解放军用的大炮都是什么大炮啊？

B：都是从国民党那里缴获的。

A：有没有苏联的呢？

B：苏联的大炮那是在最后那会才有的。

A：就是送了我们一些大炮吗，喀秋莎火箭炮？

B：对，就叫喀秋莎火箭炮。

A：咱们这儿当时有民兵吗？

B：有啊，怎么没有？去当兵的当兵，剩下的这些当民兵，还得站岗放哨，还得打更。

A：民兵都是什么样的人当的呀？

B：（他们）都行，年轻人，有头没有病②，不是瘸子不是瞎子，就行。再就是两个眼要好使，晚上睡觉的时候能看见。

A：那有没有什么编制呢？

B：编制就是按村儿，一个村就是一个连。

A：一个连得有多少人啊？

B：不一定呀，有的多有的少，大的五十来个人，小的二十个人，三十来个人。

A：那民兵的这个队长、连长是怎么选出来的呢，是上边儿选的吗？

B：一般的都是上面指派的，年轻人精神伶俐，你当个排长吧，你当个班长吧。

A：他们都拿着枪吗，手里都有枪吗？

B：给一些枪，不是每个人都有。也不是新枪啊，都是从部队上边淘汰下来的枪。

A：平时还训练吗？

B：啊，天天训练，不参加训练，他们有仗就不会打了。

A：他们有没有什么任务呀？

---

① 等。

② 身体健康的意思。

B：他们得站岗，得轮流站岗。

A：有没有抓汉奸、特务什么的呀？

B：有啊，民兵主要就是保卫！

A：那抓到了怎么处置呀？枪毙？

B：这从一个村儿送到另一个村儿，咱们村儿就送到匆山①，他不叫"抓着汉奸"他叫"抓着户"，再就是送到陡芽村②，然后再就是送到区。送到区再怎么往后转咱就不知道了。

A：咱们村儿那些老人、妇女和儿童，他们参加过支前运动吗？

B：他们妇女有互助会，儿童有儿童团。

A：那个时候妇女在支前运动的时候有没有做过什么事儿啊？

B：有，做军鞋，就是安排着每一个村儿会做针线的，每个村儿都会给安排一定的数量。

A：做好了以后怎么送过去啊，谁送过去呀？

B：做好了以后部队会挨个村儿去收。

A：当时有没有跟咱们借什么东西呀？

B：那阵农民穷得也没有什么东西可以借的。

A：姥爷，这个陈毅元帅曾经说过，淮海战役的胜利是山东人民用小车推出来的，你怎么看这句话呀？

B：看电影的时候，我是看见的，老百姓推着小车儿。有一部分是推小车，还有拿着扁担担着的。

A：姥爷，那国家还记着咱们支前的这些事儿吗？有没有给咱们一些回报啊？

B：说是有。

A：咱这里有没有支前模范呀？

B：你老姥爷就是啊，附近很有名的呢！

A：姥爷，我老姥爷对子女好吗？

B：俺爹聪明，在六十多岁的时候，你随便给他一本书，随便翻开一页，

---

① 地名。
② 地名。

叫他看完后，把书合上，倒背如流。在我们村，老人里最聪明的加他就三个，哪家出了什么难事，十有八九去找他帮忙，嘴皮流利，能说会道。但他也不全好，他也有他的不对，放到现在没有说他好的，当时可不敢这么说。俺爹对女的不好，就喜欢男钧。俺媳妇自从嫁来之后，就没少受他的欺负，动不动就是一顿臭骂。我是在1963年当上父亲的，当时是晚上，我们这帮年轻人正好在平房顶上休息，去了个人告诉他儿媳妇生了个千金，没抱上孙子，他当时就往后一仰，差点气晕过去。我一共有五个孩子，三个女孩，两个男孩，长女待遇还能好点，剩下的两个女孩就惨了，做农活稍微做得不好就会被吼，要钱买衣服就给两块，给两个儿子就是20块。我这个小女儿到现在都没忘这件事，记得清清楚楚。到了60岁，他就不下地干活了，整天拿着小凳子上街和其他老人聊天，干活、盖房子由我们这些人干。做出了饭，粉条炖了一锅，他自己先吃，然后才是俺俩和孩子们吃饭，他不让给两个孙子吃面粉，说什么面粉有毒，要我去城里买青岛饼干，青岛饼干在那个时候值钱啊，好东西啊！他一点也不觉得心疼。

A：那姥爷，您什么时候当的会计啊？

B：我是1969年。

A：1969年，"文化大革命"的时候？每天就是算一下哪些人干了什么活儿，计算多少工分吗？

B：当会计还能干什么活儿？就是算账。

A：一天算一次？

B：以前是光算工分儿，当的工分儿会计，后来也算财务账。开始的时候光是合记工分，汇总、合计。我当会计之后给村民算账，从来没有失误过。改革开放之后我就专心务农，人民公社里的东西分了下来，我花了150元买了一头骡子，这头骡子一直养到它老，才送给了别人。我马上就满80岁了，我的父亲如果还活着，他大概已经一百多岁。劳累了一辈子啊，3年给我的两个儿子盖了两栋房子，一栋3间的一栋4间的，可是如今只能在这里度过余年。我一直帮他们打理苹果地，直到我腿脚不力，没有和他们要过一分钱，可是直到现在我都没有收到他们的养老钱，只有我的三个女儿不定时地来送些菜来一起吃饭。

A：姥爷你是怎么上的学呀？

B：当时乡里有训练班。哪个村里边儿谁来当会计，当时都是从学员里挑，在训练班里挑。

A：那姥爷，今年是新中国成立70年啦，你对我们这一代有没有什么嘱托呀？

B：我不会说呀！我希望新一代年轻人能够好好读书，现在只有多读书才能有出息，才能为国家多做贡献。

三、分段整理

（一）基本情况概述

1. 家庭基本情况

我叫孙勇强，男，1940 年出生于山东省烟台市栖霞市西城区任留村。我的爷爷叫孙种田，父亲叫孙玉胜，父辈世代务农。我 19 岁与妻子宫春芳结的婚，两个人携手共进，走过了 60 年的风风雨雨。我的父亲在 1948 年解放战争期间，参加了著名的济南战役和淮海战役，老人家于 2002 年因病去世，是一个乐观开朗、精明能干的人，他有过目不忘的记忆力，60 岁往后由于身体原因不能再继续下地干活，每天就与我和村上其他人讲述当年的支前运动，他是我们这附近有名的支前模范。我通过回忆，将我父亲当年讲的故事重新讲述一遍。

（二）抗日战争胜利与土地改革

1. 抗日战争的胜利

日本军队来过我们这里，但是停留的时间比较短暂，只住了一夜就离开栖霞，具体的原因我不太了解。鬼子离开之后，栖霞市被国民党军队占领着。一年左右的时间后，解放军解放了这里。国民党军队在内战时期到过距离栖霞市不远的观里市，战火没有烧到栖霞。任留村在当时是有党员的，但具体谁是党员并不知道。管理村庄的，主要是村长，村长的等级等于当时的民兵连长。他们都是上级安排下来的，当时还并没有推广选举，选举是在 1948 年以后才正式推广流行的。

2. 土地改革

土地改革是从 1946 年开始到 1948 年结束，这个工作主要是由区上派来人协助村里的农救会来完成的。土改的时候家里一共有五口人，除了我的父亲和母亲还有一个小妹妹。在土改之前，家里大约有 12 到 13 亩地，被评定为中农。具体按什么标准划分的我也不太了解。当时的主要农作物是麦子、玉米、谷子和地瓜，劳动一年所得的粮食只能刚刚够家里人吃。我的父亲偶尔也会推着小车去做一些小买卖。我当时年纪还小，土改之后家里只有父亲一个劳动力。12到13亩地在我们村属于比较少的。因为是中农，在土改的时候没分到地，也没往外交。

（三）支前运动的动员与参与

淮海战役打响之后，任留村一共去了4个青年去抬担架，还去了4个人参加支队兵团。支队兵团和老百姓一样，只不过去了之后受支队安排，配有枪支。每个村分配的名额是上级给的，具体谁去是由村长安排的，是带有强制性的，安排着叫谁去谁就要去。去之前村里安排了一些木匠，制作了担架，5个人安排在一起。其中4个人负责抬担架，剩下的一个人拿一些零碎的东西。当时的老百姓对于参军有些是自愿的，支援前线基本都是村里的任务，不去不行。村长是党员，经过解放军的动员和组织之后就安排相关人去了。去哪里抬担架是上级统一安排的，一旦出现紧急情况就要立刻上前线。

我的父亲原本只是参加解放济南战役的，计划里没有说去参加淮海战役。但是去了之后，原本计划一个月解放济南，由于吴化文阵前起义，8天就打完了。所以接着就去支援淮海战役。当时的担架支队负责抬担架，抬担架的路线分三条，分为一级火线、二级火线、三级火线。一级火线是最近的，由两个人来抬，把绳子放在肩上，用两只手来扶着，这是两个人来抬，前面一个人后面一个人。运送的距离，大概是从任留村到任留店的距离，1里地左右吧。

当时每一个解放军战士都带着三个绷带，当有解放军战士受伤时就把绷带拿出来，缠一缠，包一包，然后就抬着走，当时负责这方面的这些人叫卫生员，他们所在的组织是团部组织的卫生所。抬到卫生所之后，卫生所的卫生员就把绷带拆下来，能缝上血管的缝上血管，不能缝上的就交给担架队，不能缝合血管的，最少还运五六里地就到达师部卫生院。如果中弹的位置是胳膊和腿，打开了一个口子，就把子弹取出来，取出来之后再用针来缝死，缝死之后上一点儿消炎药，然后用绷带包死，这就行了。这是轻的，如果受伤的地方很严重，比如说关节和四肢的根部被打下来了，医生就拆开绷带看一看情况，然后护士就上一点儿药，再交给担架队来抬，他们再抬就是三级火线，大约8到9里地。三级火线是由五个人抬了，其中4个人负责抬担架，第5个人可以得到一支枪来保证沿途安全，再拿着这4个人的一些随身物品和一些零碎的东西，如果4个人中有谁累了，第5个人就负责随时替换他。运一趟伤员大约4里地到5里地。远的话就是8里地。一天要运送八到九趟。如果伤员比较少，可以走着去，如果情况比较紧急，伤亡的人数比较多，他们就要快一些来回跑着去。负责担架队管理的主要是民站，当时分兵战和民站，民站供应的粮食和兵站不一样，兵站的粮食都是大米和猪肉，民站的粮食主要靠从国民党那里缴获，从国民党那里缴获的粮食就是民站供应的粮食。据我父亲的回忆，有一阵子缴获的全是些高粱面，高粱面不容易消化，吃多了大便不通。等到了淮海战役的时候，咱们解放军的武器就比较好了，我们解放军的武器都是从国民党那里缴获来的，打一仗缴获一批，我们解放军的武器就这样更换下来，与国民党的武器差不多。

（四）支前与胜利

淮海战役的时间是从 1948 年的 11 月到 1949 年的 1 月，打了一共不到两个月。淮海战役结束之后，部队中开始出现一种传染病。我的父亲在当时也感染了传染病，双眼看不清东西。当时部队内也没有治疗这种传染病的特效药，因此没有被传染的担架队队员就跟随部队继续南下，患病的队员就留在泰安治疗。经过一段时间的治疗，我的父亲在泰安康复出院，然后就回家了。

回来的时候并没有带回什么东西，依旧是走的时候穿着的那一身衣服，浑身上下全是虱子，但当时的想法是只要人平安回来就好，所以一家人都很高兴。当时民站供应的粮食并不是吃不饱，而是吃得并不好，有一次只是缴获了一些胡须面，有一次是缴获了一些豌豆，只能做豌豆面。但是豌豆面不能做饼子，只能做一些馒头，用来擀面条儿还必须赶快地搅和，不搅和就会糊到一块儿。参加担架支队的人大多都是贫农中农出身。我们村当时也有当兵参军的。在 1948 年时没有去的，但是在 1946 年和 1947 年前去参加解放军的人不少。我们村这些参军的人也有牺牲的，在淮海战役时就有死的，打孟良崮战役的时候我们村死了 4 个，1949 年的时候我已经十岁了。

在我的父亲回来之后，我们一家就接着种我们的地。至于参军的时候是否有年龄的限制，这个我当时还小还不知道。至于参加解放军的这些人，家里的家属有没有一些奖励什么的，奖励基本上就是评一个军人家属的称号。

（五）奖励与回馈

当你的家里粮食紧缺的时候，村里面就会给你发一些粮食，如果你的土地种得好，村里还会给你发一些西瓜地，当时上好的地叫西瓜地，只给这些抬担架的民工和这些去当兵的人。如果参军打仗牺牲了，家里就会被安排一个烈士家属的称号。

那个时候如果在部队里面住宿，会有专门的人来安排。晚上会有相关的娱乐活动，比如唱戏和喊口号。至于抬担架的距离，有时远有时近。除了担架队之外还有分所，师部那里叫野战医院，那里的医院是大的，那些大型的手术转到师部一般就可以做了，如果中了子弹在团部医院就可以扣掉，如果去了西部医院来做手术就会截肢。比如腿的这个部分不行了，发炎了就得必须把这里割开，之后用小锯从这里割掉，也可能是往下的一节，因为上面一节可以活动关节儿。在师部动手术是需要打麻药的，但是在那时不叫麻药，叫蒙药，吃了这个药人就会昏过去。等人昏过去之后就会失去知觉，管你怎样做手术也不会察觉到。在动手术之前会用绳子把血管扎起来。

在攻打国民党军队的时候，除了缴获国民党军的枪支弹药之外，还获得了苏联的一些帮助。除了上前线参军和参加担架队之外，在我们村也有当民兵的人。他们的主要任务是站岗放哨和打更。当民兵没有什么严格的条件，只要你是年轻人，没有任何疾病，既不是瘸子也不是瞎子就行，再有一点就是眼睛要好使，晚上的时候可以看清道路。

民兵的编制主要是按村，我们村就是一个连，一个连的人数，按村的大小来算，大的是50人左右，小的是20到30人左右。民兵中的队长与连长主要是由上面指派来的。委任谁当排长，委任谁当班长，就服从安排。民兵使用的枪主要是从上面淘汰下来的枪。平常也会进行一些训练，如果不参加训练，他们在遇到临时的紧急情况就难以应付。他们日常的主要任务是站岗。如果抓到了汉奸，他们就要服从上级的安排，将他们转送到其他地方。在从一个村庄转运到另一个村庄的时候，他们说的不是抓到了汉奸，而是抓到一个户。先送到匆山，再送到陡芽村，最后再送到区。至于送到区之后再怎样处置我就不清楚了。

那个时候的妇女和儿童也会参加支前运动，当时的妇女有互助会，儿童有儿童团。妇女在之前运动中的主要任务是做军鞋，就是安排着每一个村庄会做针线的妇女，每个村庄都绐定数量来做，做好了之后部队会挨个村儿去收。当时的农村都比较穷，即便部队来借东西也没有什么可以借的。我曾经在看电影的时候看过农民参加支前运动的情景，老百姓推着小车，挑着扁担支援前线。

新中国成立之后就是三大改造了，三大改造结束之后就是"大跃进"和"文化大革命"。三大改造是把农村的资本主义小农经济实行社会主义改造，农村的土地形式实行社会主义改造。一开始的时候只算工分当公分会计，后来也算财务账开始的时候是光记工分，汇总，合计，那个时候叫这些村民都叫社员。"大跃进"的事情我都不记得了，那个时候的我在外面炼钢。我当会计主要是由于参加了乡里的训练班，村里面谁来当会计，当时都是从学员里面挑，在训练班里面挑。我当会计之后给村民算账，从来没有失误过，改革开放之后我就专心务农，人民公社里的东西分了下来，我花了150元买了一头骡子，这头骡子一直养到它老，才送给了别人。

我马上就满80岁了，我的父亲如果还活着，他大概已经一百多岁，我希望新一代年轻人能够好好读书，现在只有多读书才能有出息，才能为国家多做贡献。我劳累了一辈子，3年给我的两个儿子盖了两栋房子，一栋三间的一栋4间的。我一直帮他们打理苹果地，直到我腿脚不力，我没有和他们收一分钱，可是直到现在我都没有收到他们的养老钱，只有我的三个女儿不定时地来送些菜，来一起吃饭。我的三个女儿很关心我，我的衣服、被子脏了不能洗，都是我的女儿们回到家里，提水帮我洗干净。

我的父亲十分聪明，在六十多岁的时候，随便给他一本书，随便翻开一页，叫他看完后，把书合上，倒背如流。在我们村，他是最聪明的三个老人之一，哪家出了什么纠纷，基本上都会去找他帮忙，嘴皮流利，能说会道。但是人无完人，他也有他的缺点，与其说是缺点，不如说是错误。我的父亲是一个歧视女性的人。我的妻子宫春芳自从嫁来之后，就没少受他的欺负，动不动就是一顿臭骂。我是在1963年当上父亲的，当时是晚上，我们正好在平房顶上休息。当得知我的第一个孩子是女孩的时候，没抱上孙子的他当时就往后一仰，差点气晕过去。我一共有子女五个，有三个女孩，两个男孩，长女待遇还能好点，剩下的两个女孩就惨了，做农活稍微做得不好就会被吼，要钱买衣服就给20块，给两个儿子就是200块。我的两个小女儿至今对他的歧视铭记在心。到了60岁，他就不下地干活了，整天拿着小凳子上街和其他老人聊天，干活、盖房子由我们这些人干。做出了饭，粉条炖了一锅，他自己先吃，然后才是我的孩子们吃饭。他不让给两个孙子吃面粉，说面粉有毒，要我去城里买青岛饼干，青岛饼干在那个年代十分昂贵，他一点也不觉得心疼。

我就是从我父亲那里了解的那段时期的故事，现在他不在了，我就把我记得住的都告诉你们，希望你们能记录下来，让这些事迹不朽。支前运动支援了解放战争前线，大大加速了国民党军队的败北，山东人民为新中国的成立和建设立下了不朽功劳。虽然当年我们家并没有为此获得过什么奖励，但是有家人能亲身参与到解放战争事业当中，我对此也感到非常骄傲。我鼓励我的子女好好读书，希望他们都能用知识改变自己的命运，改变国家的面貌，让我们的祖国建设得更好，国家更富强。我们现在享福了，我们要通过我们的劳动与智慧，让下一代人也能享受到福利，推动中华民族的全面振兴就看青年人有没有出息了。我相信这一代青年人不输我们，能比我们创造出更多的财富，取得更多的进步。我的身体一天比一天糟糕，可能看不到中国梦实现的那一天了，但是我不后悔，不难过，只要你们能有出息，我就知足了。

四、调研员心得与体会

2019 年 7 月 8 日，烟台市栖霞市西城区任留村，天气晴。

今天天气很好，我来到了位于山东省烟台市栖霞市的任留村，来采访我的姥爷，了解一下 70 年前的故事。

姥爷家没有在村庄的中心位置，他们住在村庄口老房子里，房子低矮潮湿，周围被各种声音包围，喧闹得很。

姥爷在年轻的时候做过会计，为生产队服务了很多年。直到现在，眼睛不花，脑子好使。当我问起当年我老姥爷支援前线的事情时，他还记得清清楚楚。我的母亲是家里的老大，她有四个弟弟妹妹。母亲后来提起过一件事，当年她在北京开建材店的时候，我的姥爷是准备帮忙记账的，每一种材料，入多少，出多少，都写得清清楚楚。

我的老姥爷生活在那个战乱年代，年轻的时候曾抬着担架奔波于战场和医院之间，成为当地有名气的支前模范。时光如梭，一转眼七十多年过去了，往事也逐渐地随着时间的流逝慢慢淡去。我们这一代年轻人能做点什么呢？感谢这次活动，使我有机会和自己的亲人聊聊他们的亲身经历、所见所闻，让我们这些生活在和平安宁新时代的年轻人能更多地了解过去。

姥爷性情温顺，一辈子老老实实，从来没有犯过什么大错误，也没有与任何人结怨。通过他的描述，我们看到我的老姥爷倒是一个精明老练的人，是我们任留村最精明的三个人之一。非常遗憾的是，我没来得及见他一面，他就匆匆离世了，我也只能通过姥爷的口述去想象和他对话了。

采访过程中也有很多值得思考的事情，比如采访提纲不够完善、采访问题覆盖面较小、采访问题片面等。实践出真知，每一次挑战都是对自己的提炼。通过这次访谈，我不仅仅收获了知识，还锻炼了能力，更重要的是对那段历史有了更直观的感受，会加倍珍惜当前的美好生活。

刘祖双支前口述资料

李瑞欣

（政治与公共管理学院公共事业管理 2018 级二班）

采访者简介

　　我叫李瑞欣，是山东青年政治学院大二的学生，主修公共事业管理专业。很开心能够有机会参加这次暑期实践活动。我来自山东省莱芜市，现已归属于济南市，我的家乡没有发达的经济，也没有浓厚的文化底蕴，但它却是我从小学习的地方、生活的地方，我从这里品尝生活的酸甜，也咀嚼着自己的小悲欢。关于兴趣爱好方面，比较喜欢读书学习，阅读，不仅能增加知识，更能够开阔视野、提升自我，能够坚持对于自己来说有价值的事情，并通过各种方式和方法去完成实现它。"愿君莫惜金缕衣，愿君惜取少年时"，愿我的年少时光不被蹉跎，自己成为一个有价值有意义的人，于他人、于社会，实现梦想中的自己。

一、受访者信息表

调研点	山东省济南市莱芜区高庄镇	受访者编号	LRX20190802LZS		
调研员姓名	李瑞欣	调研员单位	山东青年政治学院		
受访者姓名	刘祖双	受访者性别	男	受访者年龄	95

续表

支前时年龄	20	参与支前的类型	运粮队
土改时成分	贫农	支前时家庭人口数	5 口人
受访者结婚的时间	1943 年	受访者子女数量	4（两男两女）
首次采访时间	2019.8.2	调研员联系方式	19862131135
受访者所在村庄基本情况	高庄镇位于山东省济南市莱芜区的南部，夏季高温多雨，冬季寒冷干燥，地势以平原和丘陵为主，南部靠山。该镇土地资源比较丰富，以耕为主的农业较发达。经济来源多依靠农业生产，农业作物多为小麦、玉米、葱、姜、蒜等。在解放战争时期，大部分青壮年参加过支前运动，为最终取得解放战争的胜利贡献了一分力量，和诸多长眠于此的烈士一样，都是我们应该敬仰和纪念的对象。		
受访者基本情况及个人经历	老人于 1924 年出生，1943 年结婚，有四个孩子，两个儿子，两个女儿。儿女们都务农，农产品除了自给自足，部分还能出售，这是他们的主要经济来源。老人经历过抗日战争、解放战争以及新中国成立以来的各种重大事件。在解放战争时期的支前运动中为部队运过粮食，对前线打胜仗起到了很大的保障作用。 老人世代居住莱芜，见闻颇广。从小家境比较贫寒，受过许多苦。他不仅仅是历史的见证者，更是历史的贡献者，是我们这一代年轻人值得尊敬的先辈和榜样。		

二、全文整理

访谈时间：2019 年 8 月 2 日

A：李瑞欣　B：刘祖双

刘祖双老人现为莱芜区高庄镇的一名普通居民。经过调研员爷爷的介绍，我与老人取得联系，并跟随联系人一同前往老人家里。在调研的过程中，还有另一名调研员帮助拍摄和记录，老人女儿也一直在一旁帮助翻译和转述，帮助老人一起回忆起那段历史。很感谢他们的支持与参与，使得此次调研活动顺利完成。

A：爷爷您好，您今年多大岁数了？

B：今年 95 了。

A：身体看着很好啊，不像是九十多岁的人。那您一直住在这里吗？

B：以前的时候不住在这个地方，是后来才搬到这个地方来住的。

A：这样啊，以前的时候是住在哪个地方呢？

B：以前的时候是在口镇那边住，后来因为各种原因，就到这边来住了。

A：平时吃饭什么的都还好吗？

B：嗯嗯，吃饭很好，现在的条件比起以前好多了。

A：您在平时会出去散散步吗？

B：有时候会出去，这不是以前了，现在不如以前身体好了。以前的时候每天晚上吃完饭都出去走走，打去年住了院回来，就没怎么出去，只是偶尔出去趟，到附近的几条路上走走，有时候到南边那小河那。

A：爷爷，是这个样子，我现在是山东青年政治学院的一名大学生，受学校团委的委托，想听您说说有关解放战争时期的一些历史故事，像支前运动之类的。就是讲讲您自己的切身经历，我们会把这些故事整理成文章，让更多的当代年轻人了解那个年代我们普通人的生活，做过的事，也算是我们这一代年轻人为新中国成立七十周年做的一些小事情。您是从那个时代走过来的人，应该有很多的了解和感悟，想听您讲一讲。

B：嗯嗯，好啊，你们现在的这些年轻人啊，都是国家的希望啊，多了解了解过去的事情很好啊，也有助于你们更好地珍惜现在。和之前比起来，现在真的幸福。

A：爷爷，您年轻时家里一共有多少个孩子？

B：四个孩子，两个儿子，两个女儿。

A：您在家里是算大的，还是小的？

B：我算是小的，排老三，有两个姐姐，一个弟弟。

A：打日本人的时候，我们这个村上有日本兵吗？那时候我们这个村里有多少人呢？

B：人数的话，有六七百人吧。日本兵没有，当时这边是没有日本人的，我们这个地方不算是很典型的一个日军驻地，他们日本人有他们自己

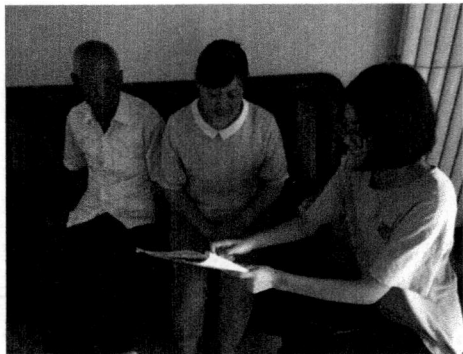

刘祖双（左一）第一次接受调研员李瑞欣（右一）采访，中间为老人女儿

的据点，就是会在一些村庄驻扎。然后像是在我们村，就是一些他们支配的伪军、汉奸之类的，很少会见到日本人呢。

A：那我们附近的日本人据点都在什么地方，您还能说出一些来吗？

B：这个记不清楚了，当时只是知道来村子里面的那些人是一些伪军或汉奸，他们是听从日本人的指示，具体的日本人驻扎在哪里还真说不上来了。

A：嗯嗯，爷爷，那时候您是多少岁了，家里面是什么情况？

B：那时候我十几岁啊。家里面嘛，我父亲因为生病，很早就去世了，当时家里面就是我和母亲，然后还有两个姐姐、一个弟弟。

A：那关于其他的方面呢？村子里是什么情况呢？

B：那些汉奸伪军会经常带着一些人来村里，会挨家挨户地搜东西，像是一些牲畜啊，贵重点的东西啊，到处都会翻，翻到一些好的东西他们就会拿走。

A：是啊，那时候的百姓生活的确是很辛苦啊，多亏了有你们这些前辈们，我们才有了现在繁荣安康的国家，您还记得那时候我们这个地方打败日本人的是共产党还是国民党呢？

B：是八路军吧，当时我叔叔就是参加的八路军，多亏了这些八路军。当时我叔叔还是党员，就是那个时候加入的共产党，也都是偷着入的，那时候国民党不让入，入的时候我们也都是不知道的，是后来的时候才知道的。当时村里很多的年轻人都去打仗了，不去怎么办呀，打了得半年多，最后才把日本鬼子赶跑了。

A：您当时能感觉到共产党军队和国民党军队有什么不同吗？

B：军队的话，还真不是很了解，我后来也只是去给前线运送些粮食，至于具体的军队情况也不是很了解啊。

A：日本人走了之后村子里这边是什么情况呢？

B：日本人走了之后有段时间就是很平静的。没过多久吧，共产党那边就派人过来了，像是当时莱芜的大部分地方都是共产党管着的。莱芜南边，很往南的那一块地方，基本上就归国民党管了。

A：当时共产党来我们这边之后，主要是做了些什么工作？

B：以前的时候共产党员在我们这边还是很少的，就算是一些共产党员，那时候也不知道啊，都是秘密的。来的话就是打仗刚打完了呀，过来恢复一些正常的秩序啊，比如说当时很多因为打仗去世的，会进行安抚；再就是搞生产啊，各方面的。我记得那个时候基本上有什么事情啊，都是听村长的安排。

A：那时候我们村主要是由村长来管吗，他们都是些党员吗？

B：是啊，村长管事。再就是像是农会，妇女团。党员不党员的当时是不知道的，都是后来，土改的时候，差不多才知道了谁是入过党的。

A：他们是上级的党组织派来的嘛？还是怎么产生的？当村长有什么自身的条件和要求吗？

B：这个可能不同的地方，他们的产生方式还不是很一样。我们村这边就是自己选出来的，他们做一些事情的时候会听上面党组织的安排。哪有什么条件要求啊，大家没有什么意见，基本上都同意了，在村里不算是很穷的，然后差不多都能够听他的，德行好，村里名声不错，就是这个人当村长了。就是选举吧，可不像现在一样，这么正规了，以前的时候也没有这么多讲究。

A：咱家里的人有当过村长吗？

B：村长没干过，这个也需要担很大责任，你得真能把事情做好才行啊。

A：嗯嗯，是呀，做村长就得处处为百姓们着想啊，什么事情都得想在前面，做在前面。

B：就是啊，你像是后来土改的时候，那得处理很多的事情，你得真能处理些事情才行啊。

A：嗯嗯，我一直觉得呢，农民百姓一直都是国家的根本和基础，不管哪个时期国家领导人都要处理好这个问题。农民呢，一直都是以土地种植为生，那么就是想了解一下有关当时，解放战争之前，有关农民和土地的相关历史，比如说，当时的农民处于一种什么样子的生活状态，上层的领导人对待农民的态度呀，有关的政策方针之类的，农民当时是租赁土地，还是每家每户都有属于自己的土地呢？

B：嗯，就是关于农民这一方面啊，那时候都还是很贫穷和落后的，也不像是现在粮食的种类多了，质量也好了。现在村里很多人都有土地，很多的年轻人都空着土地，外出去城里打工啊，都是去外地啊，跟以前可不一样了。你像是以前的时候啊，各种的条件什么的都不好，收成也不像现在这么好，大部分还是要交给地主，自己所有的土地并不怎么多，现在好啊。国家各种新的政策呀，我们也都有了自己的土地，就不用一直受着地主的限制了。

A：当时您家是什么情况呢？平时就是从事农业吗？

B：家里面就是我吧，二十岁左右了，还有两个儿子，孩子还都不大。再就是我母亲，是住在我们家里的。那时候就是种地啊，还得每年交着地租。

A：当时您租地是租了多少？产的粮食能满足一家人生活所需吗？

B：差不多一亩地吧，土地位置不同，每户人家的地租也不一样。交租的话就是交自己种的粮食，产的差不多够。交了租去基本上够吃的，你像是穿的鞋子啊什么的，都是自己在家里做的。以前的时候大家都是穿那种布鞋，就一鞋底，按大小形状缝上鞋帮子和些布，这些几乎家家户户都会自己做。很少用粮食跟别人换东西，在那种情况下还是够吃的，那个时候够吃的跟现在哪能比啊，只能说是不至于饿着了。

A：爷爷，来的路上看着地里的收成还都很好啊，我看到是有玉米，过去我们这边都是种植一些什么呀？都是一年几熟？然后当时您除了种植农作物还有什么其他的收入来源嘛？

B：是啊，今年玉米的收成还不错，我们家的地现在是大儿子在种，他在外面打工，农忙的时候会回来照看照看。像是花生啊，小麦，葱姜蒜之类的，主要是种这些多一点。以前没有其他的经济来源啊，几乎全部都来自土地，有的人家他们是会一些小手艺的，像是以前我们家北边那个邻居，是自己榨油，会在村里面或者去赶集卖。

A：对呀。我看我们村子里好多人都在外打工挣钱，大家不再像过去一样生活得那么艰辛了。我想问一下您，就是关于解放战争前的那段时间，我们村里关于土地这一方面，您还有印象嘛？

B：那时候记得是上面组织给我们分过地，就是有一部分人是专门负责这方面的工作，他们就是会找时间，来问一下家里一共有多少口人，然后做好记录后，最后会挑个时间，带着我们去看村里分的土地，都会挨家挨户地跟我们说，从哪个地方到哪个地方是我们的土地。

A：爷爷，他们分土地的时候，是有什么依据吗？

B：他会给你划分成几个等级，比如我们家属于贫农，然后会按人口来给划出你的土地来。这个当时还是很麻烦的，首先要自己去农会那里报告，然后有人会来调查家里情况，后期他们农会里面的人会商议划成分。

A：就是说，那时候分土地是先来家里做人口调查，然后再是村农会里面综合考虑做出最后决定，对吧？分的那些土地都是从地主那里没收过来的吗？

B：对，大部分的地都是从地主那里收来的。那时候村里的地基本上都集中在地主那里，其他的人也没怎么有土地。

A：会有很多有意见的地主吧，当时是怎么处理的呢？

B：强制划分的吧。具体的，像是上级的命令啊，政策啊之类的，当时是开过好几次会和我们讲的，但是没啥文化，也不怎么了解。反正看到的就是把原来属于地主的土地都分成很多部分，给了我们这些没地、少地的农民了。当时有很多反抗的，像是最后吧，虽然是名义上将地主的土地分给我们了，还是说，那种农民和地主的关系已经存在很多年了，他不是一天两天开两个会，说几句话就能改变的。就像是我记得以前，上级来检查的时候，土地是我们的，那些上级检查的走后，其实还是要向地主交一部分粮食的，也不是说你真就有了那些土地了，真实情况并不是很好，你像是那些领导的人一走，谁还会去地主那里跟他要土地啊，几乎没有人敢去。我记得是最后的时候，就是再后来进行土地改革的时候，到那时候才差不多就是真正的是自己的土地了。

A：我们这里搞土地改革是哪一年啊？主要是怎么宣传动员的，比如说，当时会给你们发一些宣传单吗？您还能记得起来吗？

B：具体哪一年现在说不上来了，没怎么有印象了。记得当时是毛主席领导的。宣传单啊、标语之类的是有，但是写的啥没啥印象了，那时候的人上的学少啊，文化达不到，很少有人认字啊。那时候主要就是听开会，经常会在村里面晚上开一些会呀，会上村长还有农会的一些人就会在上面讲很多关于分土地的事情，然后大家就都会带着板凳去那里听，大人小孩的，大家以前都没有见过嘛，还都觉得挺新鲜的。而且像是对于我们这些贫民来说，那是很好的事啊，能分到自己的土地了，积极性挺高的。会上会说一些上级的政策和命令，要不我咋知道是毛主席领导的呢。不管是谁吧，应该向外拿土地的就必须向外拿。

A：当时就是以会议的形式传达上级的信息，然后宣传动员大家这么去做，对吧？

B：是的，就是村长吧，发挥的作用比较大，还有农会，这个土地改革记得是农会领着干的。

A：那时候我们村里算是小村还是大村？大约多少人啊？还能记得清楚吗？

B：算是个中村吧，八九十户人家。

A：嗯嗯，土改之后呢？大家对这个土改有什么看法吗？

B：看法的话没有很多吧，这个没怎么有印象了，记得这个土地的事，反反复复地折腾过好几次。说实话抗日后的那个土改效果并不是很明显，好像就是让我们少交点租，对于我们老百姓来说其实没有什么很大的影响。

A：嗯嗯，我们学过的书上记录的是，共产党来了之后几年里，我们这边就是解放战争了吧？

B：对啊，你像是我们这边的吐丝口战役啊，在莱芜战役里面就很重要了。

A：吐丝口战役听说过。我们庄里当时有很多的青年参军、支前吧？

B：参军的不是很多，我们这边算是一个重要的战点，很多军队都是从南方那边过来的，我们这边主要是支前的较多，去一线打仗的人不怎么多。

A：在您的印象中，参军支前是什么时候呢？是发生在土改之前？还是发生在土改之后？

B：土改之后，当时日本鬼子被赶跑了之后，没过很长时间吧，不到一年的时间，共产党就差不多跟我们这边有联系了，然后开始的土改，你说的那个支前运动发生的时候就差不多到了打国民党的时候了。

A：嗯嗯，刚开始的时候，老百姓对待支前运动的态度是什么样子的？是主动积极自发组织起来的呢？还是有人在领导、动员组织呢？

B：刚开始的时候，也有人参加啊，但人很少。都觉得日本人走了，就没什么事了，也没觉得这个国民党和共产党之间的战争和我们有啥关系，而且刚打完仗嘛，大家也都不想再掺和进这里面去了。就是觉得虽然还是租着地主的土地吧，但你看，在这个生活上，够吃的，够用的，也不想再参加什么运动，觉得跟我们没有关系，离老百姓的生活很远。后来的时候就不一样了，你看那个莱芜战役的时候，就在吐丝口那边，就是现在的口镇那边，你说都打到离家这么近的地方了，又有共产党的军队过来给我们支援，那时候大家才都觉得这次战争的严重性。当时村长就会开会说，让我们大家能尽力的就尽一份力啊。

A：当时大家是这么想的呀，您觉得这和土改有什么直接的关系吗？您觉得当时激发起百姓积极性的主要原因是什么呢？

B：解放战争之前人民的热情是都还挺高的，这和土地改革的关系不是很大，但是也是有一些关系的。你看共产党吧，给我们百姓分土地，做事情是为了我们农民的利益，这个大家还是心里有数的。再说了，当时那些村长、农会啊也一直在宣传，说抗战结束后，我们这些农民就能够做主人了。退一步说啊，像是莱芜战役的时候，打仗的时候百姓的日子也很艰难啊，你不去参军怎么办，谁来应对那些国民党，那战争啥时候结束，村上也会做些宣传，就是必须去参军啊，不去怎么能行。

A：这样呀，负责支前运动的人，是我们这个庄里的人吗？他是什么身份？是村长？还是其他？是党员吗？

B：都有，有上级派过来的，也有村长他们，就是一起负责，组织这件事情。你像是党员吧，就是对上面的政策比较熟悉；村长吧，就是和我们大家比较熟悉。村长那时候还不是党员，我们刘村长是到了解放战争后，国民党走了才入的党。

A：村长在村里的威望是怎么样的？大家会听他们的安排吗？是因为他们的话有道理，还是说出于他们个人的威望？

B：村长是大家选出来的啊，他的话大部分还是会听的。后来的时候，参加支前的就很多了，像是抬担架的，送粮食的，再就是家里有的那些闲着的衣服啊，鞋子的，就会拿去给前线打仗的用。

A：当时也是会开会给大家讲这些东西吗？您觉得这些形式是有效的嘛？百姓的态度变化明显吗？

B：是啊，经常开会说，有时候也会到家里来。像是家里有青壮年的那种，村长会带着人到家里来。建议去参军啊，去后方做些支援工作啊。还是有点作用的，主要是在莱芜战役的时候，很多人都是自发去前线打仗的，再就是后方有提供东西的或者提供劳力的。

A：您觉得他们去的原因是什么呢？

B：还是宣传吧，像是什么取得战争胜利、解放全中国，过幸福日子之类的，这些宣传的影响力还是可以的，再加上确实是战争就在我们眼前了，你总不能坐着看着这些战争发生吧。

A：那您当时是去参军了吗？

B：我没有，那时候我没有去参军。大部分的军队都是从南边过来的，我们这边的人主要是支援前线。

A：参军的话是有奖励政策吗？比如说会给他们家里发些粮食之类的？

B：可没有，那时候哪有，都是自愿去的。

A：打仗的时候有跑回来的吗？回来后有惩罚吗？

B：肯定有啊，后来的惩罚就不清楚，我身边没有跑回来的，但是听说有。

A：嗯嗯，那时候真的很不容易啊，参军的这批人有牺牲的吧？牺牲的比例多吗？

B：是啊，有牺牲的，比例的话，我们也不是什么前线的关于组织领导类的，我们对这些数据什么的不清楚。

刘祖双接受调研员李瑞欣第二次采访

A：牺牲的家庭后来是有什么照顾吗？活下来的人后来又怎么样了？有去

做官的吗？

B：我记得当时参加过前线战争的会发些"光荣家属"门牌之类的，一些荣誉上的东西，其他的我也不是很了解了。我周围的人几乎都是从事的这个后方工作，对于当兵的就不是很了解。后来这些人跟着部队到处跑，基本都没怎么回来。前几年村北的那家，路西第二家啊，他们家有参加过吐丝口战役的，自愿去的前线，有政府的人来慰问过，给的什么就不知道了。有奖励的都是些烈士，其他的都不是很多，估计也没什么太多的奖励。

A：那爷爷您在那段时间都做了些什么呢，主要是为前线运送粮食吗？

B：嗯，那时候我给前线送过粮食，一开始是村里有人自愿地拿出一部分粮食来，然后我们是很多人，先是按团来分，然后是分一个小分队一个小分队的，我是在第三分队，就是把粮食从村里运到前线，后来是从粮站走。

A：你们大约有多少人，一个小分队？

B：一个小分队的话有四五个人吧。

A：你们在执行分任务的时候，是谁领头？为啥让他领头呢？

B：是由专门管粮食的人领导的，他们会告诉我们那边需要多少粮食，然后从前线派过人来，带我们过去，从粮站里面走，他们这些人对工作啊，路线啊都比较熟悉。

A：都是什么时候给送？是白天吗？还是找晚上的时间？

B：基本上都是晚上。

A：当时你们运送粮食会有危险吗？遇到危险的时候，都是怎么处理的呢？

B：危险是有的啊，那肯定的危险啊，像是在路上的时候，晚上路很黑，也没有灯的，还有很多的山路

A：都是怎么运送？用什么工具？

B：用扁担担，要不就是小推车。

A：那些执行任务过程中用的工具，比如小推车啊，是自己准备还是他们统一的分配？

B：有的是，有的不是。当时我去的时候就是用的我自己家里的，有些就是农忙的时候会使用，他们就是会有自愿捐出来使用的，就用他们的。

A：在路上的吃住问题是怎么解决的？是有固定的站点还是在百姓家？

B：吃饭的时候都是回自己家里吃的，基本上都是回自己的家里面吃。有走得很远的时候，就在百姓家吃一些，但是这种情况很少出现，还是回家吃的时候多啊。路上的那些百姓，生活很不容易啊，天天吃糠咽菜的，也就是

刚保住生活。

A：那爷爷，关于住宿方面呢，这类问题你们是怎么解决的呢？

B：一般的情况是当天走的时候就当天把粮食运到再返回来，晚上快黑天的时候走，放下之后就接着回来了，差不多第二天早上就能到家了，要是去路途远点的地方，就是住在百姓家。

A：那如果是晚上住宿在外面的话，像是被褥之类的，还需要自己携带吗？

B：被子都是用百姓家的，平时在路上的时候就得拿着很多的粮食，哪里还会再拿那些被褥呢？也拿不过来啊，就是住在老百姓家，用他们的被子。

A：百姓家啊，都是住在百姓家里的，被子之类的都是用百姓家里的，您到哪个地方，人家那里都是有安排的，不用自己拿，自己在路上就是运粮食。

B：当时是这个情况呀，人家安排好的，就是用的百姓家里的被褥，给不给他们费用，就不清楚了，都是安排好的。

A：在路上的时候有人护送吗？路上有没有逃跑的？

B：有时候有，有时候没有。我们每个分队是都有带着枪的人。逃跑的有啊，但是很少。有的话就是害怕危险，路上拿着粮食跑了。哪里有什么惩罚啊，这东西还是要看自觉不自觉，你像是那些逃跑了的，也不知道后来去哪儿了，都在忙着准备打仗了，谁还管这些啊。

A：你们平时会有训练吗？

B：会训练的。

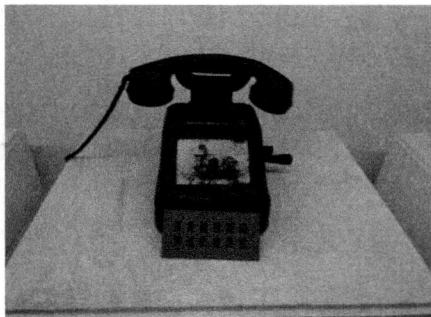

莱芜战役纪念馆馆藏文物

A：都会训练些什么内容呢？

B：像是每天的早操啊，这个是必须练习的，再就是一些枪啊。主要是一些基本的东西，多少要会一点啊，要是哪次送粮食的时候，没有护送的卫兵，遇到了危险怎么办？虽然我们人多，出危险的可能性小，但还是要学习一些会更保险吧。

A：那时候您多大了？

B：十七八岁吧，不到二十岁。

A：村里的那些老人妇女儿童呢，也都承担过相应的一些任务吗？

B：他们主要就是做些后方的工作，做些衣服、鞋子，他们又不能去前线打仗，就是做一些帮助性的工作，也是在尽他们的一分力量吧。

A：像是这些老人妇女儿童旳，他们在做这些事情的时候会给一些奖励、补贴之类的吗？

B：哪有什么奖励啊，这些东西都是自愿的，没有什么奖励。

A：爷爷，据您的了解，在我们现在的村子里，或者是你身边的人，有比较出名的劳动模范吗？您能讲一讲有关于他们的故事吗？

B：当时大家基本上都是做一些后方的工作，你像是支援前线，去前线打仗的时候，我们村里的人不是很多，关于支前，就基本是前面说的那些了，抬担架，送粮食，给他们做一些所需的用品，也没有谁特别突出的。

A：再就是1949年之后呢，特别是改革开放以来，党和政府对老区人民的贡献都有哪些回馈形式？您印象比较深的都有哪些？您觉得满意吗？

B：具体的不是很了解。以前的时候，听他们说关于那些烈士，每年都是会发一些钱的，我觉得还很满意吧，算是国家对有贡献的家庭一些关怀吧。

A：爷爷，今年正好是新中国成立第七十周年，您对我们这一代年轻人有什么嘱托和愿望吗？

B：嘱托和愿望啊，我们这代人都已经老了，就是希望你们这些年轻人啊，能够不忘历史，面向未来，好好学习，学习科学知识，不忘国家的嘱托，从自身做起啊，不管是在学习上还是说在生活上，一定要勤奋，别懒，什么事情都多思考，多参与，多锻炼自己。不管是在学习知识上，还是说在生活上，做好一个学生该做的事情，成为一个有价值、有意义的人。以后不管在哪一个岗位上，都做出成绩来，为国家多做贡献，能够为人民服务，为了国家的发展而努力。

A：嗯嗯，好的爷爷，我们青年人一定会听从你们这些先辈的教诲，不忘历史，好好努力，为国家的发展去贡献一份自己的力量！

三、分段整理

（一）基本情况概述

1. 家庭基本情况

我叫刘祖双，今年95了，出生于1924年。父亲生病去世较早，从小由母亲照顾，我算是小的，排老三，有两个姐姐，一个弟弟。经历过抗日战争、解放战争和新中国成立很多大事。解放战争期间，主要参加的是支前运动，在莱芜战役中的吐丝口战役，给前线的士兵运送过粮食。总共是有四个孩子，两个儿子、两个女儿。在战争结束后的几年里，由刘村长介绍，加入了中国共产党。以前的时候是在口镇那边住，后来因为各种原因，就到高庄来住了。

2. 村庄基本情况

高庄镇位于山东省济南市的南部，村庄基本上是属于平原地带，地势相对比较平缓，四周有些低矮的小山丘。村子资源丰富、环境优美，一直是我们这几代人赖以生存的家园。老百姓多以农业生产为主，根据当地的气候和土地情况，小麦、玉米和葱姜蒜一直是我们生产的主要作物。自抗日战争以来，我们一直接受中国共产党的领导，在党的组织和领导下，基层群众不断接受先进的思想宣传和教育，爱国热情和支前斗志空前高涨，像是抗日战争后的土地改革、解放战争前的支前动员，我们基层百姓多次参与其中。支援前线，抬担架、做衣服、运粮食，每个人都在为着战争的胜利尽着自己的一分力量。从新中国成立到今天，七十周年，一路走来看到的是乡村的进步，国家的繁荣。由于国家和社会的进步，每年国家也会有定期的补助，我们村庄现在也都经过拆迁改造建起了楼房，人民百姓生活幸福安康。

（二）抗日战争胜利与土地改革

1. 抗日战争的胜利

抗日战争时期，我们村子的百姓受战争的影响还是很大的。记得当时庄里有六七百人。那时我们这边还没有日本人，这个地方不算是很典型的一个日军驻地，日本人有他们自己的据点，会在一些村庄驻扎。在我们村，就是一些他们支配的伪军、汉奸之类的，很少见到日本人。至于当时抗日战争发生的年份，具体的哪一年现在说不上来了，那时候我还小，年龄不是很大，也没有多少文化，对于这方面没怎么有印象了。那些伪军汉奸的，多是听从上面的日本人的指示，他们具体驻扎在哪里还真说不上来了，这个记不清楚了。只是知道来村子里面的那些人是一些伪军或汉奸。他们那些汉奸伪军的会经常带着一些人来村里，会挨家挨户搜东西，像是一些牲畜或贵重一些的东西，他们到处都会翻，翻到一些值钱的东西他们就会拿走，这样弄得我们百姓的生活不安宁，天天担惊受怕的，几乎都不敢怎么出门，尤其是在白天的时候。

当时共产党的军队也来过，主要就是一些八路军。我记得在抗日战争那段时间，我叔叔就参加过八路军。多亏了这些八路军，当时我叔叔是在战争刚开始的时候就入了党，也是偷着入的，虽然那时候国共是有一些合作的，但那时候国民党还是不让入，入的时候我们也都是不知道的，是后来战争结束了，我们大家才知道的。我的叔叔到后来在前线上牺牲，当时村里很多的年轻人都去前线打仗了。我那时候还算是小的，才有十几岁，稍微大一点的人，就都被拉去前线当兵去了。在当时那个背景下，也不能算是强制参军，大多数人还是自愿去参军的，不去你怎么办，大家都不去的话，谁来打走日本人。记得当时打了半年多，最后才把日本鬼子赶跑了。

2. 土地改革前农村及农民状况

抗日战争结束后，村里各方面还都相对比较平静。没过多久，共产党就到这边来了。莱芜这边大部分是由共产党来管辖的，再往南的那一块地方，基本上就是归国民党管了。那时候共产党员在我们这边还是很少的，就算是有一些共产党员，当时我们也不知道，国民党在那个时候是不允许加入共产党的。那时候村子里的很多事情，像是生产等各方面，如果有什么事情，都是听村长的安排。其他的像是农会，妇女团，都是后来才有的。土改的时候，差不多才知道了谁是入过党的。再就是关于村长的产生方式，这个可能不同的地方，他们的产生方式还不是很一样。我们村这边就是自己选出来的，他们做一些事情的时候会听上面党组织的安排，几乎没有什么要求，大家没有什么意见，大体上都同意了，在村里不算是很穷的，然后差不多都能够听他的。德行好，村里名声不错，就是这个人当村长了，也算是一种选举，但可不像现在一样这么正规了，以前的时候也没有这么多讲究。

关于农民这一方面，那时候还是很贫穷和落后的。不像是现在粮食的种类多了，质量也好了。现在村里很多人都有土地，很多的年轻人都空着土地，外出去城里或外地打工，这跟以前可不一样了。以前的时候，条件什么的都不好，收成也不像现在这么好，大部分还是要交给地主，自己所有的土地并不怎么多。现在好了，国家各种新的政策，我们也都有了自己的土地，就不用一直受着地主的限制了。当时家里面就是我，二十岁左右了，还有两个儿子，孩子还都不大，那时候，还有我母亲，是住在我们家里的。

那时候就是种地，还需要每年交着地租。具体的租地面积，差不多一亩地，土地位置、大小不同，每户人家的地租也不一样。交地租就是交自己种的粮食，产的粮食数量能够交地租，剩余的小部分就是自己食用，再像是穿的鞋子之类的，都是自己在家里做的。以前的时候大家都是穿布鞋，就是用一个鞋底，然后按大小形状缝上鞋帮子和些布，几乎家家都会自己做。虽然说那时候粮食是够吃的，但跟我们现在是不能比较的，只能说是不至于饿着了。现在我们家的土地里，种有一些玉米。今年玉米的收成还不错，我们家的地现在是大儿子照看，像是花生、小麦、葱姜蒜之类的，主要是种植这些作物。以前就是全部靠着土地吃饭，没有其他的经济来源，几乎全部都来自土地。有的人家他们是会一些小手艺的，像是以前我们家北边那个邻居，是自己榨一些油，然后卖给那些地主，有时候也会在村里面或外出赶集卖一些。

3. 土地改革宣传动员

土地改革这件事情对我来说，印象比较深刻。我记得那时候是上面派人组织给我们分过土地，当时有人专门负责这方面的工作。他们会找时间，来问一下家里一共有多少口人，然后做好相关记录。然后会挑个时间，带着我们去看村里分的土地，都会挨家挨户地跟我们说，从哪个地方到哪个地方是我们的土地。在这个过程中，他会给你划分成几个等级，我们家属于贫农，然后会按人口来给划出你的土地来。记得处理这件事情还是很麻烦的，首先要自己去农会那里报告，主要还是看后期他们农会里面的人的商议。土地的来源也比较单一，大部分的地都是从地主那里收来的，地基本上都集中在少数几个地主那里，其他的人也没怎么有土地。当时分土地的时候也是强制性，具体的，像是上级的一些命令和政策确实不是很了解，我们看到的就是把原来属于地主的土地都分成很多部分，给了我们农民了。当时很多反抗的，由于战乱，土改进行过好几次，一开始的时候虽然是名义上将地主的土地分给我们了，还是说，那种农民和地主的关系已经存在很多年了，他不是一天两天开两个会，说几句话就能改变的。我记得以前，上级来检查的时候，土地是我们的，那些上级检查的走后，其实还是要向地主交一部分粮食的，也不是说你真就有了那些土地了，真实情况并不是很好。那些领导的人一走，谁还会去地主那里跟他要土地，几乎没有人敢去。我记得是最后的时候，就是在后来的土地改革的时候，到那时候才差不多就是真正的是自己的土地了。至于当时具体是哪一年现在说不上来了，没怎么有印象了。

在土改的领导和动员方面，记得那时候是毛主席领导的。那时候动员也没有现在这些科技，就连宣传单之类的也很少。那时候的人上的学少，文化达不到，很少有人认字。那时候会召集大家开会，在村里面晚上开一些会，会上村长、农会的一些人就会在上面讲很多关于分土地的事情，然后大家就都会带着板凳去那里听，大人小孩的，大家以前都没有见过，还都觉得挺新鲜的。对于我们这些贫民来说，那肯定很好，能分到自己的土地了，积极性还是挺高的。再就是上级的命令，不管是谁，应该向外拿土地的就必须向外拿。分地方面的组织和领导，基本上就是村长发挥的作用比较大。那时候我们的村并不算很大的，算是个中村，八九十户人家。那时候百姓对待分土地这件事情的看法没有很多，说实话抗战刚结束的那个土改效果并不是很明显，对于我们老百姓来说其实没有什么很大的影响。

(三) 支前运动的动员与参与

1. 支前运动前的社会背景

在解放战争中，我们这边也打了很多仗，有些还是非常重要的，像吐丝口战役，就是属于莱芜战役中比较重要的一场胜利。当时，共产党调来了大批部队，其中大部分是从华北一带调过来的。我们本地人参军打仗的不多，主要是参与支援前线，做后勤保障，保卫家乡。因为我们这个地方属于重要的战略要地，共产党早就有了联络，已经开展了土地改革。当战争开始之后，我们就参与到了支援前线当中了。

支前运动那段时间，百姓的转变还是挺大的。支前运动的时间算是发生在土改之后，当时日本鬼子被赶跑了之后，没过很长时间吧，也就是差不多一年的时间，那时候共产党就会派一部分人来，大多都是一些党员吧，做动员宣传这些事情。刚开始的时候，也有人参加，但人很少，都觉得日本人走了，就没什么事了，也没觉得这个国民党和共产党之间的战争和我们有啥关系。而且刚打完仗，大家也都不想再参与进这里面去了，虽然还是租着地主的土地，但在生活方面，够吃的，够用的，也不想再参加什么支前，觉得跟我们没有关系，离生活很远。后来的时候就不一样了，莱芜战役的时候，就在吐丝口那边，现在是口镇那边，战争都打到离家这么近的地方了，那时候大家才都觉得这次战争的严重性。当时村长就会开会说，让我们大家能尽力的就尽一份力。

2. 支前运动前百姓状况

解放战争之前人民的热情是都还挺高的，这和土地改革的关系不是很大，但是也是有一些关系的。像是共产党，给我们百姓分土地，做事情还是为了我们农民的利益。当时那些村长也一直在宣传，说抗战结束后，我们这些农民就能够做主人了。退一步说，像是莱芜战役的时候，百姓的日子很艰难，不去参军怎么办，谁来应对那些国民党，那战争什么时候结束，村上也会做些宣传，就是必须去参军，不去怎么能行。

在这些人中有上级的党员过来的，也有村长他们，就是一起负责，组织这件事情。各有各自的好处，像是党员，就是对工作比较熟悉；村长，就是和我们大家比较熟悉。我们村的村长那时候还不是党员，我们刘村长是到了解放战争后，国民党打跑了才入的党。他们所说的话，大部分还是会听的。后来，支前活动就很多了，像是抬担架的，有运送粮食的，再就是家里有的那些闲着的衣服，鞋子的，就会拿去给前线打仗。他们有时候也会到家里来宣传，像是家里有青壮年的那种，村长会带着人到家里来，建议去当兵或者在后方做些事。还是有点作用的，主要是在莱芜战役的时候，很多人都自发地去了前线，再就是后方有提供东西的和其他的工作。再加上确实是战争就在眼前了，我们总不能坐着看着这些战争发生吧。

我觉得动员大家去的原因主要还是宣传，像是什么取得战争胜利，解放全中国，这些宣传的影响力还是很大的。关于参军的奖励，那时候可没有，那时候哪有，都是自愿去的。也有些路上逃跑的，但后来的那些惩罚就不清楚，这一方面我们不怎么了解。战争牺牲的人数也是很多的，但像是具体的比例，我们也不是什么组织领导类的，我们对这些数据也不是很清楚。我记得当时参加过前线战争的都会发些"光荣家属"门牌之类的，一些荣誉上的东西，其他的我也不是很了解了。具体其他的，周围的人有奖励的都是些烈士，其他的都不是很多。前几年村北的那家，路西第二家，就是参加过战役的。后来这些人都加入了这个后方工作，对于这方面我还不是很了解。

(四) 支前与胜利

1. 支前的具体过程

支前时我在其中运送过粮食，这段经历对于我来说，还是印象很深刻的。那时候我十六七岁，不到二十岁。我是在第三分队，就是把粮食从村里运到前线。一个小分队的话有四五个人，由专门管粮食的人领着。他们会告诉我们那边需要多少粮食，然后从前线派过人来，带我们过去，从粮站里面走，他们这些人对工作和路线都比较熟悉。我们送粮食的时间基本上都是晚上。在路上，也遇到了很多的危险，比如说在路上的时候，晚上路很黑，是没有灯的，还有很多的山路。我们都是用扁担，要不就是小推车，这些工具有的是上面派送的，有的不是，那时我去的时候就是用的我自己家里的，有些就是农忙的时候会使用，他们就是会有自愿捐出来使用的，就用他们的。

关于生活这方面，吃饭的时候都是回到自己家里吃的，有的时候走得很远的时候，就在百姓家吃一些，但是这种情况很少出现，还是回家吃的时候多。路上的那些百姓，生活很不容易，天天吃糠咽菜的，也就是刚保住生活。一般的情况是当天走，当天把粮食运到然后返回来，晚上快黑天的时候走，放下之后就接着回来了，差不多第二天早上就能到家。要是去路途远点的地方，就是住在百姓家，被子之类的都是用百姓家里的。你到哪个地方，人家那里都是有安排的，不用自己拿，我们在路上就是运粮食。路上会运送很多的粮食，基本上不会带被褥，也拿不过来，就是住在老百姓家，用他们的被子。那时候有护送的士兵，有时候没有。

我们每个分队都有带着抢的人，但是有枪的人很少啊，主要也是为了保证路上的安全。在路上也有拿着粮食跑了的人，那时也没有什么惩罚，这还是要看自觉不自觉，像是那些逃跑了的，也不知道后来去哪儿了，都在忙着准备打仗了，谁还管这些。我们当时也有一些训练，比如说每天的早操，这个是必须练习的，再就是练习一些枪，主要是一些基本的东西，多少要会一点，要是哪次送粮食的时候，没有当兵的护送，遇到了危险怎么办？虽然我们人多，出危险的可能性小，但还是要学习一些会更保险。

2. 支前时的村庄状况

村里还有一些老人、妇女和儿童，他们主要就是做些后方的工作，做些衣服、鞋子，他们又不能去前线打仗，就是做一些帮助性的工作。大家做这些事情，都是自愿的。这个当时大家基本上都是做一些后方的工作，去前线打仗的，我们村里的人不是很多，基本就是前面说的那些，抬担架，送粮食，给他们做一些所需的用品。

（五）奖励与回馈

现在国家对这些参加过战争的有什么奖励，具体的不是很了解。以前的时候，听他们说关于那些烈士，每年都是会发一些钱的，我觉得还很满意，也算是国家对我们这些老人的一些关怀吧。

我们这代人都已经老了，希望你们这些年轻人，能够不忘历史，面向未来，好好学习，学习科学知识，不忘国家的嘱托。从现在做起，不管是在学习上还是说在生活上，一定要勤奋，别懒。什么事情都多思考，多参与，多锻炼自己。不管是在学习知识上，还是在生活上，做好一个学生该做的事情，成为一个有价值、有意义的人。以后不管在哪一个岗位上，都做出成绩来，为国家多做贡献，能够为人民服务，为了国家的发展而努力。

四、调研员心得与体会

很荣幸能够参与此次"铭记历史，不负远期——那些年支前民众的革命岁月"口述史调研。这一实践活动由我们政治与公共管理学院发起，面向全校招募调研员开展的首次口述史调查，项目以每位调查员身边的85岁以上老人为调研对象，讲述他们在解放战争时期为解放战争的胜利做出的贡献，以此献礼祖国70周年华诞。

今天早上，通过爷爷的介绍，联系上了这次调研的对象。早上带了些所需要携带的相关资料和给老人带的礼品，在上午九点左右，到达了被调研的爷爷家里。我们到达爷爷家后，爷爷奶奶都非常热情地招待了我们。随后，就开始了我们的访谈任务。先是与老人闲聊了一小会，看到老人的身体还很健康，生活饮食方面也都很不错。老人见了我们很高兴，跟我们说了些他们的日常生活状况和发生的一些小事情。之后我们便根据相关的资料，按照时间顺序，对老人做了一些访谈，主要是简单地询问了一下有关抗日战争、支前运动、解放战争的相关历史。在访谈的过程中，老人的思路比较清晰，还能够回忆起当时发生的大部分事情。通过老人的描述，我们获取了大量的有效信息，这对我们后期的资料整理和完善有很大的帮助。在访谈结束后，老人感慨于时间流逝得飞快，谈了对我们这一代青少年的嘱托，并且和我们合影留念，整个过程都进展得非常顺利。最后，我们将带来的礼品给了老人，与老人道谢之后便离开了，这次口述史调研的采访部分就告一段落了。当然，在此次的调研过程中，还有存在许多问题，例如："由于各种原因，后来就搬到这个地方来住了"，没有进行问题的追问，存在一定的模糊性，在今后调研过程中以此为鉴。

王本章支前口述资料

汪子铃

（政治与公共管理学院 2018 级政治学与行政学三班）

我叫汪子铃，是政治与公共管理学院政治学与行政学的一名学生。在日常生活中我喜欢读书，以此来丰富自己。另外我也喜欢听音乐，当心情不好时，音乐会让我感到放松。我的座右铭是"世上无难事，只怕有心人"。我的家乡是山东省肥城市，隶属于泰安市。我的家乡盛产肥桃，当春天来到时，桃香弥漫。我们举办的桃花节活动吸引来自全国各地的人，身为一名桃乡人，我深感自豪。

一、受访者基本信息表

调研点	山东省肥城市泰方小区	受访者编号		WZQ20190725WBZ	
调研员姓名	汪子铃	调研员单位		山东青年政治学院	
受访者姓名	王本章	受访者性别	男	受访者年龄	92
支前时年龄	20	参与支前的类型		参加淮海战役	
土改时成分	中农	支前时家庭人口数		6 口人	
受访者结婚的时间	1951 年	受访者子女数量		5	

续表

首次采访时间	2019. 7. 25	调研员联系方式	17305387098
受访者所在村庄 基本情况	王本章老人，山东省海阳市牛岭山村人。海阳市是山东省辖县级市，由烟台市代管，位于山东半岛东南部，烟台市境南部。牛岭山村位于朱吴镇西南部，全村辖区面积 2.6 平方公里，其中耕地面积 140 公顷，山岚约 113.3 公顷。 该村地势北高南低，属暖温带海洋性季风型气候。干湿区属于我国湿润区的北延；四季分明，雨量充沛，冬无严寒，夏无酷暑。无霜期长达 200 余天，气候宜人。当地多种植小麦、玉米、红薯。1949 年前后，只有网扣、麻布加工及绣花等小手工业，从业人员约 20 人，收入仅够自给。后来先发展起村集体建油坊、面粉加工厂、粉坊等，又发展起个体运输业、饮食服务业。 解放战争期间，牛岭山村参军的共有 29 人，其中有 8 人牺牲了，9 人伤残。		
受访者基本情况 及个人经历	王本章老人于 1927 年出生在山东省海阳市朱吴镇牛岭山村。家中有父母与两个兄弟。有过教育经历，十五岁时还曾在学校组织的宣传活动中讲话。后来放下笔杆子，拿起枪杆子，响应时代的号召，明白自己身为青年人所担负的重任，选择在 1947 年当兵。此时已经结婚，家里有父母、妻子、兄弟共 6 口人，父亲是最大的劳动力，全家以务农为生。当兵时参加过淮海战役等多个战役，在战争过程中是一名通讯兵，共当了 18 年的兵。于 1965 年 10 月转业到山东省肥城市，做一名供销合作社工人，在此岗位上工作了 26 年，于 1991 年在供销合作社退休。此后居住于山东省肥城市泰方小区。		

二、全文整理

访谈时间：2019 年 7 月 25 日
A：访问者　B：被访问者　C：爷爷女儿

A：爷爷，先争取您的同意哈，我今天问的东西会录音，回去我会把这个录音转换成文字，回学校可能会整理发表。

B：可以啊。

A：今年不是新中国成立七十周年嘛，我们学校为了纪念这个日子，就发动我们做这个活动，就是让大学生利用暑假回到自己各自的村庄，采访下参加过解放战争的老人，也算是我们还在上学的大学生为新中国成立七十周年准备的一个小礼物吧。

B：你想问哪一方面的事啊？

A：主要是支前运动那一方面。

B：啊？

C：支前运动。

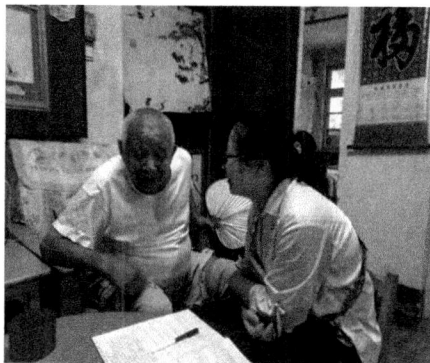
王本章接受调研员汪子钤采访

B：那是多少年前的事了，多少知道一点。

A：爷爷，您先介绍一下家里的情况吧。

B：好，我叫王本章，书本的本，文章的章，今年 93 岁了。

A：爷爷，听您说话好像不是我们这边的人啊！

B：我老家是海洋县海洋市牛岭山村，年轻的时候就出来了，说话还带着乡音。

C：他不是咱这里的，他是当兵出身，去过很多地方。

B：我是放下笔杆子，拿出锄把子，又拿起枪杆子，最后是捡起来秤杆子。上完学以后，把笔杆子放下了，拿出来锄把子干农活；后来打仗了嘛，就放下锄把子，拿出枪杆子了，哈哈哈。

C：就是上学，干农活，当兵打仗，后来又干供销社。

A：哦哦，您是什么文化程度呀？

B：我是高小毕业，和现在不一样，那个时候能念到高小就挺不容易了。

A：哦哦，您当兵是哪一年啊？

B：那是 1947 年 5 月当的，当了 18 年兵，到了 1965 年 10 月转业到了肥城。

A：哦，您是转业来的。

B：对，转业来的。转业到肥城拿起秤杆子来了，拿起秤杆子就是进了供销合作社。那个时候供销社是很好的单位，这不在肥城一待半辈子了。

A：哦哦，这样啊。

B：干了 20 多年吧，26 年。我当了 18 年兵，干了 26 年合作社，一共干了 44 年，在工作岗位上干了 44 年，感觉就是一眨眼的工夫。这 44 年当中啊，我干得一直很好。在战场上有 18 年，我参加了 1946 年的几场战争，不仅打了黄县的分子山，又打了我们海洋老县，后来又回到我们老家打国民党。1947 年 12 月又打了莱阳县，这一场仗打得很厉害，这个你知道吧！

A：嗯嗯，听说过一点。

B：1947 年的 12 月，那时候已经是冬天了，战斗是在雪地当中打的。我们的同志，攻这个莱阳城啊，一攻也下不来，二攻也下不来，费了九牛二虎之力才打下来的。我们这一场战斗死了 2517 人，2517 人啊，在这其中，有 1987 人，连名字都没有就埋在地下去了。

A：牺牲太大了！

B：1987 人死在那里。我们打了莱阳城，国民党不服气，要跟我们决战，从青岛即墨调来飞机、大炮、坦克，在 1947 年的 12 月，要到莱阳城来，我们就是不让他来，就在那里决战。这场决战，国民党使用了飞机、坦克、大炮，也没打下来。我们又打胜了，然后在莱阳过了个阴历年，这就是四七年。就参加了这么几个战争，我是四七年当兵，和我一起出来的一共有五个人，当年死了一个，挂瘸①了三个，只剩了我自己。

A：啊，都受伤了呀！

B：唉，就剩下我自己了，那一次我们庄里去了俺们五个人，这是 1947 年。1948 年的时候，我们就往西来了。第一仗是 1948 年的 4 月 24 日，打了潍坊城。这个潍坊城啊，过去日本鬼子驻扎的地方，日本鬼子在那里待了 8 年，修的内城、外城、铁丝网，在那里修了八年，十几米宽啊！1945 年日本鬼子投降以后，国民党去接收的。我们这一仗死了多少同志啊！牺牲了 1432 人。伤了多少啊！我们伤了 6548 人。这一仗我们伤亡很大，打的时间长，打了四十多天。因为工事坚强，我们从很远的地方挖地道过去，在地下放上炸药，找到棺材放上炸药，刚②厉害了。潍坊在这个地方，青岛在这里，济南在这里，它在这个中点③。1948 年第一仗打的哪里呢？周村、张店、博山这里。1948 年的 3 月 12 日，我们先打的这个地方④，为什么先打这个地方呢？因为我们打潍坊的时候，国民党部队要去增援就得走这里。

A：嗯嗯。

B：它必须去济南，到这里将近有 500 里，这里到青岛将近有 500 里，这

---

① 腿部残疾。

② 特别。

③ 老人在地图上比画着。

④ 老人在地图上比画着。

是900多里地。我们就趁着这个时候，用了七天七夜赶过来，用了一天两夜的时间，打周村、张店、博村这里。这一打不要紧，我们解放了四个县，这时是1948年的3月。我们这一仗死了248人，200多人啊！打完了这里，我们才打的潍坊。

A：哦哦。

B：增援从济南来不了。从济南来太远了，500里地，他们一天最多10里地。这是48年的，打完了潍坊以后，我们就来到了这个莱芜，靠近兖州。

A：哦哦，兖州。

B：我们打的兖州。兖州是什么时间打的呀？1948年的7月13日，就是我们部队打的兖州。我们打这一仗解放了周围的济宁、曲阜。首先是地方部队，把曲阜、泗水、吉岭这些地方国民党的小股部队消灭了。（国民党）就跑到兖州来增援了，我们又打的兖州。这一仗，我们死了1054人。兖州是交通要道，往东向临沂，往北是济南。因为这是个交通枢纽，所以我们把这个地方拿下来了，只留了一条路给他（国民党）。西北、西南、东北打得都很激烈，东门还有个泗水河，我们就叫他过桥去，向东走，然后我们就在东边埋伏下了，把他们全部消灭了。

A：爷爷，我想问问那个时候我们村子里有日本兵吗？

C：那个时候有日本兵吗？

B：没有日本兵。

A：村子里没有吗？

B：完全是国民党。因为1945年9月2号日本鬼子投降了嘛。

A：抗日战争的时候你们家有没有当兵的呀？

B：我那个时间还小，我才十几岁。

A：对，就是十几岁的时候。

王本章获得的各类勋章

B：那个时间我15岁，还在上学呢。学校里组织宣传，我就讲话。老师就派我领着一个组的3个人，到农村宣传党的政策。

A：那个时间家里有当兵的吗？

B：家里没有。

A：那时候家里有几口人啊？

B：那个时间有6口人，我出来当兵，是在家里结婚后出来的。我1947

年 5 月出来当兵，五七年腊月二十四回的家，出去了 11 年。我结婚以后她（妻子）在家里等着我，等了我 11 年。回家以后，我母亲抱着我就哭，这 11 年没见过了。我妈抱着我就哭，我说妈你别哭了，我托你的福，我也没瘸腿，也没瞎眼。

A：抗日战争的时候对我们村有影响吗？

B：日本鬼子在那个时间拦网扫荡，你们知道日本鬼子的三光政策吗？那个时间我经历过。你们知道伪军吗？伪军就是原来国民党的兵然后投降日本人。日本鬼子投降以后，就在化名村，伪军有多少呢？六十八万三千零七十九呀！

A：也就是说那个时候是国民党在我们村子里吗？

B：对啊，就是国民党，吴化文你听说过吗？

A：不是很清楚。

B：济南投降我们的那个，他一开始就是国民党，后来做了伪军，抗战胜利后，又成了国民党的高级军官，打济南时起义了。

A：哦，那共产党什么时候去的呀？什么时候去的村子里？

C：共产党什么时候去的村子里？

B：去我们村子里吗？

A：对。

B：我们这个村 41 年解放的，41 年清明节前后，那时候我才 15 岁。我们这个村 41 年八路军就过来了，一直是八路军的根据地了。

A：那时候村子里是谁管事呢？

B：原来国民党统治的时候，是村长、旅长，实行的是保甲制。共产党去了以后改革，过去都是财主家当村长，现在不要他们了，换成我们穷人当村长。

A：村长是怎么选出来的啊？

B：共产党执政，那个时间也选也指定。那个时间村长的儿子和我同岁，16 岁就去当兵去了，当了医生。组织上就叫他父亲当的村长，但是他的父亲一个字都不识，是大老粗。不大行呀，又换上共产党的干部。那个时间，共产党不公开呀，完全是秘密的。1949 年才公开的，新中国成立的时候就公开了。我是 1949 年前的党员，打完了淮海战役，我入的党。

A：那个时候不是有土地改革吗？

B：1947 年土地改革。

A：当时是怎么弄的这个土地改革呢？

B：这个土地改革啊，共产党是改造各个地区地主、富农，中农是团结的对象。1947 年土地改革有的把地主吊起来打，有的跪玻璃碴子。一开始土地改革做得很厉害，违反了毛泽东的政策。当时省长是李明，死的人太多了，中央撤销他中央委员，在当今历史上第一本党章，有他的名字。①

A：这本书多少年了？

B：具体不记得了。

A：这里写着 1958 年。

B：这本书上写着他的名字，还有陈独秀他儿子的名字陈延年，大屠杀时被杀了。

A：还得说说土改的事，那个时候咱村里的人只是种地吗？还有干其他活的吗？

B：那个就不一样了，有的太苦了，有的要饭去。

A：那个时间要划成分吧，怎么划的呢？

B：那个时间，就是分地主、富农、中农和贫农。当时都愿意当贫农，现在都愿意当富人，现在形势变了。

A：你们家那个时候是什么成分呀？

B：我家里是中农。我家里有 21 亩地，6 口人。

A：那个时候地里种什么东西呀？收成怎么样？

C：收成，地里种的什么粮食。

B：五谷杂粮，我们那个地方是山区，种麦子、苞米、地瓜。老百姓就是春天吃地瓜，一般家里有 6 口的要种四五亩地的地瓜，以吃地瓜为主，现在以吃麦子为主，这不是翻天覆地嘛！过去都是吃地瓜为主，秋天到春天，春天吃地瓜干子。把地瓜晒成干子，冬天再压成面，擀面条子，烙饼吃，就是以地瓜为主。

A：家里除了种地还有什么其他的收支吗？

B：没有了。

A：都是种地？

B：那个时间哪有买卖啊？没有。

A：那个时候家里是 6 口人吧？都在家种地吗？

B：我是兄妹中最大的，家里有我父亲、我母亲、我老婆、我兄弟，都是吃饭的。我父亲是个劳动力，我还上学，1941 年我才 15 岁。

---

① 老人拿出一本很旧的党章。

A：那个时候不是共产党土地改革，不怕国民党再回来吗？

B：1947年国民党总攻延安、胶东。国民党为什么进攻胶东啊？1947年的秋天，咱们华东野战军抽调了8个纵队，上敌人家里去了。不能在自家解放区打仗啊，去敌方打，所以8个纵队上了河南、安徽那边去了。上敌人家里打仗去了，华东只留3个纵队，这3个纵队有7纵、9纵、13纵，我就是13纵的。9纵、13纵都是胶东人，胶东的十几个县，把我们留在那里。国民党多少啊？6个整编师，相当于我们6个纵队。我们用平行战术，齐头向胶东进攻。国民党知道我们华东野战军走了大部分了，想把我们赶到海里喝海水去。我们那个时候可困难了，刚刚说的那些仗啊都是1947年的。国民党来了之后，有的活埋的，有的吊在水上的，死了不少的人。就是莱阳、海洋占了个边，那一带他们占领的地区，老百姓可吃了苦头了，就是在1947年的秋天。

A：国民党对土地改革有什么影响吗？

B：没有影响，他们走了改革完成了。

A：除了土地改革还有什么别的事吗？办识字班了吗？

C：问你办识字班了吗？

B：1941年去了以后，就办妇女识字班。学生放了学，老师给他们上课。我下了课以后就去吹哨子，大家伙都知道了，妇女就来上学。

A：哦哦。

B：还有夜校，夜校就是男同志去了。在我们这个学校，那个时候都有小学，晚上的时候他们去上。

A：那个时候不是有淮海战役吗，要先动员再去参军，当时是怎么动员的呀？

B：那个时间没有什么动员，就是打仗的时候开大会。

A：那是怎么知道参军的呀？

B：怎么知道这个事儿啊，光知道打仗，不知道什么战役。淮海战役是1948年的11月6号到1949年的1月10号。在这一场战斗之前，我们就是连续走路，东西400多里地，南北300多里地。

A：那个时候为什么想当兵呀？

B：保卫祖国，匹夫有责。那个时间国家真困难啊，所以说基本是全民当兵。

A：有人宣传吗？

B：没有什么宣传，就是说动员大家伙。那个时间像我们那个小村，600

口人家，我们出来了 40 多个人，出来 48 个，就是年轻的都去当兵。那个时间我虚岁 21，18 到二十五六的都出来了。

A：也没贴标语之类的吧？

B：没有，当兵出来就穿上军装，准备行军打仗，也没有训练，就是打就是了。

A：那个时候村里有没有开会啊？

B：没有。淮海战役我们也伤亡了很多人。

A：您那个时候属于什么部队啊？

B：华东野战军。淮海战役两个部队，中原野战军和华东野战军，都有纪念章啊，我有一个。

A：你们村当兵的那些人后来都怎么样了呀？

B：复员了。南京解放了以后，国民党跑向台湾去了，逐步地都复员了。

A：那个时候当兵还要成分吗？

B：不要成分，都可以参加。参加以后，只要你表现好，不管你是成分高还是低，一样入党，我就是介绍了一个败落地主家的孩子入党的。

C：就是那个时候地主都败落的。

A：哦哦。

B：咱们肥城跟我一起当兵的一共有七八个，都来找我玩，现在也都没了。我介绍了两个入党的，他们现在活着才 80 出头。

A：你们村一块参军的都是在一个部队吗？

B：那个时间部队流动性特别大，调走的调走，死的死。

A：有年龄限制吗？

B：年龄太大的不要，瘸腿瞎眼的不要，只要是能行的就要，也体检。年轻的都可以当兵，你像我这个村 120 户，死了 12 个。打济南死了一个团长，和俺是一个部队的。受伤的 10 多个，那个时间，47 年、48 年、49 年，裹着两条腿，走了八省和上海市。百分之九十九都是晚上走，现在想起那个滋味来，心都酸。白天睡，晚上走，晚上打仗，晚上行军。

A：都是自愿报的名吧？

B：自愿当兵。你说晚上走，下雨路上滑，哐当就摔地下了。哎呦浑身像个泥猴样，哭还哭不出来，笑还笑不出来，浑身疼得要命。冬天我们行军，背着个大衣，棉衣都湿透了，坐下休息休息，两个人对着坐。夏天也是一样，这个衣服上全是白的，穿这个衣服就是掩掩胳拉拜①。那个时间过得这个穷日子不是现在这个样，我1947年当兵，发了个牙刷是木头把，穷到这个样子。那个时间穷八路不是富八路，那些老兵就发牢骚，但是新兵不敢发牢骚，编了个顺口溜啊："军队国家化，牙刷木头把，发了一把牙刷黑毛的。"

A：当兵的家里有什么奖励吗？

B：没有什么奖励，就是老百姓帮着种种田，就是这样。

A：没有别的奖励吗？

C：没别的奖励，就是给你帮帮忙。

B：人出来得多，劳动力没有了，我们那个地方就是这个样子，那么些当兵的。

A：有那种"光荣之家"门牌之类的吗？

B：没有，那个时间还没有。那个时间都30多岁了都还没有个媳妇。团级干部才允许你娶个媳妇，团级干部才够格。

C：和你们看的那些战争片基本都差不多。

B：30多岁还没个媳妇，老同志就发牢骚。1947年到50年，我在福建前线打的厦门鼓浪屿，最近的地方划1004下就到了。我们八路军穷啊，上山站岗的时候和现在不一样，现在都一人一个大衣，那时谁在岗上把大衣留下你穿，没有说是你自己有个大衣穿。

A：有没有觉得特别困难？

B：国家困难啊！咱们有大衣的时候还是1964年，以前都没有。那个时候国家困难，我们离国民党近啊，都能看见，那个大喇叭头子，我们也有啊，这么高，② 一个汽车拉一个。我们也向国民党宣传，每天下午的四五点钟，到第二天的八点。国民党也向我们宣传："你们上我们这来吧，我们这吃的穿的都比你们好。"我们的战士哪有烟吸啊，国家困难的时候，你吸一口我吸一口的，人家国民党就看见了："哎呀！你们看看你们穷得，你们穷得两人穿一条裤子。"现在都好了，那个时间穿的硬棉衣爬铁丝网一下划个口子，你看现在你们穿的，要多好有多好。

A：那个时候有想回家的吗？

B：想回家啊！但是在战场上能回家吗？谁好意思啊？不好意思，10年了才回一趟家。你这个月份走，他这个月份走，那个时间可困难了。

---

① 膝盖。
② 老人比画着说。

C：你们可能想象不到，但是你们看电视剧也看到，再一个这个年轻的热情，士气高，年轻气盛。

A：那个时候不是有人都牺牲了啊，后来国家给他们什么补助吗？

B：牺牲的同志太多了。

C：你看过电视集结号吗，可以看看，这也是咱们这边拍的。这是到后来，才落实这个那个，当时来说战争年代都很穷。

B：那个时候生活太苦了。

A：你们那个部队的都是村周围的人啊，还是不认识的？

B：基本 31 军 4 万多人，都是胶东人，胶东十几个县。

A：都是一块的。

B：咱们山东当兵的最受喜欢了，咱们山东光 1949 年就出去了六十九万五千人。

C：山东兵实在。

B：山东兵占全国军队的四分之一，咱们山东兵最多了。

A：那你们路上是怎么吃饭呀？自己带着还是分啊？

B：基本上都是晚上行军，下午五点多就吃完饭了，一直走到第二天天亮，自己的伙房做饭吃。中午基本上没有饭，因为百分之九十九晚上走。这里有一个问题就是行军福建的时候白天走，上级告诉今天要走的路程。没有个村庄，怎么办？把大米蒸熟，上锅炒一炒，干溜溜的。中午行军在山区里没有老百姓，就这么干吃。

C：你没看朝鲜战场那个炒面吗？就是抓一把炒面吃一把雪的那种。

B：淮海战役我们 60 万，匪民党是 80 万，那个时间汽车少啊，完全是老百姓抬担架啊，有个几百万。淮海战役在河南地区多，都是吃那个高粱饼子，吃不下去，怎么治①啊？河南有辣椒，我们自己买辣椒装到布兜里，弄点开水抓上一把，吃这个高粱饼子。这个高粱饼子不好吃，咱又不习惯，河南人习惯了，他也是用辣椒。河南那个时间比我们山东穷得多啊，他完全是高粱地。

C：河南 1942 年的时候饿死了多少万！

B：有时候没有菜，就和点咸盐水，你别看红糖好，红糖就这吃饭不得劲。

A：那睡觉怎么睡啊？

B：睡觉啊，老百姓这个门板铺下去。哪有个好地方呀，那么多的一个部

---

① 怎么办。

队，哪有那么多闲房子呀，就是老百姓偏屋里潮湿的地方，就躺着。困到那个程度啊，觉得躺着睡觉是最幸福的，那个时候还容易长疖。

C：她们不知道疖是什么，就是像现在的湿疹。

B：哪有药给你吃啊，把你身上的血抽出来打在脖子上，没有药。我就是在福建生了病，福建蚊子大啊，白天上厕所咬你，因为是山区。哪有病号饭给你吃啊，得疟疾的太多太多了，病号得疟疾，就是喝碗稀饭。

C：你知道疟疾这个病吧？说热就热，说烧就烧，说冷就冷，拉肚子，很难治。

A：哦哦，病死的人也很多吗？

B：不易啊。1947 年的冬天，到了很冷的时候了，因为国民党到处抓人，没有地方做棉衣啊，到了很晚了才发了一套棉衣。发完棉衣的晚上就下雨了，下雨都淋湿了啊，那真叫冷啊。我们打上海的时候是 5 月份，打了 10 多天呢，死了很多人。那个衣服水洗的一样，帽子盖邋遢下来了，要怎么难看怎么难看。我们在那边走啊，别人都捂着鼻子，因为身上太脏了啊，人家妇女见了都捂着鼻子。我们班里有个叫阴善国（化名）气得他走到水洼里洗。

A：你们在路上有什么娱乐活动吗？

B：没有，都是晚上行军，白天睡觉，也没有什么训练。战士打仗很勇敢，咱们山东人忠诚老实打仗英勇，都愿意要我们山东人。

C：山东人是实在。

A：有什么随军的吗？

C：那时候什么随军啊，打仗还随什么军啊！

B：没有，自从和平环境以后才有，妇女去看一看，随军是一两个月，最多是三个月。

A：那你们部队里的那些连长都是任命的吗？

B：任命的，过去排的干部团的就能批，过去总有个命令，都是一级一级的，从战士提到副班长、排长、连长。

C：那个时候就是看谁打仗勇敢，立马提起来。

B：那个时间我们政委是老红军，有一个团的干部跟他要媳妇。他老婆识字，他不识字，他老婆先念给他听，他再给我们讲事。

A：那个时候有什么装备呢？

B：武器装备啊，1947 年咱们的装备基本都是国民党、日本鬼子的，咱那个时间的枪很多，都是得的日本人的、国民党的。我们用的三八式的是日本鬼子的带刺刀的，再一个用的是国民党的，再一个是美式的，咱们自己造的枪一天不擦就长锈，钢铁不行。人家美国那个，日本鬼子那个，几天擦一下就行。咱这个不行，钢铁不行。

A：你们那个时候有训练吗？

B：没有训练，上去就打，到了和平环境才有训练。

A：那个时候村里的妇女干什么？

C：那时候支前不都是妇女啊，全指望着妇女支前。淮海战役全是胶东老百姓用小车用肩膀推出来的，推着小毛驴，都是抗战的东西。

B：男的出来了，妇女种庄稼。

C：咱们去了新疆以后，部队去了10万。这10万人建设新疆，没有个媳妇，那怎么行啊！王震打的报告，给毛主席，没有媳妇安不下家啊，没有孩子扎不下根。王震是湖南人，是国家的副总理，他打这个报告以后，共产党员下去，党员下去了，共青团员下去，最后没有办法了，大家伙里都下去了。上海那些大学生不都去了嘛，建设兵团啊。

B：你们看那电视剧都是真的啊，今天你们这一对去，几天他们这一对去，没有准地方。建设新疆的、建设西藏的、建设东北的，都受了苦了，不是一般的苦。老百姓说起来，没有你们这些老同志，哪有今天啊，确实是。就是用死去的老同志把我们顶下来的。

A：以前是怎么交公粮的呀？

C：支援前线的都交公粮，一直按比例交，那个时候也拿钱买。没有粮食的就拿钱买。

A：那时候交的多吧？

C：基本都是国家拿钱买。你父母那个时候知道，先交公粮然后是自己的，粮食是国家管控的。

B：八路军威信为什么那么高啊？确实是能吃苦，能打仗，老百姓看到了。三大纪律不拿群众一针一线，一切要归功，确实是这么个事。我举个我的例子，1948年我这个班长叫王发毅（音），七月十三下雨，捡了个草帽子带上了，把筷子插在帽子上。我们那个时候筷子放在腿那里，吃饭的时候拔出来就吃饭，没有个包。他又捡了个白衬衣，俺这个班长，就好学习，整天拿着个本。打仗完了以后，一切要归公，一点都没错，草帽、白衬衣都上交了。

C：以前这些人实在，东西都要交公。

B：不搜俘虏腰包，不打不骂。抓的俘虏忒多了，他戴的手表都不能要。

但是你的武器，比如刀子要交出来，不打不骂。俺排长不听话，拥①了俘虏一下也不行。我们那个时间不能让老百姓缝补衣服，都是我们自己缝。自己缝衣服、补鞋子，自己包饺子。有个大姐，四十多岁了，她说我们："哎呦，你们这些八路军啊，真能②啊，就是不能养孩子。"我们跟老百姓说话都是和风细雨的，叫大爷、大娘、大嫂、大姐。国民党就不行了，打你骂你，所以就得不到老百姓拥护。我们给老百姓烧水、扫地、拾掇庄稼，到哪里都知道八路军干活干净利索。

C：真是跟电影上演的一样。

A：打完仗都干什么去了？

B：复员回家了啊。

A：国家后来有什么补助奖励之类的吗？

B：有，抗日战争的老兵，解放战争的兵都有。

A：比如说有什么呢？

B：老兵都有待遇啊，负伤的分一级、二级；参加解放战争的一种，不是解放战争的一种，国家有规定。

A：复员之后党和政府有什么回馈吗？

B：没有什么奖励，就是你转业的时候，国家有国家级，企业有企业级。

A：不当兵转业后，有人来看望吗？

C：社区有慰问的吗？

B：之前没有，这几年才开始。现在说机遇，过去讲命运。有的转业到银行部门，他待遇高，福利也高，钱也多。你要是到了企业上，就没有钱。

C：单位出这部分钱。人家好单位，单位就拿钱，他们这种单位就是过年给你二斤茶叶，二斤白糖。除了老干部局每年慰问一次，拿点东西，单位上都没有了。

A：今年不是新中国成立七十周年嘛，您有什么对青年人说的吗？

B 新中国成立七十周年了，我们这个幸福得来得不易。这真是经过了几代人的努力，才得到今天的幸福，过去吃不上穿不上，现在吃得好穿得好，我感到很高兴啊。所以我们现在来说，衣食住行都变样了，现在社会高速发展，国家、政府、军队都变了个样，过去没有枪没有炮，现在造原子弹，自己造飞机，造火车，国家富强了。过去洋火、洋油、洋布，现在年老的年少

---

① 推搡。
② 有本事。

的都不说那个洋字了，都是中国造的了。我们原来一穷二白，发展到现在这个样子，感到很幸福，之前吃的苦很值。说到期望，就是希望你们这些年轻人啊，要继承老一辈人的这种精神，把国家建设得更好！

三、分段整理

（一）基本情况概述

1. 家庭基本情况

我叫王本章，书本的本，文章的章，今年93岁，出生在山东省海洋市牛岭山村，原来家里是中农，有21亩地，一共有姊妹4个，兄弟俩，是6口之家。我受过学校教育是高小毕业，后来响应党的号召，选择去当了兵。我是在1947年5月去当的兵，走的时候已经结婚了。当了18年兵，到了1965年10月转业到肥城，拿起秤杆子做了供销合作社，在1991年退休。

2. 村庄基本情况

我们这个村1941年清明节前后解放，那时候我才15岁。在1941年八路军就过来了，之后一直是八路军的根据地。村子在民国时期实行的是保甲制，有村长、旅长这些；共产党来了以后开始改革，选举新村长，还建起了农会等。过去都是财主家当村长，后来换成穷人当村长。村长的儿子和我同岁，因为他16岁就去当兵，在后方医院当医生，所以就叫他父亲当村长，但他的父亲一个字都不识，管理不行，只能又换了别人。

我们那个地方是山区，种植麦子、苞米、地瓜，一般家里有6口人的要种四五亩地的地瓜才勉强不挨饿。原来主要以吃地瓜为主，现在条件好了，都以吃麦子为主。原来是把地瓜晒成干子，冬天再压成面子，擀面条子，烙饼吃。

（二）土地改革

我们村子在1941年就解放了，那个时候我才15岁。共产党来了以后实行土地改革。过去都是财主家当村长，后来换成我们穷人当村长。共产党执政，那个时间村长有选举的也有指定的。一开始我们村那个村长就上级指定的，他的儿子和我同岁，16岁就当兵去。在后方医院当医生，所以就叫他父亲当村长，但他的父亲一个字都不识，所以又通过选举换成别人了。村长是不是党员这个不一定，因为那个时候共产党一般是不公开的，完全是秘密的，一直到1949年才公开。我是1949年前的党员，打完了淮海战役后我入的党。

当时土地改革，共产党主要针对的是地主、富农，中农是团结的对象。1947 年土地改革有的把地主吊起来打，有的跪玻璃碴子，做得很厉害，不该改的改了，违反了党中央和毛主席的政策，后来还专门整改过。村民按财产多少划定不同成分，有地主、富农、中农、贫农、雇农这些。当时都愿意当贫农，现在都愿意当富人，形势不一样了嘛。我家里划的是中农，家里有 21 亩地，是 6 口人的家。当时都是种地干农活没有经商的，家里有我父亲、我母亲、我老婆、我兄弟。这些人都要吃饭，我还在上学，只有我父亲是个劳动力。

（三）支前运动的动员与参与

我们村子是 1941 年清明节前后解放的，那时候我才 15 岁。保卫祖国，匹夫有责，那个时间国家太困难，基本是全民当兵。征兵也没有什么宣传，只是稍微动员一下，都是凭着报国热情选择去当兵。我们村子小，只有 600 口人家，但是我们村出来了 40 多个人，年轻人都去当兵，出来也没啥训练啥的，穿上军装就准备行军打仗。我们没有训练，打就是了。那时候参军不看成分，只要想参加都可以参加。参加以后，只要你表现好，不管成分高低，一样入党，我就曾经介绍过两个地主成分的入党。当然也有条件限制，就是年龄太大的不要，瘸腿瞎眼的不要，体检没问题、年轻的都可以当兵。我们村子有 120 户，当时当兵死了 12 个。1941 年以后，庄上曾办过妇女识字班，学生放了学，老师给她们上课。我下了课以后就去吹哨子，大家伙都知道了，妇女就来上学。还有夜校，就是男同志去的，因为白天还有学生上课，所以他们都是晚上的时候去上课。

（四）支前与胜利

我参加了 1947 年的那几场战争，既打了黄县的分子山，回到我们老家打的国民党，1947 年 12 月又打了莱阳县。这一场仗打得很厉害，在冰天雪地里打的。我们的同志攻莱阳城，一攻也下不来，二攻也下不来，费了九牛二虎之力才打下来，我们这一场战斗死了很多人，在这其中不少人连名字都没有就埋在地下去了。国民党不服气跟我们决战，他想到莱阳城去，我们就是不让他到那里，就在那里决战。这场决战我们又打胜了，在莱阳过了个阴历年。1947 年就参加了这些战役，我 1947 年当兵，和我一起出来的有 5 个人，当年死了 1 个，挂瘸了 3 个，就只剩了我自己。

1947 年的秋天，华东野战军抽调了 8 个纵队去打仗。8 个纵队去了河南、安徽。去敌人家里打仗去，华东只留 3 个纵队，这 3 个纵队有 7 纵、9 纵、13 纵。我就是 13 纵的。9 纵、13 纵都是胶东人，分别来自胶东十几个县，把我们留在那里。国民党有 6 个整编师，相当于我们 6 个纵队。我们用平行战术，齐头地向胶东进攻。国民党知道华东野战军走了大部分了，想把我们赶到海里喝海水去，那个时候太困难。国民党来了之后，我们有的被活埋的、有的被吊在水上的，死了不少的人。他们占领的那一带，老百姓吃了苦头了，就是在 1947 年的秋天。

1948 年，我们向西走。第一仗是在 1948 年的 4 月 24 日，打潍坊城。日本鬼子在那里待了 8 年，修铁丝网在那里修了 8 年，十几米宽，所以易守难攻。在潍坊城的这一仗我们死伤了很多人，这一仗我们伤的多，打的时间长，有打了 40 多天，因为工事坚强，所以我们从很远的地方挖地道过去，在地下放上炸药，找到一些棺材，放上炸药，很厉害。

打潍坊前，我们先打的淄博。在 1948 年 3 月 12 的时候我们打的周村、张店、博山。济南到这些地方将近 500 里，这里到青岛也有近 500 里，我们很快就把这里打下来了。通过这一场战争，我们解放了 4 个县，这一仗我们死了 248 人。

打完潍坊，接着就去了兖州。我们先把曲阜、泗水、吉岭这些地方国民党的小股部队消灭了，国民党就跑到兖州来了准备增援。我们部队中的 13 纵打的兖州，时间是在 1948 年的 7 月 13 日。通过这一仗我们解放了周围的济宁、曲阜。这场战争我们先从西门开始，西门这边的兖州是老洼地。因为兖州无论哪个地方都是交通要道，往东向临沂，往北向济南，是个交通枢纽，所以我们把这个地方拿下来了。西北、西南、东北打得都很激烈，我们只留了一条路给国民党逃跑。他们逃到泗水河，从桥上向东走，我们就在东边埋伏下了，把他们全部消灭了。

我们行军都是在晚上走，如果遇到下雨天路上滑，哐当就撂地上了，浑身粘上泥，哭也哭不出来，笑也笑不出来，浑身疼得要命。冬天的时候我们行军，穿着大衣，累了两个人就背对着背坐下休息。夏天衣服上全是白的，穿的衣服只能盖住膝盖。那时候当兵的非常穷，发的牙刷是木头把。那个时间是穷八路不是富八路，老兵就发牢骚，但是新兵不敢发牢骚，就编了个顺口溜，"军队国家化，牙刷木头把，发了一把牙刷黑毛的。"

当时很多人 30 多岁还没娶媳妇，老同志也发牢骚。1947 年到 1950 年，我们在福建前线打厦门鼓浪屿，最近的地方划 1004 下就到了。现在站岗一人一个军大衣，但是我们那个时候连大衣都没有，都是谁站岗谁穿。

我们基本都是晚上行军，下午 5 点多吃完饭，准备一直走到第二天天亮。自己的伙房做饭吃，中午基本上没有饭，因为 99% 晚上走。但是在福建行军的时候是白天走，上级告诉今天要走的路程。如果行军周围是山区没有村庄，我们就把大米蒸熟，上锅炒一炒，就那么干吃。

淮海战役的时候我们有 60 万人，国民党有 80 万人。因为汽车少，完全是老百姓用担架抬，大约有个几百万人。淮海战役在河南地区多，我们吃高粱饼子，但是都吃不下去。河南有辣椒，我们就自己买辣椒装到布兜里，弄点开水抓一把，吃高粱饼子。高粱饼子不好吃，我是山东人不习惯，河南人习惯了也是用辣椒吃饼子。河南比山东穷的多，完全都是高粱地。我们有时候没有菜，就弄点咸盐水。睡觉就是睡在老百姓的门板上，部队人太多，老百姓又没有那么多的房子，有时候就在老百姓偏屋里潮湿的地方躺着，很困的时候，觉得躺着睡觉是最幸福的。

那个时候长疖子，没有药吃就把身上的血抽出来打在脖子上。福建在山区，蚊子大，白天上厕所还咬人。生病没有病号饭吃，因为得疟疾的人太多了，喝碗稀饭就完了。1947 年冬天，已经很冷了，还没有发棉衣，因为国民党四处抓人，没法做棉衣，做好了也运不出来。一直到了很晚才发一套棉衣，发完棉衣晚上就下雨，将衣服打湿，冰凉冰凉的。我们打上海的时候是 5 月份，打了 10 多天，死了很多人。衣服就像水洗的一样，帽子盖耷拉下来了，特别难看。我们一边走一边捂着鼻子，因为下雨导致身上太脏了，人家妇女见了我们都捂着鼻子。我们班里有个叫阴善国（化名）的人，气得他走到了水洼里洗。

八路军威信高，是因为确实是能吃苦，能打仗，真心为了老百姓，老百姓都看在眼里。我们有三大纪律，不拿群众一针一线，一切要归公。1948 年我班长王发毅（音）在 7 月 13 下雨的时候，捡了个草帽子，把筷子插在帽子上，特好玩。当时我们都把筷子放在绑腿里，吃饭的时候拔出来就吃，没有个包。后来他又捡了个白衬衣，但是打仗完了以后，他把所有的都归公了。

我们不搜俘虏腰包，不打不骂他们。抓的俘虏太多了，他们有的带着手表我们都不要，只是你的武器、刀子要交出来。我们排长不听话，推了俘虏一下都不行。我们那个时间不能让老百姓帮忙缝补衣服，都是自己缝。自己缝衣服、补鞋子、包饺子。有个 40 多岁的大姐就说："你们这些八路军真能，就是不能养孩子。"我们跟老百姓说话都是慢声细语的，叫他们大爷、大娘、大嫂、大姐。但是国民党不行，打骂老百姓，所以我们能得到老百姓拥护。每到一个地方给老百姓烧水、扫地、干农活，老百姓都知道八路军来了家里，啥活都会帮着干，干净利索。

我们的武器装备都是杂牌子的，就是缴获的国民党、日本鬼子的，那个时间没有造过枪，都是国民党"送"的。我们用的三八式是日本鬼子的，带刺刀的那种；再一个用的是匪民党的，他们用的一般是美式的。我们中国生产的枪不行，因为钢铁不行，得一天一擦，不擦就长锈。人家美国那个，日本鬼子那个，几天擦一下就行。

我是在1947年5月出来当兵的，1957年腊月二十四到的家。出去了差不多11年。我在结婚后出去的，老伴在家里等了我11年。我回家以后，母亲抱着我就哭，这11年没见过了。我说妈你别哭了，我托你的福，我也没瘸腿，也没瞎眼。

（五）奖励与回馈

我们当时没有什么奖励，就是你转业的时候，可以进不同的单位，有的去政府部门，有的去企业。现在说机遇，过去讲命运。过去有的人呢，转业到银行部门，待遇高福利高钱也多。你要是到了别的企业，就不一样了，比如我们供销、粮食就穷，也没有慰问，因为没有钱啊。

新中国成立七十周年了，现在的幸福是来之不易的，这真是经过了几代人的努力，才得到今天的幸福。过去吃不上穿不上，现在吃得好穿得好，我感到很高兴。所以就我们现在来说，衣食住行都变样了，现在社会高速发展，从国家政府、军队都变了个样，过去没有枪没有炮，现在造原子弹，自己造飞机，造火车。过去说洋火、洋油、洋布，现在年老的年少的都不说个洋字，都是中国造的。我们原来一穷二白，发展到现在这个样子，感到很幸福，之前吃的苦很值。

四、调研日志

找了一个合适的时间，我与姐姐一起去爷爷家做采访。在去之前姑姑提前告诉过我，爷爷年纪比较大，可能听力不太好，说话要大声一点。我在去之前也做好了各种准备，还是幸好爷爷的女儿在家，当我们沟通不方便的时候，她就会帮助我，告诉爷爷我的问题，这对我的采访起到了非常大的帮助。

爷爷在听到我的介绍后，非常开心地和我一起聊天，甚至原来准备的问题，都没怎么用上。因为爷爷参加过解放战争，特别是淮海战役中的很多战斗，所以我的访谈进行得很顺利。令我印象最深刻的是爷爷的记忆力，在说到关于战争的情况时，爷爷记得当时参加的时间、地点，甚至能精确到某一天。爷爷能准确地说出战役的死亡人数与存活人数，如果不是亲自参加过这些战役，亲自感受过这一切，怎么能够做到这一点呢？在我们眼里，那些可能只是些数字，可是在爷爷眼里，那都是鲜活的生命，是曾经与他朝夕相处过的战友，是用血肉之躯奠定国家进步和民族崛起的英灵。在聊到亲身经历时，爷爷有感而发，回忆起自己当年的生活，只能用苦来形容，想到自己过去的老战友，有的已经尸骨未存，有的早已没有了联系，爷爷说话声中带着哽咽。

在与爷爷聊到一些历史背景时，他能够清楚地说出具体时间以及人物情况，尤其是说到中共一大时，我所了解的仅仅是一些人名，而爷爷详细地告诉了我这些人所代表的省份以及部分经历，爷爷甚至了解所有人的最后结局，这真的让我感到惊讶，让我见识了当时那个年代知识分子的才华。在聊到关于支前运动宣传的情况时，我问爷爷为什么会选择去当兵，他告诉我这是当时青年人的使命与担当，保家卫国是当时青年人应该做的事情。

我们现在生活得如此美好，生活在一个如此和平的年代，不正是前人努力奋斗出来的吗？一些英雄抛头颅洒热血，甚至最后都没能回到自己的家，这都不是为了我们现在的美好生活吗？爷爷最后说道："我们原来一穷二白，发展到现在这个样子，感到很幸福，之前吃的苦很值。"听到这话时我很感慨，感受到以前人们生活的困难与贫穷以及我们当今时代发展的迅速。如今国家富强离不开我们这些当代青年人，我们应该肩负起时代所赋予我们的使命，报效祖国，为国家蓬勃发展贡献我们的青春力量。

张树芳支前口述资料

陈梦洁

(外国语学院西班牙语专业 2018 级)

采访者简介

大家好，我是陈梦洁，是一名来自山东青年政治学院外国语学院西班牙语专业的学生，也是"一枚"来自山东日照的天秤座"女汉子"。当然喽，既然是天秤座，那除了"美貌"与"智慧"之外，它的优缺点可都是在我身上体现出来了。平时喜欢独处，喜欢用相机来记录生活。

一、受访者基本信息表

调研地点	山东省日照市	受访者编号	CMJ20190804ZSF		
调研员姓名	陈梦洁	调研员单位	山东青年政治学院		
受访者姓名	张树芳	受访者性别	男	受访者年龄	92
支前时年龄	19	参与支前的类型	民兵、后入伍送信		
土改时成分	贫农	支前时家庭人口数	3 口人		
受访者结婚的时间	1953 年	受访者子女数量	4 人（两儿两女）现在：2 人（一儿一女）		
首次采访时间	2019. 8. 4	调研员联系方式	15650068967		

续表

受访者所在村庄基本情况	张树芳老人所在的村庄为山东省日照市五莲县叩官镇黑石子村。黑石子村毗连小北沟村、白石子村，当地山清水秀，物产丰富，空气清新，交通便利，有南北通向外界的乡村公路。据当地派出所的人口记录：老人所在村子里现在有 160 户人家，共 500 口人。 　　村民多种植小麦、玉米、大豆、花生和红薯。村里也有猪圈，不过养猪的人家不是很多。村里的人多以在本地务农或外出务工为主要经济来源。近年来，因为当地要搞旅游发展产业，所以村里的人开始种植大片的樱桃树和梨树，作为当地的一个旅游特色，每年都会吸引许多游客来此果园进行自由采摘。休闲旅游业的发展使村庄越来越漂亮，村民的日子越来越富裕。
受访者基本情况及个人经历	张树芳老人，生于 1928 年 12 月 31 日，今年 92 岁，现和他的女儿居住在一起。年纪虽然比较大，但是老人的身体还很健康。老人是 1946 年当的兵，1947 年入党成为一名共产党员。老人经历过解放战争、新中国成立、"文化大革命"及改革开放等很多重大事件。老人曾经当了 8 年的兵，所在的部队番号为九十九师，解放战争胜利后，便在济南步兵学校学习，后被调到胶州军队分区，最后因生病复员回家，在村中做了几年村干部。 　　老人是在他回家后的第一年（1953 年）结的婚，曾养育了两个儿子和两个女儿，现在有一个儿子和一个女儿已经去世了。老人的儿子在胶南成家立业，老人的女儿嫁到五莲县叩官镇小北沟村。后来她女儿因丈夫去世，便搬回来和老人一起住，并照顾老人的生活。 　　老人现在生活得很好，国家每年都会给老人一定的补贴，而且他的儿子也经常回家看他。

二、全文整理

访谈时间：2019 年 8 月 4 日

A：陈超（调研员陈梦洁的表弟）　　B：张树芳老人

调研员先是去了镇党委查阅了相关资料，然后通过熟人找了黑石子村的会计了解了一些情况，并和老人提前联系好采访的时间。2019 年 8 月 4 日，我和表弟陈超如约赶赴老人家中进行拜访。当我们到他们村庄的时候，老人已经早早地坐在外面等待。见到我们到来，便和我们聊起了他所在的村庄。老人热情地把我们领到他家，这时老人的女儿也在一旁帮助回忆和传达我们的问题。整个交谈的过程，由我表弟提问，与老人进行交流，我负责记录和拍照。老人记忆很好，访谈进行得很顺利。同时也非常感谢老人的女儿一直在一旁帮助老人回忆那段历史。

A：爷爷您好，我们是山东青年政治学院的大学生。今年不是新中国成立70周年嘛，我们就利用暑假找一些经历过解放战争的老人，了解一些那个年代的故事。我们打听到您曾经当过兵，所以想找您了解一下当时的情况，并记录您的事迹，然后给您做一个宣传，让更多的年轻人知道你们的事迹、你们那一代人的精神。

B：哦，你们庄上的那些老人都没有了啊，那些当兵的都不在了吗？①

A：嗯，我在村里打听过了，都去世了。看您的身体还很健康，多好啊！您今年多大岁数了啊？

B：93 喽！②

A：那您是什么年龄当的兵啊？

B：当兵那会儿我 19，是 1946 年那会儿当的兵，1947 年入党。

A：那您可是老党员了！

B：嗯，我在正式当兵之前还在村里当过民兵，那时候还比较小，知道的东西也不多。

A：已经厉害了，我今年也 19 岁了，可是什么也不知道，而您当时都已经能扛枪打仗了。

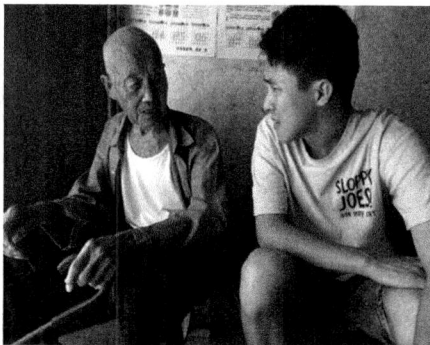
张树芳接受调研员陈超采访

B：嗯，那个年代，打仗是经常的事。记得那时候我还没换上军装就打开了③。刚开始和我一起去的有 12 个人，从你庄④就有一个。当兵那会儿大队里会给俩钱，我们都不舍得花，你庄那个人年龄大点，领了钱直接就花了。那个领兵的看着说："你这么俭钱，马上花了，花了就没有了。"这一下子就

---

① 老人的意思是问调研员我自己村里的那些曾经当过兵的老人是否还在世。
② 老人算的是虚岁。
③ 老人当时刚到军队，还没有开始发军装，战争突然就开始了。
④ 指调研员所在村庄，魏家村。

完了，贵贱不要他了。①

A：这就不要他了吗？

B：不要，人家不要他，把他撵回家了。

A：爷爷，那时候当兵国家还给钱啊？

B：对，那会儿去当兵给7块大洋，不是国家给的，有的庄有，有的就没有。

A：那您当时是去的哪里打仗啊？

B：打仗那会儿是在江苏。在魏家村住了两天，然后到了洪凝那儿，又去了高泽。在高泽那里发的军装。后来我们就沿着莒县的那个公路走到了临沂的一个码头，在那里找到了大部队，随后就到了江苏。到了部队里，我们还没换上军装就开始打仗了，江苏那个地方不像咱这个地方的，属于水乡，你在前面划道沟、挖个坑，就能出来水，可遭罪了。②

A：那打仗的时候岂不是要泡在水里？

B：是啊，而且那个时候国民党有飞机，咱们没有。不过那会儿飞机数量也不多，只有几架，然后不停地在天上飞来飞去。那地方是平原啊，壕沟也挖不了很深，为了躲飞机，我们就把老百姓的门给摘了，在门上挖一个洞，然后再在上面埋上土，不让飞机发现。

A：靠门板遮挡啊？

B：对，国民党那个飞机看不见我们就飞走了啊，这样它就没准了。要是你让它打着就要命了啊！打到身上就会有一个那么粗的子弹留在那儿。③

A：那他们是不是在天上扔炸弹啊？

B：那时候扔炸弹的还很少，都用枪扫。

A：用枪打啊，那不是要飞很低吗？

B：对啊，他飞得很低，但是也拿他没办法啊，咱那会儿没有枪能打他，总不能用步枪打飞机吧。只有野战部队里有枪，就是有枪，咱们也舍不得打呀，子弹很少。我们那个时候穷，好装备都是抢的日本鬼子和国民党的。

A：爷爷，您觉得共产党的兵和国民党的兵有啥区别吗？

B：国民党的那些兵其实和我们一样，多数是穷苦人家的孩子。又不和我

---

① 此处意思是指：老人刚开始参军的时候，一同去的人共有12人。途中有一个年纪稍大点的人，在离开家没多久后就把村里刚刚发给他的补贴钱花完了，领兵的人知道这件事后，觉得那个人不可靠，就把他赶回家了。

② 因受地形影响，打仗时挖的战壕里全是水，士兵们整天泡在水里。

③ 老人在此时很激动地给我们用手比画了着子弹的大小。

们一样，国民党的兵都是在晚上睡觉的时候被抓去的。

A：抓壮丁啊！

B：对，晚上老百姓在家里睡觉，他就会去抓你当兵，你不想去当兵，他就会打你。这些抓来的人大部分没有什么作用，有的是兵痞，只知道吃，不知道打仗。就上面提到的你庄上那个，为啥带兵的不要他，就是担心他是为了钱才去当兵，那就会影响风气了。

A：被抓去的那些人不会真心打仗吧！

D：但是上了战场不打也不行啊，被国民党抓去当兵的那些人，在打仗的过程中跑的话就会被打死，甚至会连累家里人的。

B：打完了到第二天早上就撤走了。晚上车上就很亮，打那些照明弹，地上也能看见东西，那个飞机晚上他不怎么来。

A：只是白天来吗？

B：嗯，只是白天来，晚上不来。打仗，打完就撤退了。那些野战军，属于原新四军的就发牢骚："说是要反攻，怎么这就撤了啊？"

A：之后又继续打了吗？

B：嗯，他们不满意就这样撤走了，就开始反攻，一直反攻到山东。那个部队里人大部分都是南方人。他们吃大米，但是在咱们北方就不太习惯吃大米。

A：我们习惯吃馒头！

B：嗯，那会儿吃馒头也少啊，哪有那么多小麦。在北方主要吃小米、高粱。刚开始他们都吃不习惯，他们发牢骚，编顺口溜："反攻反到大山东，大米换成了小米，小米换成煎饼，煎饼卷着大葱，咬也咬不动。"

A：是挺受罪的。

B：那一仗打完了，伤亡很严重，部队已经师不成师，团不成团了。所以下了战场就得重新编制，然后再继续打仗。我那会儿刚开始出去跟着部队打仗，就掉队了，和我一起的还有来自诸城的一个人。不过，幸亏我那会儿还有干粮吃，于是我们就沿着公路走，我当时想反正我当兵找个地方干就行了。于是到了莒南的一个十字路那儿，在十字路南边卧着一个大牌子，上面写着"兵站"，兵站就是收留那些掉队、找不到原来部队的地方，也接收想当兵的新兵。

A：这您就去了那里吗？

B：嗯，过去问啊。里面的人就问我们是哪个部队的，可是我也不知道我是哪个部队的，刚到部队没多久就被打乱了。

A：还没熟悉就打散了。

B：嗯，然后那里面的人就说："给你几天的粮票，你自己去找吧!"人家这就不管我们了，就只是管吃管钱，不管我们别的，我们想怎么样就怎么样，我们出门人家也不管。还得沿着公路走啊，沿着公路到了滨海司令部才找到了我们的队伍。

A：找着啦?

B：嗯，就去那里面当兵了。1946年国民党一个团，那个团长官叫霍平菊（音），占据着两三个县。他原来也是咱的人，但是在1946年国民党重点进攻山东时叛变了，原来属于我们占领的几个县的官都让他换成国民党的了。打仗也不好打，他还穿着咱的军装，你怎么好打他啊!

A：啊，他伪装了? 看不出来。

B：也不是伪装，叛变过去的。这个时候已经入冬了，下雪很冷，好赖我们有棉衣不怕冷，我们在八月份的时候就发棉衣了。

A：那装备还不错的啊。

B：这是在前边打仗，不能冻着啊。那个时候不少地方已经土改了，农村的条件好了，我们部队的条件也开始改善。打仗过程中，什么情况都能遇到，可不像电视上演得那么简单粗暴。有一次在江苏打仗的时候，有一天早上，一个师在那里，大约六七点钟，就听着外面有人打枪，出来一看让人家国民党围着了。

A：那不危险了?

B：就这么围起来了，那个地方是一个师部，幸亏那个师部的武器好。

A：突围啦?

B：嗯，都是新式枪，那个瞄准距都带着小镜，不用像电视上演的那样托着，它还带着腿，是套好装备。然后我们就在那个平地里和他们打仗。江苏那个地方平地多，而且那个地方的树又很少，于是咱们的那些枪都架在屋顶上。

A：就看见啦?

B：咱的机关枪都架在屋顶上，要不然你打不到前面去，咱前面也有队伍。咱那会儿一个师没有重炮，有重炮的话就好打了。那时司令员、师长在那里，后勤部也在那里。于是他们爬上屋顶，但是一爬上去就滚下来了。

A：哎呀，很危险啊!

B：那会儿把部长吓坏了，上去就滚下来，于是我们就把他们送到村后了。

B：我们站队时是按高矮个站的，我比前面那一个矮。国民党用六五的机关枪打我们的时候，就有一颗子弹打在了我前面的那个人的头上。那个时候有规定"打在身上也不准喊"，就那么看着他倒下了。

A：怕扰乱军心啊！

B：我的班长就让排头那个大个子背着他往村后面跑，村后有担架。这个担架队就是各个村里支援前线的民工，他们会根据伤员受伤的不同程度送到不同的地方治疗。到了村子后面，排头的那个大高个把伤员一放下，他就立马爬起来跑。原来那个人是个俘虏，和国民党打仗时掳来的，只知道犯纪律、找东西吃，打仗的事他不干。

A：就是在那里混日子的？

B：对，他以前晚上出去偷人家老百姓的东西，偷大米等粮食，偷了就扛到小摊上卖了，再买点猪肉，煮熟了给我们吃。他是临沂人，家里就娘俩过日子，就指着这个混饭吃。

A：过得不容易啊！

B：他没有别的方法吃饭啊。不过，他命还挺大的，子弹只是打穿了他的帽子以后就没有劲了，所以伤得并不严重，在医院里住了10天左右就好了。

A：他是有福气的人啊。

B：他伤好了之后就回家了，回家之后又加入了国民党。

A：他又去当国民党了？

B：当国民党那会儿吃饭容易啊。

A：国民党那会儿富啊，有钱。

B：那个人后来又被我们的那个二团在打仗的时候给掳回来了。我那会儿正好被调到了前边的指挥部，当骑兵，跟着首长。然后，我又和他见面了。战场上真是什么事都有可能发生。

A：爷爷，您打了几年仗啊？

B：干了8年。

A：1954年回来的吗？一直在外面没时间回家？

B：当兵，国家让你去哪儿你就得去哪儿，你不能随便，张口就是命令。在山东我跟着首长，首长去哪儿就去哪儿。那个时候没有车，我们都骑马。打郯城，那个地方虽然不大，但是却不好攻进去，有围墙，围墙外面有道大宽沟，里面都是水。咱那会儿没有重炮，有重炮的话一次就能把围墙给炸平了，于是我们打算找人运炸药去炸围墙北门的小桥。去送炸药那个地方，子弹就像下雨似的，因为国民党在围墙上面，他怕我们攻上来就使劲地朝我们开枪，而我们得用枪掩护着我们的队员去送炸药。

A：都是冒着生命危险啊！

B：在选送炸药的人的时候，都是举手自愿去的。后来部队里的领导找了几个心眼多的去送炸药，然后再选一批人来拼刺刀，最后再选一批人来扔手雷。我们在那儿打了好几天，后来送炸药的那个人在拉雷管的时候没拉响，于是，就弄了些被子洒上汽油往上掀，最后一不小心就一块儿滚到炸药上了。

A：那他是不是牺牲了？

B：嗯，炸药一响，那一整面墙都倒了，就不用说人了，炸飞了。然后我们就冲上去了。那个南门还有两边的门也都打开了，这个时候国民党就开始跑，我们就跟着追。其实都是咱们中国人，咱们也舍不得打他们呀。

A：是啊，都是咱们中国人，但是为了革命也没有办法。

B：那会儿打残疾了的、打伤了的那些国民党，咱也抬过来。去医院里给他们好好治疗，治好了之后，你乐意回家你就回家，你不乐意回家，乐意当兵你就留下来当兵。

A：共产党优待俘虏啊。

B：对，如果有残疾的人，还分残疾等级，然后给他们发钱回家。

A：给俘虏钱啊。

B：咱们能打胜仗也是因为咱们共产党是真心为了人民群众，国民党的那些兵，也都是穷苦人家的孩子，很多人都是被抓来当兵的。那个时候也有人乐意回去继续当国民党，然后我们就让他们在这儿养好了伤再回去。这样他们回去的时候就会和别的人说我们是怎么优待他们的，也是一种宣传手段。

A：共产党得了民心啊。

B：对。那个郯城县城攻打成功了之后，上级下命令让我们砸他们留下的东西。但如果是咱们自己的东西，上边就下命令不准砸破一个东西。要不咱解放能那么快，他那个政策好。

A：是啊。爷爷，您去当兵打国民党，从1946年到1949年打了3年，那您参加过台儿庄战役吗？

B：台儿庄战役没参加过。

老人沉默了一会儿，又转移了话题，并向我们说了他做骑兵时的经历。

B：那个时候临沂还没解放，派我去敌占区一个地方送信。滨海有8个县，我就去找县府，那个时候人少，不像现在这样热闹，找了老半天才找到。那会儿都没解放，国民党祸害人，很多人都跑掉了，地都空着。我们在那里住着，一到春天，把好地分分，把粮食挖出来，倒在门口晒着，等老百姓来家好种地。我们一个班的兵拉着一张驴具，上坡里帮老乡耕地、种地。

B：老百姓拥护啊！老百姓有的来家看看，打仗打得没有东西吃，就把那个花生麻散①，这头放篮子里挑着，那头儿弄上水挑着，送给当兵的。谁敢要，谁吃？②

A：不拿群众一针一线，你们的纪律嘛！

老人微笑着看着前方，仿佛在回忆当时的情景。又沉默了一会儿，便继续向我们讲述他去送信的经历。

B：我去送信，到郯城那儿，却发现部队都走了，找不着了。那会儿也没电报机，有电话得现扯线，你不拉上没法通。有个高压线是铁丝的，你不敢使，你也听，国民党也听，那个东西不保险，就是我送的那些东西保险。

A：但是送信有危险吧？

B：危险啊！你当兵啊！有危险也得去，晚上走。

A：赶夜路？

B：要送的那些信上边画着圈，一个圈一个十字符号，就是一个中午你得走10里路；画两个圈你就得走20里；画三个圈再插上一个鸡毛，就得跑了。没有车，那个路也不中③，就得指着牲口。

老人讲到这个地方的时候，很激动地给我们用手比画着。

B：那年来了一个参谋长，原来是新四军的，在我的这个师部里，那些人打仗野啊。华东局那会儿驻在许孟，我跟着他去开会，我们去了两个人，连他那匹马共3匹马．到华东局住下，还得自己去背草喂马。华东局里机关大，那些首长多了，牲口多，你拿了人家的草喂马，你还得还给人家。走到高泽，他饿了，非要吃饭。他说饿了你就得吃饭啊，你不敢讲啊。

A：是啊，得听领导指挥。

B：他要吃面条，走进一个店里，让店里掌柜的那个妇女给做面条吃，她不给做啊，嫌弃我们脏。他自己买了一斤生肉，我和另一个战友买了一斤熟的，饭刚开始吃，就非要我们喂马。你喂马，买的东西就扔了。哎呀，难死了，你不干他不满意。

A：是呀，得让领导满意。

①　一种食物。

②　此处是指老百姓回家看到共产党给他们把地里都种上了粮食，很感谢他们，就把他们当时唯一能吃的东西和水用担子挑着送给共产党吃，但是共产党纪律严明，要求不能拿群众的一针一线，就谢绝了农民的好意。

③　路不好走。

B：我们到了许孟住下，住在了一个老百姓用来做饭的屋子里面。第二天我骑着马去驮草还给人家，得到诸城过河去驮草。

A：距离很远啊？

B：嗯，很远！也不驮很多，够还给人家的就行了。回来的时候，他已经走了。他是当官的，人家华东局那会儿有小车，用小车沿着莒县那条路把他送回去了。因为许孟那个地方离家比较近，我就回了一趟家，住了一宿又走的。

A：爷爷，您回家的那个时候是一个人吗？家里还有其他的家属吗？那时候您结婚了吗？

B：那会儿都还是好年纪，二十出头的年纪，我当兵呢，又经常换地方住，哪里有机会结婚啊。

A：您是当了8年兵之后又回来的吗？

B：嗯，当了8年。我在江苏新蒲住着，那会儿是99师，山东的部队。山东那会儿是4个部队，都是独立师。独立师比那些普通师人多，武器好，自己有工厂，有工厂造枪，那会儿济南还没解放。

A：济南还没解放？

B：没有，98师在济南，才解放的济南；97师在徐州，我们99师在新蒲，101师在烟台，这是山东的4个独立师。

A：咱们什么时候开始全面打国民党？

B：那会儿我没去，我去送信去了，回来就找不到部队了，只知道大体方向，就去找。我当兵那会儿就是怕水，怕过河，水深浅不知道啊。我到了一个村庄里，全村就只有一个屋点着灯，我就牵着马进去，一个女同志在那里。我就问她是干什么的，看到我们的部队了没有？然后让她给我指路、带路。到了河边，那名女同志想和我一起过河，被我给拒绝了。因为水深浅不知道，我自己都有点害怕，再带她一个女的，不安全。直到第二天早上我才找到的部队。

老人在这时沉默了一会儿，又开始给我们讲他在济南步兵学校学习的事情。

B：济南那会儿太乱了。我在济南住了两年，在步兵学校，都是年轻人，27岁以上的不要。大部分都是些学生，上海等地城里的学生，培养出来当官。到了热天，4个部队学校合并成了1个，福建、浙江、江苏和山东这4个学校合并了，校址在浙江，都快到了蒋介石家里了，离着有十五里地，不少人去看。

A：咱 1949 年就把蒋介石打跑了，打了台湾去了。

B：当兵蹲在这儿，上面没有命令，你不敢动。打是一定的，是林彪那个部队打的。我属于陈毅的部队，所以没捞着打南京。

A：那爷爷您是当完兵回来后成的家？

B：嗯

A：那得二十七八了吧。

B：是啊，1946 年我 19，干了 8 年就回家了。那时候身体有毛病的才回家，没有毛病的不让回家。那时候从学校出来的人都是去指挥战斗的。我还在海里学了三个月的船。那些船都很大，我们吃完了饭就去海上学习，也看不到陆地上发生的事，只能看见个太阳。在海上一待就得待一天，而且在上面不准乱说话，船上面讲迷信，不准随便讲。

A：爷爷，咱们老百姓当时支援前线的事您清楚吗？

B：那会儿我们也耽误不了吃，打了一仗就送给我们猪肉吃。

A：老百姓送的？

B：那会儿不管到了哪个村，老百姓们都早早地烙下大饼，放在屋里，等着我们回去吃。

A：老百姓拥护啊？

B：要不咱打仗胜利这么快？政策好。

A：当时共产党把日本鬼子打跑了之后，就开始分土地了吗？

B：我那会儿还在济南住着，家里的事知道的不是很多，但是部队上也受到影响。当时司令部里有一个主任给我们贯彻政策，他在上面讲，就是讲怎么分土地、怎么斗地主。有个科长家里是地主，听着就有情绪了。那个主任还没贯彻完，科长就把他打死了，埋在了济南东南边的那个山上。这里面发生过很多事呢。在济南教我们学文化的老师，他家里是个地主，老百姓批斗他，他接受不了，就开枪打，他也不傻，只朝着天开枪，一打枪老百姓就散了。但是，后来他还是因为这个死了，可惜了。

A：土地改革光是分地吗？

B：主要是分地，还分点农具、房屋啥的。有的地方还批斗，咱山东打地主打得厉害，别的地方没这么严重。

A：那个时候的农民是不是也分好几种？

B：是啊，光中农就分下中农和上中农，分得很清楚。

A：您还去哪里打仗来？

B：我其实没怎么参与过打仗，我主要是送信。那会儿还没有车，全靠着牲口。记得有一次攻打临沂的一个县城，我们把国民党的一个营的军队给包围了，但我们人少啊，就派我送信找人来增援。等我送完信回来的时候，发现国民党跑了。幸亏前面还有咱们的两个团，在公路上堵着他们。不过，也还是让一部分国民党跑了，司令气得说我们是饭桶。

老人在这个时候停了一会儿，就转而向我们讲其他的事情了。

B：临沂刚解放的时候，我就跟着首长进城了，当时我们的人还没全进去。所以，那些老百姓都在那里抢国民党的粮食。大约半个小时之后，部队才开进去的。

A：打仗打得老百姓都没粮食了，国民党被打跑了，没人管就趁乱抢东西啊？

B：对呀，那个时候国民党跑了，咱还没开始接收，老百姓就在这期间抢国民党留下来的粮食。等我们那些团进去就开始管了。部队里的人一站上岗，老百姓就不再抢了，老百姓其实很害怕背枪的。

B：战争结束后，我在海上学了三个月的船，别的兵陆续都走了，把我留在那里，想让我当官。我就去找管事的主任说我不想当官，想回原来的部队当骑兵。但是他当时没有准许我。过了好几天，不知道怎么回事就写信让我回去了。我回去之后，师部的科长问我怎么回来了，我就和他说我不乐意在那里，我想回来继续当骑兵，那个活我文化浅了干不了。其实是我怕水！然后他就让我回到师部，并给我安排了一个新活——扛军旗。

A：那可真是一件很光荣的任务啊。

B：白天升旗晚上降下来，两个人一块儿。那个军旗不能让人家抢去，那个要是被抢去，整个部队就完了。

A：那抗美援朝您去过吗？

B：抗美援朝那会儿是写申请，谁愿意去就去。

A：在外面这么久不想家吗？

B：那会儿就是天不怕地不怕的。你说上哪儿咱就上哪儿，年轻，不管别的。其实我很喜欢当骑兵的。有一次走到莒县，上沂水送信。那会儿华东局在沂水住着，从那回来的时候碰到被绑着的几个老百姓。老百姓他不知道我们是共产党还是国民党，然后我们下了马就问他们是怎么回事。老百姓一看就知道了，哦，是共产党啊，然后他们就很高兴，于是我们两个人就把他们解开了。那个时候感觉特别好。

A：刚开始当兵那会是自愿的还是从村里派的呢？

B：自己愿意去的。你自己不愿意，人家谁管啊，都是自己乐意去的。后来，在步兵学校里学习。四个步校合并了一个步校，两个水池子，一个是空的，一个里面有水，上面架着一根木头。你身上得带着四个手雷弹、二百发子弹，带着刺刀带着枪，全副武装，然后从上面过去，全部走完。你得快跑，慢了不行。训练的时候，人当官的用绑着球的竹竿碰着你，你就失败了，你用刺刀拔出去才算完成任务。刚开始去步兵学校，那些学生受不了，惩罚太厉害了。在山东步校那会儿，苏联人看着。春天的时候，有一天下了一场小雨，有个当官的舍不得那身新军装，就没去训练。人家苏联人去了演习场里一看没有他，回来，就直接骂了一顿："这么点泥，你就怕弄脏了衣服，你打仗时得死人呀！你还不快去？"这就去了，你滚也得滚，趴也得趴呀。

老人的思绪又跳跃到了他在步兵学校学习时的训练项目上了。

B：训练了三个月，我感觉一跑步，肚子就疼。后来我就跟那里管事的人申请换地方。最后，他让我去了胶州的一个分区部队。到了胶州，又犯了病，又回到济南看了看，也没什么大毛病，就回来了，一直在胶州住着。后来，上面下来复员任务，就回家了，我1953年回家的。

A：爷爷，民工送粮食抬担架的时候，他们都有补贴吗？还是说自愿的？

B：那会儿，妇女都挑着烟包送给我们，但是咱也不吸烟。

A：妇女给你们做棉衣服、做鞋等都是自愿的吗？

B：那会儿部队上不管这个，都是地方上管后勤保障。

A：那您从部队里回家，给您啥待遇了吗？

B：没有啊，回到家就是当了村干部。

A：爷爷很厉害了，年轻当兵打国民党，回来又当村干部带领村庄发展。现在国家发展得这么好，多亏了你们那一代人的奉献啊。爷爷，您一定要多多保重自己的身体呀，咱们的日子也会越来越好。最后谢谢您给我们分享了您的故事，让我们更深入地了解了当时的情况。

二、分段整理

（一）基本情况概述

1. 家庭基本情况

我叫张树芳，生于1928年12月31日，今年92岁，现在和女儿居住在一起，身体还很健康。我是1946年当的兵，1947年入党成为一名共产党员。我总共当了8年的兵，曾经所在的部队编号为99师。解放战争胜利后，在济南步兵学校学习，后被调到胶州军分区，最后因生病复员回家，回家后在村中做了几年村干部。回家后的第一年，也就是 1953 年结的婚，后养育了两个儿子和两个女儿。现在只有一个儿子和一个女儿了。儿子在胶南成家立业，女儿嫁到五莲县叩官镇小北沟村，后来因为女婿去世，她便搬回来和我一起住，并照顾我的生活。现在生活得很好，国家每年都会有补贴给我，儿子也经常回来看我，很幸福。

2. 村庄基本情况

我所在的村庄为山东省日照市五莲县叩官镇黑石子村。黑石子村毗连小北沟村，白石子村。这里山清水秀，物产丰富、空气清新，有南北通向外界的乡村公路，这里属于温带季风气候，夏季高温多雨，冬季寒冷干燥。我们村子现在有 160 户人家，共 500 口人。村庄里的人多种植小麦、玉米、大豆、花生和红薯。村里也有猪圈，不过养猪的人家不是很多。村里的人多以在本地务农或外出务工为主要经济来源。近年来，因为当地要搞旅游开发，所以村里的人开始种植大片的樱桃树和梨树，作为当地的一个旅游特色，每年都会吸引许多游客来此果园进行自由采摘，经济条件也越来越好了。

（二）抗日战争胜利与土地改革

1. 抗日战争的胜利

抗日战争期间，因为我年纪尚小，没有什么具体印象，所以在这一方面不是很清楚。

2. 土地改革

土地改革那会儿，山东打地主很厉害，给贫农分地分农具，成分划得很细、很清楚。

（三）支前运动的动员与参与

那会儿当兵大多是自愿去的，但是每一个村里都会有固定的任务人数。你如果去当兵，村庄里会给发大约七元钱的补贴钱，不是每个村都有。

（四）支前与胜利

1. 支援前线

我是 1946 年开始当的兵，自愿去的，打仗的时候多数时间是在江苏。我第一次参与的战斗是刚到部队里的时候，那时候刚到部队，还没来得及换上军装就开始打仗了。受打仗那个地方的地形和天气影响，我们这些人整天都泡在有水的战壕里面。而且那个时候国民党有飞机，我们没有能打飞机的枪。

好在那会儿飞机数量也不多，只有两三架，然后不停地在头顶上飞来飞去。我们就把老百姓的门板给摘了，在上面挖一个洞，然后再在上面埋上土做掩护。国民党在飞机上看不见我们就不打了，但是你如果让它打着就要命了，打到身上就会有一个很粗的子弹留在那儿。那时候飞机扔炸弹的还很少，都用机枪扫。我们那会儿也没有枪可以打到它，拿它没办法，只有野战部队里有枪可以打飞机。当时国民党部队里的那些和我们打仗的兵，有很多都是国民党在晚上趁着老百姓睡觉的时候，抓来当兵，也都是穷苦人出身。他们很多都是被抓来、被逼着和我们打仗的，在打仗的过程中如果逃跑，就会立即被当官的开枪击毙。等这一仗打完之后，我们就撤离了。但是，当时有来自原新四军的野战军干部就开始发牢骚，他们不甘心就这样撤离了，他们就不太满意上面的命令。后来，这些干部就带着我们反攻了，一直打回到山东。那个时候部队里大部分都是南方人。他们经常吃大米，但是在咱们北方吃大米少啊。刚开始他们吃饭不习惯，就发牢骚并编了几句顺口溜："反攻反到山东，大米换成了小米，小米换成煎饼，煎饼卷着大葱，咬也咬不动。"那个时候部队伤亡很大，往往一仗打下来，除去牺牲和掉了队的，每个班剩下的就很少。于是，下了战场就立马重新编制队伍。

我当时因为刚开始去打仗，什么也不知道，所以在打仗的途中掉队了。和我一起的还有来自诸城的一个人。不过，幸亏我那会儿还有干粮吃，于是我们就沿着公路走。我当时想只要能找到个可以让我当兵的地方就行了。于是到了莒南的一个十字路那儿，在十字路南边卧着一个大牌子"兵站"，兵站就是收留那些掉队的以及接收新兵的地方。我们进去后里面的人就问我们是哪个部队的，可是我刚参军啊，刚到部队没多久就因为打仗被打乱了，我也不知道是哪个部队的。兵站的人就对我们说："给你几天的粮票，你自己去找吧！"人家这就不管我们了，就只是管吃管钱，不管我们别的，我们想怎么样就怎么样，我们出门人家也不管。还得沿着公路走啊，沿着公路到了滨海司令部才找到了我们的队伍。

那时候战争是随时都有可能爆发的。有一次我们师部驻扎在江苏一个地方，不知道咋让附近的国民党知道了。那天早晨大约六七点钟，就听着外面有人打枪，出来一看让人家国民党给包围了。师部里机关干部多，幸亏师部的武器好才能突围出来。然后我们就在那个平地里和他们国民党面对面打。江苏那个地方平地多，而那个地方的树又很少，于是我们的那些机关枪都架在屋顶上，要不然打不到前面。

那时候打仗真的不怕死。在山东打仗的时候，有一次攻打郯城。那个地方虽然不大，但是却不好攻进去，有围墙，围墙外面有道大宽沟，里面都是水。咱那会儿没有重炮，有重炮的话一次就能把围墙给炸平了，于是我们打算找人运炸药去炸围墙北门的小桥。去送炸药那个地方，子弹就像下雨似的，因为国民党在围墙上面，他怕我们攻上来就使劲地朝那里开枪，而我们得用枪掩护着我们的队员去送炸药。在选送炸药的人的时候，都是举手自愿去的，大家很踊跃。后来部队里的领导找了几个心眼多的老兵去送炸药，再选一批人来准备拼刺刀，还选一批人来扔手雷。我们在那儿打了好几天，后来炸药终于送上去了，但那个人在拉雷管的时候没拉响，哑火了。于是，我们就弄了些被子洒上汽油往上掀，最后一不小心就一块儿滚到炸药上了。炸药一响，就把整面墙炸倒了，他也就牺牲了。然后我们就冲上去了，那个南门还有两边的门也都打开了，这个时候国民党就开始跑，我们就跟着追。

后来，我被调到了前边的指挥部里当骑兵，开始给指挥部往各处送信，跟着首长走，就不怎么直接参与打仗了。

那个收发的信上边画着不同的符号和圈圈，表明信的重要程度。一个圈一个十字符号，就是一个中午你得走10里路，画两个圈你就得走20里，画三个圈再插上一个鸡毛，那就是非常紧急了，你就得开始跑。那个时候也没有车，就只能骑着马去送信。我送信那会儿就很怕水，怕过河，因为水的深浅我不知道啊。有一次骑马去敌占区那边送信，这种信危险性很大，不是特别紧急的，基本上都是晚上走路。天黑路又不熟，就走迷路了。后来走到了一个村庄里，全村就只有一个屋点着灯，我就牵着马过去问路。一个女同志在那里，我就问她。那人挺好的，看我是解放军不仅给我指路，而且亲自带着我走。到了河边，那名女同志就想和我一起过河，被我给拒绝了。因为水深浅不知道啊，我自己都有点怵，再带着她一个女同志，不安全。

攻打临沂的一个地方时，我们把国民党的一个营的军队给包围了。但是因为国民党有车，所以，我得送信找人来增援。等我拿着信回来的时候，发现国民党跑了，而咱们的队伍还在这儿睡觉。幸亏前面还有我们的两个团，在公路上堵着他们了。不过，也还是让一部分国民党跑了。当时司令气得说我们是饭桶，但其实主要是我们这些士兵太累了，所以，坚持不住就睡着了。后来，临沂解放了，刚解放的时候，我跟着首长进城，当时我们的人还没全进去，所以，那些老百姓都在那里抢国民党留下的粮食。大约半个小时之后，我们的部队就进去了，部队里的人一站上岗，老百姓就不敢抢了，他们是害怕扛枪的吧。

2. 抗战胜利

战争结束后，我就在步兵学校里学习。当时有 4 个步校，福建一个、浙江一个、江苏一个、山东一个，最后这 4 个学校合并成了一个，校址在浙江。学校里训练的地方有两个水池子，一个是空的，一个里面有水，上面架着一根木头，你身上得带着四个手雷弹、二百发子弹，带着刺刀带着枪，全副武装。然后从上面过去，全部走完，你得快跑，慢了不行。训练的时候，人当官的用绑着球的竹竿碰着你，你就失败了，得用刺刀拔出去才算完成任务。春天的时候，有一天下了小雨，我们发了新的军装，有个当官的舍不得那身新军装，就没去训练。人家苏联人去了演习场里一看没有他，回来后，就把他骂了一顿。后来我又去海上学习开船，同去的那些兵陆续都走了，把我留在那里想让我当官。那里有一个主任有手枪，是那里管事的。我吃了饭就去找他说我不想当官，想回原来的部队当骑兵，但是他当时没有准许我。过了几天，不知道怎么回事就写信让我回去。我回去之后，师部的科长问我怎么回来了，我就和他说我不乐意在那里，我想回来继续当骑兵，那个活我文化浅了干不了。然后他就让我回师部，并给我找了一个活——扛军旗。白天升旗晚上降下来，就这样，两个人一块儿。后来，把我调到了胶州的一个分区部队。到了胶州，我又犯了一种莫名其妙的病———跑步肚子就开始痛，我又回到济南看病，也检查不出什么毛病来，就回来了，一直在胶州住着。再后来，上面下来复员任务，我就回家了。

3. 共产党能深得民心的原因

我所在的部队当时在农村驻扎的时候，经常帮老百姓干农活。因为战乱，很多村的老百姓都跑了，一个村上见不到几个劳力。一到春天，我们就会把地窖里留的粮食扒出来，倒在门口晒着，等老百姓回家种地；地闲着的，就给我们每一个班分配一张驴具，让我们去地里给老百姓耕地。老百姓回到家后，看到共产党把他们的地都耕了，就非常感动，觉得咱们共产党是真心地对老百姓好。那时候打仗打得没有东西吃，当地老百姓就把自己做的花生麻散，这头放篮子里挑着，那头放上水挑着，送给我们这些当兵的吃。但是没有领导的命令，我们都不敢拿老百姓送过来的东西。

我们和国民党交战那会儿，有被打残疾了的、打伤了的国民党，我们也会把他们救回来，送他们去医院里给治疗。如果有因为打仗被打残疾的人，还会分残疾等级，咱们共产党会发钱让他们回家；有的治好了之后，那些俘虏乐意回家的就回家，还给发点路费；不乐意回家，乐意当兵的就接着当兵；他们如果想回国民党的部队继续当兵，我们也不阻拦。那些回去的士兵也会把我们的好政策告诉其他人，替我们宣传了。这也是国民党队伍士气低落，不愿意真心和解放军开伙的一个原因吧。

（五）奖励与回馈

我复员回家后，在村里当过几年村干部。之后就像往常一样平平淡淡地过着自己的生活。不过，我们的生活现在是越来越好了，国家还会给我发钱，有当兵的补贴钱，也有老人的养老钱，过年过节的时候也会给我们发点东西，和那些牺牲的战友相比，我很知足了，他们很多人连个名字都没留下。

三、调研日志

2019 年 8 月 3 日　农历七月初三

今天上午，我先是去黑石子村了解了老人的一些具体情况。通过询问村里的会计，得知老人除了有些耳聋以外身体状况良好，并了解到老人现在主要由女儿在他家照顾他。后由村会计指引，我找到了张树芳老人家，并向他以及他的女儿简单介绍了我的来意，最后约定好在 8 月 4 日下午和表弟一起来正式拜访老人。

2019 年 8 月 4 日农历七月初四

今天下午三点，我和表弟陈超一起去黑石子村拜访张树芳老人。到他家的时候，发现老人正在门口外乘凉。于是，表弟先去和老人打招呼联络一下感情；我进屋里找到老人的女儿并和她聊了一会老人的近况。在征得老人同意拍照录音的情况下便接着进行访谈了。考虑到老人的听力以及一些方言问题，此次访谈主要由我的表弟和老人进行沟通；我的任务是进行录音和拍照，在聊天的过程中遇到或想到我想要问的问题，有时也会直接向老人提问，但大部分是由我写在纸上做记录，由表弟进行询问。

老人的女儿在下午出去干活前也一直和我们在一起听老人讲自己的故事。在讲述的过程中，有些场景老人会兴奋地给我们比画，在一边做记录的我也会受到感染。但是因为人员问题以及装备问题没来得及把这一幕录下来，这一点是很有些遗憾的。也由于是第一次进行这种访谈活动，所以我在录音、拍照以及相关问题的深度挖掘上还有些欠缺，比如说开头的录音因个人失误丢失了一小段，在结束谈话的时候，又因提前关闭了录音导致缺失了一小段……总体来说过程还是很愉快，收获也很大。在访谈结束的时候，表弟告诉老人家一定要好好保证身体，有机会我们还会来拜访，老人也很开心地答应了我们。与老人告别的时候，我们很明显地感受到老人的不舍。从老人家出来后，我们又去村里了解了一下老人所在村子的发展情况，之后就和表弟一起回家，并在回家的路上聊了聊这次访谈的收获和需要改进的地方。

吴权生支前口述资料

卢沛霖

(政治与公共管理学院 2018 级公共事业管理一班)

采访者简介

　　我叫卢沛霖，家住在山东省莱阳市第一干休所。从小受老一代人的熏陶长大，对历史对红色革命精神有着和很多人不一样的情怀。我性格外向，有着"天生我材必有用"的自信，有着敢于奉献的热血。我会为自己的信仰执着，为自己的理想坚持。大一、大二期间，参加过艺考志愿服务、山东省演讲大赛服务、青年企业家创新发展国际峰会服务等一系列活动。在班里，担任班长一职，在过去的一年里我所领导的班级荣获学校先进班集体称号。

一、受访者基本信息表

调研点	山东省莱阳市第一干休所	受访者编号		LQL20190821WQS	
调研员姓名	卢沛霖	调研员单位		山东青年政治学院	
受访者姓名	吴权生	受访者性别	男	受访者年龄	94
支前时年龄	16	参与支前的类型		一线战斗	
土改时成分	贫农	支前时家庭人口数		3 口人	
首次采访时间	2019.8.20	调研员联系方式		17616058373	

续表

受访者所在村庄基本情况	吴权生老人自 16 岁就随着部队南征北战，参加过多次战役。老人由于年龄较小便背井离乡，对于故乡的记忆存留并不是很多。老人只记得村庄当时很穷，家家户户都整日为温饱所困。改革开放至今，生活水平已得到了很大的改善，人民生活安居乐业，大家生活得已经有滋有味了。
受访者基本情况及个人经历	吴权生老人今年已经 94 岁了，隶属于陈毅元帅部队。老人自 16 岁开始便离家跟随部队南征北战，从南方一路打到北方来，参加过多次战役，如，解放济南战争、孟良崮战役、抗美援朝等。战争年代曾在军中担任过指导员一职，战争结束后复员回地方工作，并结婚生子，退休后居住在莱阳市第一干休所。 　　老人退休后并没有选择安逸的生活，他用自己的切身经历来宣传党的方针政策，用自己的一言一行去感染身边的人来，使人们更多地了解战争年代那段艰难历史，使年轻人懂得珍惜现在的美好生活。老人曾在大大小小 100 多所中小学进行演讲，宣传红色革命精神。常年与各地的学生保持书信往来，对孩子的教育意义极深。老人曾多次把自己的退休金、奖金捐助给各地的贫困学生，连续几年获得全省十佳离休干部的荣誉，曾多次接受媒体采访。数年前曾在 CCTV 讲述红色革命故事，在当地很受敬仰。老人现在年龄大了，但仍在家中写书，目前已有回忆录出版。 　　老人家住一个小院子，两层小楼，楼上挂满了老人曾经得到荣誉和照片。每日老人都会带着老花镜，同老伴一起在客厅坐着写他的新书，书稿已有厘米公分厚。平时老人还经常锻炼，从老人的生活和他的精神面貌中可看出他对生活的热爱，对党的忠心，对现实的满足。

二、全文整理

访谈时间：2019 年 8 月 21 日

A：卢沛霖　　B：吴权生老人

　　吴权生老人，参加过多次战役，从南方征战至北方，最终扎根于齐鲁大地。调查员是深受老人教导和熏陶的一代人，从小聆听老人的故事长大。去访问那天天气晴朗，老人兴致很高，精神面貌良好。谈到过往的经历，往往难以控制自己的情绪，面红耳赤。访问进行得很顺利，离别时，老人把我们送至宅门口，殷切的嘱托我们努力学习本领，成为国家的栋梁。

A：爷爷，您当兵的时候多大岁数啊？

B：开始入伍的时候我是 18 岁，入伍之后是 21 岁当的指导员。和你们的年龄差不多，哪有时间处对象、谈婚论嫁啊，想也没法儿想，那时候根本办不到啊。要团以上干部才能谈恋爱，才能结婚。

A：那您当时有没有参加过土地改革呀？

B：我没参加土地改革。我属于野战军，就是一直打仗，往前猛冲，使劲打仗。从江苏打到山东，又从山东打到江苏。后来又参加了淮海战役和渡江战役。然后就是淞沪战役，一直打到了福建。在党中央和毛主席的英明领导下，在中国人民的大力支持下，我们解放军消灭国民党军队 807 万人，终于迎来了 1949 年 10 月 1 日中华人民共和国的成立。这一天是真不容易啊，这不一晃也过去 70 年了，很多战友也都不在了。

A：您感觉咱共产党的军队，以前的军队和现在的军队有什么不同吗？

B：那时候要天天走路，天天打仗，非常艰苦。因为大部分人都要连续作战，供应跟不上，经常吃不上饭，经常行军。特别是打孟良崮战役的时候，我们要从临沂行军到莱芜，400 多里路呢！按照正常情况，一天 80 里，一共需要 5 天，5 天走 400 里路，现在看起来已经不得了了。陈毅司令员却说，这是去打仗，去消灭敌人，5 天？黄花菜都凉啦！2 天给我走到！2 天走 400 里啊。可这是战斗命令啊，为此，我们在临沂党小组开会、党支部开会、班里开会、连里开会、团里开会，动员大家在思想上做好充分准备，要下决心完成司令员的任务，不能耽误打仗。我们在临沂吃过早饭，然后就开始行军。行军不是走路而是跑啊，一路地跑，这一天要跑 200 多里呀。一开始跑呢，还挺快，中午饭照样吃，到了晚上就在村子里住下了。一洗脚，两个脚掌上全都是泡，有红泡和紫泡，有血泡，整个脚掌上全都是泡。解放军都快成秧歌队了，脚底都是泡啊，一站就疼啊，慢慢腾腾的。这样让干部一看，就号召党员带头，干部带头，继续跑！我和连长带头在前面跑，然后就越跑越快，越跑越快，这是干部在前面跑，连长和指导员在前面跑，后面战士他能不跑得快嘛？跑得不错，跑了大约有 100 多里，到了中午吃饭的时候，当时每个人都有自己的面袋子，各班自己做饭。我们连就在树底下集合。我们想着好好休息，休息好了，吃完饭再跑。第一排一坐下没多会儿。首长站起来了：同志们！我们唱支歌！这一排唱的是三大纪律，八项注意。唱完以后他就拉二排唱，二排也不示弱，唱得好！轮到三排唱了，不唱了，一排二排就拉着他唱，说叫你唱你不唱，扭扭捏捏像个大姑娘。他为什么不会唱啊？因为战争年代都是穷人，都是些大佬粗，年纪大了也不会唱歌，也没有人指挥。三排长一听，急了，唱就唱，你们听着："向前，向前，向前!"这么一唱士气就高啦。吃过饭继续跑。

A：爷爷，那时候经过的村庄有没有给什么补给啊？村民有没有给你们送一些东西呀？

B：我们尽量不打扰老百姓。行军的时候每个战士背一袋子面。就是在村里边住的时候，烧了村民的草，还要给村民钱的。

A：还给钱？

B：不只是给钱，走的时候还要打扫得干干净净的，把缸里打满水。这是三大纪律八项注意呀！我们那时候行军非常艰苦，但是我们可以通过这些行为把部队的三大纪律八项注意给传承下来。

A：当时有没有在村里留一些我们的人呢？

B：我们是野战军，主要还是以城市据点为主，经过的地方都是一些比较大的城市，比如说莱芜、临沂这些。打那个孟良崮战役的时候，是在山上进行的，我们把国民党74师围在一座山上。我们攻击他们的时候，敌人在暗处，我们在明处。一道一道的战壕纵横交错，我们在一道一道的战壕里拼刺刀，一直打到了山顶才消灭了敌人。打淮海战役的时候我们是主动攻击敌人，消灭了国民党军52万多人呢。

A：爷爷，当时参军的时候有没有年龄上的限制啊？

B：没有啥限制，只要身体没啥问题就行。我当时是学校里入伍的，直接进了部队。

A：那是不是年纪太大了就不要了呢？

B：那时候经常打仗，伤亡很大的，怎么会不要呢！我们一开始的时候是在江苏那里，后来回到山东，部队在山东伤亡很大。当时在沂蒙山区打碾庄圩战役，我们团9个连有7个连打光了，一个人都没下来。我们五连100多人就剩下3个人了。

A：就剩下3个人啦？

B：我当时是指导员，除我之外还有一个通讯员和一个战士。后来撤离战场，我们部队撤离到了主城。整训，这一个团都没有多少人了，整训什么？就把县里一个独立团编到我们团里了，一营、二营、三营不动，就是原来的编制没有变，我们团换名字，他们改成我们团的番号了。那时就是这么多地方兵团不断补充到主力部队里来的。

A：他们都是多大岁数啊？

B：一般都是 18 岁以上吧。

A：最大都有多少岁的呀？

B：原来在我们部队里面最大有 30 多岁的。我们的炊事班长都有 50 多岁了，是个老班长，在临淄战役的时候牺牲了。当我们从华中赶到山东来的时候，那时候穷人大部分都已经当兵了，赶等到了山东的时候那些人都比较年轻。

A：那他们是自愿去当兵的呢？还是强制去当的？

B：一般都是征兵，各个地方的独立团都是自主征兵。

A：他们是怎么征兵呢？

B：这个我就不大了解了。那个时候我们不会主动去征兵，都是地方上有专人负责的。

A：有没有主动去参军的呀？

B：有，这个情况也有，一般是部队到了哪个村的时候也有主动来参军的，但是这个要经过团党委的批准。确实也有不少主动当兵的。

A：那个时候家里有当兵会不会给什么物质奖励啊？给他们粮食什么的。

B：这个不大清楚。那个时候我们不直接征兵，给不给补贴我就不大清楚了。

A：那个时候牺牲的人是不是特别多啊？

B：我就跟你说说打莱阳战役的情况。打莱阳战役是在 1947 年 12 月，12 月 4 日，华东野战军第七纵队攻打莱阳城。当时的莱西城是莱阳的掩护，也是青岛敌人支援莱阳敌人的必经之路。陈毅司令员给我们下达命令，当时在这里指挥的是许世友司令员，命令我们华野二纵在莱西水沟头阻击敌人。我们在那里挖了很多的战壕，天一亮敌人就对我们进行攻击，天上飞着飞机，对我们挖的战壕进行轰炸；对面有敌人的炮兵在向我们猛烈炮击。敌人的步兵在坦克的掩护下向我们的阵地进攻。我们就坚决地消灭敌人，坦克我们治不了。但是我们集中火力打敌人坦克后面的步兵。我们的这个步枪、冲锋枪、机关枪、六零炮、迫击炮也用上了。每天都打退敌人五六次，有时甚至有部分敌人冲到了我们的阵地上，我们的干部、战士跳出战壕和敌人拼刺刀。不管情况如何危机，我们都要和敌人血斗到底，坚决把敌人消灭在阵地上，绝不让敌人向莱阳城前进一步。我们血战了十天十夜，直到莱阳城解放了，我们的任务完成了。莱阳城解放之后，攻打莱阳城牺牲的干部和战士们就安葬在革命烈士陵园。其中光无名烈士就有 1980 名啊。我在去莱西革命烈士陵园讲革命传统的时候，特地去看了看这些无名烈士纪念碑，去看了看那些革命烈士，其中仅无名烈士就有 1100 余人呐。

A：那您的那支部队一共有多少人在那里阻击呀？

B：我们一个纵队有五个师，还有南海独立团。

A：那牺牲的这些人他们的家庭怎么办啊？

B：有名有姓的就写信通知他们了，如果是无名烈士那就没有办法了，有名有姓的，政府就写信通知家属。

A：是给补贴还是给他们荣誉呢？

B：地方都给优补待遇呀，他们是烈属呀！烈属直到现在，地方政府都有优补待遇。

A：那您打完这些战役之后职位是否有提升呢？

B：哪儿能呢？提升没有这么快。排长牺牲了，班长就做代理排长；连长牺牲了，排长就做代理连长。我们在打莱西战役之前，打的是沂源战役。我们的连长当时负伤了，负伤被抬下去了，当时就指定了一排的排长来做代理副连长，只是代理，正式任命还要组织考察。过去都是这样的，得上面来下命令。多数是正常提升的，正常程序来进行考察的。

A：那行动的时候是怎么指挥的呢？

B：行动的时候是统一指挥。团是根据师，师是根据纵队，统一下命令。

A：那平常不打仗的时候都是在做什么呢？

B：那个时候是战争年代。长时间待在某一个地方的时候很短。比如说我们打完莱阳，整训了一个月。要补充兵员呀，进行思想教育和动员呀，总之就是做行军的准备，这一个月忙完了，整训完备了，我们就南下打仗了。一直从山东打到福建，一直走，追击敌人。我刚才说我们连队被人家打得就剩下了 3 个人，然后我们这些人就到了莱西主城旁边的一个小村庄里。休息了一个月，补充兵员继续练兵，进行诉苦教育。当时就讲：是地主养活我们穷人呐，还是我们这些穷人养活地主呀？我们部队里的人都是穷人啊，他们就说自己之前在家里受地主剥削压迫，当长工，交地租，逃荒要饭。他们一讲到这些的时候都痛哭流涕。到了打淮海战役的时候就很少从地方上补充兵源了，打淮海战役的时候都是补充掉队的或者对俘虏劝降。有的负伤下来了，就问问他进行登记。问他们你是哪一部分的？他们有的就说，我也不知道我是哪一个部分的，就是打仗的时候受了伤，然后就下来了。再往后我们的人就越来越多了，再后来打山东的昌邑的时候，我们一上午消灭了敌人一个旅，6000 多人。我们连的伤亡也比较大，我们连俘虏了 400 多国民党兵。后来上级就决定你留下 100 个，剩下的都送到团部去。我们就仔细地挑，就一个一个地问问：你的家在哪里，家庭情况怎么样？一面问一面了解情况，把我们满意的、家庭情况比较好的，再就是有点儿文化的，有上小学上了两天的，我们都留下来啦。其余的都送到团部，他有一个新兵训练团。他们统一去训练，其余的我们都留下来了。留下来编到班和排里边去。到了行军的时候还没换装，还带着国民党军的帽子，穿着国民党衣服挎着美国枪。群众一看还以为是国民党来了，就一块儿一块儿地都往山上跑。然后我们就喊：老乡，老乡！不要跑，我们是解放军。他们像解放军吗？哈哈哈哈！有很多的笑话。

A：咱们打仗的时候那些物资都怎么办啊？

B：物资都是由后勤供应，比如吃的粮食和弹药，从纵队到团都有专门的后勤部门，专门供应。长期行军打仗的话，主要还是靠缴获以及从地方上输送。武器弹药主要是缴获敌人的，用他们的。因为国民党用的主要是美国武器，我们用的也是美国武器。战场上有牺牲的国民党军，我们就把他们剩余的子弹装到我们身上去了。

A：有没有老百姓给你们送粮食的情况？

B：这种情况很多啊，但是我们是野战军嘛，主要是在一线进行打仗，至于后勤保障的情况有专人负责。主要是由司务长和后勤人员，都是他们负责。因为打仗都是在战壕里边儿，我们不了解这些事情。

A：咱有没有随军组织啊？就是跟着一块儿打仗的民工。

B：有啊，主要就是担架团。担架团很起作用啊，山东的担架队很有名的。团里有人负伤的时候，担架队就会把伤员送到后方。我负伤的时候，当时是头部受伤了，就是担架队把我送到后方的，抬到了后方医院。那个时候打仗都跟着有抬担架的民工，他们也是按部队编制的，但身份是民工。在战争时候团里面都有担架团跟着，一直打到福建都有。

A：那个您打完仗之后，政府和国家有没有给你什么奖励呀？

B：那都是军队给呀，部队评奖。部队里面评什么一等功，二等功，三等功，四等功。有的打仗很勇敢的那种就可以评战斗英雄，这都是有的。

A：您有没有什么印象比较深的故事呀？

B：战争很残酷，随时都有可能牺牲，但是毕竟也是一种生活嘛，有好多好多的故事。打莱阳的时候我们连有个小故事：一天早上天刚亮，敌人的一辆坦克开到我们阵地的后面啦，坦克就在阵地后面，上面有炮啊。看到我们前面阵地上机枪，攻势砰砰地响；看到我们的小分队向前运动。嘣嘣两炮，有的同志负伤了；看到我们的炊事班送饭来了，蹦蹦两炮，饭被打翻了。我们连的战士都急了，这怎么办呢？这个家伙在我们后方是个祸害呀！要想个办法治治他，怎么治呀？就召开了骨干会议，把这些班长，排长，还有一些打仗能手召集起来开会。有的说，我提供火力，打！老兵就说你散伙吧，那坦克的装甲那么厚，你用子弹打就是挠痒痒。我们的三班长腾地站起来了。说："报告，这个任务就交给我了！"三班长的个子不是很高，瘦骨嶙峋的。交给你，你有什么办法呢？他说给我一捆高粱就行了。我就纳闷了，从来没听说用高粱可以打坦克。这个三班长也是个穷人，受过地主压迫，被国民党抓去当兵的，咱们给他解放过来了。经过忆苦思甜，他提高觉悟了，要很好地干，坚决消灭敌人。他知道这个坦克后面有油箱，怕火。所以呢，他把枪这么一掰，抱住高粱，点上火一跳出战壕，那些高粱长啊，西北风刮着，那火呼呼地着。坦克里的敌人往外看也看不清楚。他以为解放军又发明什么新武器了，他开着坦克就跑啊。我们的三班长就去追，坦克跑得快追得快，我们在战壕里就鼓掌啊，追得好追得好。我们三班长抱着一捆高粱就把敌人的坦克赶出阵地了。这是一个故事，打仗中的一个小故事。还有一个故事，我们打淮海战役的时候，把敌人围了一个星期了。他们也没有什么吃的，把马都杀了吃了。敌人就用飞机投放食品，因为风比较大，冬天的时候都刮到我们这里来了。我们就向敌人喊话，哎哎哎，过来吧，这里有馒头。有的敌人饿急了，偷偷摸摸的就晚上过来了，吃饱了还再带几个馒头回去。我们就向他们宣传教育，不要真打，我们开枪的时候就把枪调过去，那边打，就这么教育他。就这样，不少国民党兵都晚上偷偷地过来。他们一传十、十传百，就这样慢慢地受了我们的影响，所以后来进攻的时候，用大炮把他们的战壕砰砰地硬打。淮海战役中的敌人为啥都消灭得这么快啊，就是这个办法攻心。

A：现在已经是新中国成立70周年了，您对我们这些青年人有什么寄托吗？

B：这个青年人啊，最重要的，就是习近平主席在北大视察的时候对学生讲话说的，不要扣错第一个扣子，一定要有坚定的理想信念。人要是没有理想和信念，一切都完了。所以青年大学生要讲理想和信念，要好好学习，天天向上。要做一个有理想、有道德、有知识、有作为的人，成为中国特色社会主义事业的合格建设者、可靠的接班人。

B：1982年我离休之后啊，就开始为山东的大、中、小学做革命道德传统宣传，已经有1500多场了。听众呢，100多万人次。我还和1400多名小学生结成了手拉手好朋友。我和各地的学生相互通信1万多封。我十多次被评为全国、全军、济南军区先进离休干部，被山东省评为十大感动山东老人，给了我很多的奖状和证书。这个呢，不是我一个人的，是军队和地方以及各级领导机关，参加活动的各地同志的集体荣誉，这荣誉不光属于我的。我2004年被评为全省优秀离休干部，奖励我1万元。我的老伴儿说这个奖励是集体的，奖金也是集体的，我们不能留着，要捐出去。我拿着这1万元现金通过莱阳市委宣传部，捐给了共青团莱阳市委啦，给有困难的学生，来解决他们的困难。

A：谢谢爷爷，有机会我们还会来拜访您的。

三、分段整理

（一）基本情况概述

老人家是福建的，十八岁就远走家乡，跟着部队南征北战，一路奔波，最终在山东定居。老人由于出来时年纪较小，导致老人对家乡的记忆十分模糊，以至于无法叙述当时居住村庄的基本情况。

（二）抗日战争胜利与土地改革

老人在抗战中做出过杰出贡献，但由于四处奔波战斗以至于并未参加土地改革的事件，老人在抗战时期吃过很多苦，深知抗日战争的胜利来之不易，人民分到土地，得到土地，翻身做主人，这一切是源于党的领导和党的指挥。

（3）支前运动的动员与参与

一般都是征兵，各个地方的独立团都是自主征兵。一般到哪个村的时候就有主动来参军的，但是这个要经过团党委的批准。

（四）支前与胜利

那时候要天天走路，天天打仗，条件非常艰苦。因为解放军都要连续作战，后勤供应跟不上，经常吃不上饭，特别是孟良崮战役时期。上级要求从临沂急行军到莱芜，全程400多里路，按照正常情况，一天行进80里，一共需要五天，陈毅司令员命令全军两天完成。于是，为完成任务，解放军在临沂党小组开会，党支部开会，班里开会，团里开会，动员大家在思想上做好充分准备。解放军在临沂吃过早饭，然后就开始行军。行军全程是跑，没有走。中午照常进餐，晚上在村庄住宿，晚上时洗脚，每个人的两个脚掌上全都是血泡，红泡和紫泡，解放军如同秧歌队一般，脚底都是泡，一站就疼，第二天的行军速度明显降下来。干部就号召党员带头，我与连长带头在前面跑，然后全军就越跑越快，越跑越快，跑得不错，跑大约有一百多里。到中午吃饭的时候，每位战士都携带着自己的干粮袋，各班做饭进餐，解放军在树底下集合。解放军想着好好休息，休息好，吃完饭再跑。为振奋士气，五连三个排轮流唱歌，振奋士气，经过有效的宣传动员，战士们的体力得到很好的补充，全军得以继续向前，及时完成行军任务。

当解放军经过村庄时，如果借用村庄里的东西，不仅要给当地老百姓钱，走的时候还要帮助他们打扫卫生，做力所能及的家务，这是三大纪律八项注意的内容。解放军那时候行军非常艰苦，但是解放军可以通过这些行为把部队的三大纪律八项注意给传承下来。

我参加的是野战写，经过的地方都是一些大城市，比如说莱芜和临沂。参加孟良崮战役的时候，是在山上进行战争，解放军把国民党74师围在一座山上。敌人在暗处活动，解放军攻击他们的时候在明处。一道一道的战壕纵横交错，解放军在一道一道的战壕里拼刺刀，一直打到山顶才消灭敌人，打淮海战役的时候解放军是主动攻击敌人。

解放军一开始的时候是在江苏这里，后来解放山东时，部队伤亡很大。在沂蒙山区打碾庄圩战役时，我们团9个连失去了7个连，一个战士都没回来，五连100多人就剩下3个人。

我当时是指导员，除我之外还有一个通讯员和一个战士。后来撤离战场，解放军部队撤离到主城。团里没有人，没法整训，县里有一个独立团编到解放军团里，一营、二营、三营不动，就是原来的编制没有变，解放军团换名字，他改成解放军团里番号，那时就是这么多地方兵团上到主力里边来。

原来在解放军部队里面最大有30多岁的。解放军的炊事班长都有50多岁，是个老班长，他在临淄战役的时候不幸牺牲。当解放军从华中赶到山东来的时候，那时候穷人大部分都已经当兵，赶等到山东的时候那些人都比较年轻。

解放军一个纵队有五个师，还有南海独立团。解放战争中牺牲的同志，有名有姓的莱西就写信通知家属，如果是无名烈士那就没有办法。地方都给优补待遇，烈属直到现在地方政府都有优待待遇。

那个时候在部队里提升并不快。如果排长牺牲，班长就做代理排长；如果连长牺牲，排长就做代理连长。解放军在打莱西战役之前，打的是沂源战役，我们的连长当时负伤，负伤被抬下去，当时就只定一排的排长来做代理副连长。过去都是这样的，由上面来下命令。也有正常提升的，正常来进行考察的。

行动的时候是统一指挥，团是根据师，师是根据纵队，统一下命令。

那个时候是战争年代，长时间待在某一个地方的时候很短。比如说解放军打完莱阳，整训一个月。补充兵员，进行教育，总之就是做行军的准备，这一个月忙完整训完备，解放军就南下打仗。一直打到福建，长驱直入追击国民党残余。

解放军这些人就到莱西主城旁边的一个小村庄里。休息一个月，补充兵员继续练兵，进行诉苦教育。解放军部队里的人都是穷人，他们就说自己之前在家里受地主剥削压迫，当长工、交地租、逃荒要饭，他们一讲到这些的时候都痛哭流涕。到打淮海战役的时候就很少补充兵源，都是抓俘虏。有的俘虏负伤下来，就问问他进行登记。有很多国民党俘虏甚至都不知道自己所属的部分。再往后解放军的兵力就逐渐壮大，再后来打山东的昌邑的时候，解放军一上午消灭敌人一个旅，6000多人。我们连的伤亡也比较大，我们连俘虏400多国民党兵。后来上级就决定你留下100个，剩下的都送到团部去。解放军就仔细地挑，逐个询问老家、家境、出身等等，一面问一面了解情况，把解放军出身良好且有文化的俘虏留下来。其余的都送到团部，团部有一个新兵训练团，他们统一去训练，其余的解放军都留下来。留下来编到班和排里边去。到行军的时候还没换装，还带着国民党军的帽子，穿着国民党衣服挎着美国枪，因此在行军过程中常常会与当地老百姓产生误会。

物资都是由后勤供应，比如吃的粮食和弹药，解放军从纵队到团都有专门的后勤部门，专门供应。但是长期进行行军打仗的话，主要还是靠从地方缴获。缴获敌人的武器弹药，主要是用他们的。因为国民党用的主要是美国武器，解放军用的也是美国武器。战场上有牺牲的国民党军，解放军就把他们剩余的子弹装到解放军身上去。

解放军主要是在一线进行打仗，至于后勤的情况，主要是司务长和后勤人员掌握。因为打仗都是在战壕里边儿，解放军主力部队不了解这些事情。

山东担架很有名的，解放军都有担架团，且担架团很起作用，团里有人负伤时，担架队就会把伤员送到后方。我负伤的时候，我当时头部受伤，就是担架队把我送到后方的。抬到后方医院，那个时候都有担架，一直打到福建。在战争时候团里面都有担架团跟着。

解放军内部也评功，部队里面评一等功，二等功，三等功，四等功。有的作战勇敢，可以评战斗英雄。

打莱阳的时候我们连有个小故事：一天早上天刚亮，敌人的一辆坦克开到解放军阵地的后面。在解放军向前冲锋的时候，偷袭解放军后方，造成不少伤亡，很多同志负伤。甚至袭击解放军炊事班，我们连的战士都很着急。干部就召开骨干会议，召集班长、排长，还有一些能手来开会。由于坦克装甲非常厚，机枪子弹无法穿透，一时间没有办法应对。解放军的三班长主动请缨，表示只用一捆高粱就可以完成任务。三班长出身贫农，受过地主压迫，是被国民党抓去当兵的。经过忆苦思甜，他提高觉悟，要很好地干，坚决消灭敌人。他知道这个坦克后面有油箱，怕火。三班长点燃高粱，跳出战壕冲向坦克。国民党坦克以为解放军发明了新式装备，掉头逃跑，三班长就去追，坦克跑得快追得快，解放军在战壕里就鼓掌。解放军三班长就这样抱着一捆高粱把敌人的坦克赶出阵地。

这是打仗中的一个故事。还有一个故事，解放军打淮海战役的时候，把敌人围一个星期。他们已没有什么吃的，把马都杀尽后，吃飞机投放的食品。因为风比较大，冬天的时候都刮到解放军这里来。解放军就向敌人喊话，过来解放军有馒头。有一部分敌人夜晚来吃馒头，吃完还带几个回去。解放军就向他们宣传教育，就这样，不少国民党兵慢慢地受解放军的影响。后来解放军进攻的时候，用大炮把他们的战壕砰砰地硬打，一下子把淮海战役中的敌人都消灭掉。就是就是攻心战术。

这个青年人啊，最重要的，就是习近平主席说的，不要扣错第一个扣子，一定要坚定理想信念。人要是没有了理想和信念，一切都没有意义了。所以说，对青年大学生而言，就是要讲理想和信念，要好好学习，天天向上。要做一个有理想、有道德、有知识、有作为的人，成为中国特色社会主义事业的合格建设者、可靠的接班人。

1982年离休之后，我为山东的大、中、小学，做革命道德传统宣传1500多场。听众100多万人次。我和1400多名小学生结成手拉手好朋友。我和山东、江苏这两省各地学生相互通信1万多封。我十多次被评为全国、全军、济南军区先进离休干部，被山东省评为十大感动山东老人，给我了一系列奖状和证书。这些奖励不是给我一个人的，是军队、地方以及各级领导机关参加活动的各地同志的集体荣誉，这荣誉不属于我的。我2004年被评为全省优秀离休干部，奖励我1万元，我的老伴儿说这个奖励是集体的，奖金也是集体的，我们不能留着，要捐出去。我拿着这1万元现金通过莱阳市委宣传部捐给共青团莱阳市委，给有困难的学生，来解决他们的困难。

解放军都是一起打仗，往前猛冲，使劲打仗。从江苏到山东又从山东打到江苏，后来又参加淮海战役和渡江战役，后来又参加淞沪战役，一直打到福建。在中国共产党的领导下，人民解放军在毛主席英明领导下，在中国人民的大力支持下，解放军打败国民党军队，迎来了1949年10月1日中华人民共和国的成立！

这不一晃七十年过去了，我们的国家越来越强大，老百姓的生活越来越富裕。希望你们这些年轻大学生努力学习，争取把我们的国家建设得越来越好！

四、调研员心得与体会

此次调研的吴权生老人是当地有名的抗战老兵，曾服役于华中野战军第二纵队，参加过多次战役，如：枣庄战役、鲁南战役、淮海战役、孟良崮战役等，身上曾中过子弹，至今仍留有创伤。

正式来说，这是我第三次见到老人、听他讲战争年代的故事。第一次还是在我上小学的时候，老人把我们院里的小孩们召集起来，和我们一起做活动，给我们讲他小时候的事；第二次是吴爷爷到我们小学进行革命宣讲，现在仍能记起他讲到精彩处时那种动情的样子；第三次，便是这次。十多年过去了，老人身体依然很硬朗，行动思维很敏捷，稍有不足的是耳朵听不大见声音，需要戴助听器。我们到达老人家的时候，老人正在家里写材料，好几张写着密密麻麻文字的纸放在桌边。爷爷对我们很热情，经常在讲述过程中面红耳赤，甚至有时候会激动地咳嗽。

老人的讲述十分连贯，往往会出现我插不上话问问题的窘状，我竭力问爷爷几个重要能展开更多信息的问题，爷爷很沉迷于讲这些经历的时刻，欢喜得像个孩子。

但在最后时刻，我问爷爷对我们年轻人有什么期望时，他很认真地引用习主席的话，说青年人要注重信念，要做时代的有用接班人。爷爷的一番话，包含了一位战士多年的情感，使我沉思良久。因为时间问题，我们不得不结束了这次访谈。临别时，爷爷说要穿上军装与我们拍照，在此期间，他又给我们说起了离休后的一些点滴小事。最后，爷爷给了我一张光碟，说是有他在接受CCTV-7采访时的镜头，我留下珍藏了。

本次调研让我们与那段历史有了一个亲密的接触。与老人面对面的交谈，是心与心的传递，使那一段历史和老一辈人的精神与情怀融入进了我的灵魂。老人的讲述，让我对那一段历史有了更深刻、全面的认识。历史的车轮缓缓从我们身边碾过，它的厚重感，它的沉朴感，总是会让当代的人缅怀。当代生活节奏太快了，时间往往等不及感叹就已逝去。以史为鉴可以知兴替，我们是应该给自己留下一些时间，去反思，去回顾，去学习，从那一段段支离破碎的历史中学习与领悟一些东西。当代的青年人和过去的青年人已大不相同，对比之下，当代人生活在老一代人用鲜血和汗水换来的和平幸福时代。从前那种硝烟弥漫的岁月已经过去很久了，久到我们在当前这个环境很难体会和感受。与老人谈话，使我近距离地与历史接触，使我切实体会到另一种生活和精神。与爷爷的对话让我更清楚地意识到，青年人，就应该有信念，有责任，有担当，要力争上游，努力做中国特色社会主义新时代的合格接班人，要不断学习，不断努力，不断进取！

程俊兰支前口述资料

马京钰

（政治与公共管理学院 2018 级公共事业管理一班）

 采访者简介

　　我居住在山东省济南市章丘区郊区，家就在大学城附近。这里空气比较清新，气候适宜。我在课余时间喜欢去图书馆，时常也会通过健身、打篮球或听音乐来放松一下自己。我在大一这一学年一共获得了 34 张奖状，其中国家级、省级、校级，一等奖、二等奖、三等奖、优秀奖都有，例如 2019 年全国小额资助项目评选活动一等奖，国家级优秀志愿者等。很高兴有机会参与了这次调研活动，使我体悟到了书本上、现实中都没有的故事。

　　我的座右铭是：因为热爱，所以一直很在乎，一直坚持做下去！

一、受访者基本信息表

调研点	山东省济南市章丘区双山街道办事处西沟头村	受访者编号		MJY20190618CJL
调研员姓名	马京钰	调研员单位		山东青年政治学院
受访者姓名	程俊兰	受访者性别	女	受访者年龄	103
支前时年龄	29	参与支前的类型		运粮队、担架队
土改时成分	贫农	支前时家庭人口数		6 口人
受访者结婚的时间	1933 年	受访者子女数量		6（三男三女）
首次采访时间	2019. 6. 18	调研员联系方式		19862131063

受访者所在村庄基本情况	程俊兰老人所在的西沟头村，位于山东省济南市章丘区双山街道办事处西南，处于两个村子的西侧位置，距离章丘区政府6.2公里。该村属于丘陵地带，但地势较为缓和，农田多为梯田。该村地处郊区，空气清新，环境质量优，交通便利，有南北通向外界的乡村公路，南面紧靠309国道。 抗日战争结束后，西沟头村直接由共产党来接管，组织农民成立农救会，领导农民进行土改、斗地主、支前运动等。当时，西沟头村为一个自然村，村里有800口人，算是附近较大的村庄，所以自己一个村就成立一个大队。土改后，村里人都有了足够的土地，多种植小麦、玉米，也种植棉花、花生、红薯，棉花多用来做棉被、棉袄。村里有猪圈，不过养猪的人家不是很多，多数人家会在自家院子里养鸡养鸭。 当前，村里人平时多以在本地务工为主要经济来源，农忙时回家做农活，人地矛盾缓和。西沟头村在2017年10月份经历了拆迁，因安置房还未盖好，原村庄里的人多去了附近的村庄或者到章丘区的市里租房。
受访者基本情况及个人经历	程俊兰老人出生于1917年，今年103岁，定居在山东省济南市章丘区，现轮流在两个儿子家里居住。一生以务农为生，在1933年结婚，老伴比老人大15岁，现已不在。老人的身体还很硬朗，平时可以自己缝补，有两个儿子、两个女儿，最大的是儿子。日本鬼子来的时候老人已经结婚四年了，老伴以前当过"土八路"，打过鬼子。由时任指导员，后任宁波市委书记的毕向荣在1937年左右介绍老伴入党。老伴那个时候加入的还不是正规军，打游击战，去打小鬼子和维持会。抗日战争的时候家里很穷，只有老伴和老人两个劳力。1945年抗日战争结束，那年老人28岁，家里有5口人，老人、老伴、老伴的母亲、大儿子、大女儿。老人经历抗日战争、解放战争、新中国成立等许多国家大事，至今仍能清楚地记起那个年代的不少故事。老伴之前找过两任妻子，都生有一个孩子，不过前两任妻子及他们的孩子都因为战乱先后去世了。 在解放济南之后老伴被共产党任命为农救会会长并组织土改，分地、分粮，在这之后家里的生活条件才渐渐地好了起来。在解放军南下的时候因家里人的意见，老伴最终没有南下。 1949年后，老人兢兢业业，用自己勤劳的双手照顾四个孩子，现在老人每个月也都有一定的补贴，生活得很幸福。

二、全文整理

访谈时间：2019 年 6 月 16 日

A：马京钰　　B：程俊兰老人　　C：程俊兰老人小儿子

　　程俊兰老人和调研员马京钰是一个村子的。在调研员马京钰父亲的联系下，调研员和项目指导教师陈建坡老师以及张国富师兄等一起来到程俊兰老人的住处。老人一早就在小儿子家等候，调研中还有调研员张国富、贾媛媛，老人的小儿子、小儿媳，在这个过程中，非常感谢老人的小儿子在访谈期间帮忙转换问题，协助老人回忆 1949 年前的经历，特别是关于支前运动的故事。

　　A：奶奶，你今年多大了岁数了？

　　B：今年 103 岁啦。

　　A：那应该是 1917 年生人吧？

　　B：嗯，是的，1917 年生人。

　　A：现在就跟着这个大伯一起住吗？

　　B：是的，这不现在跟着小儿子住嘛。

　　A：那老人家，您一共有几个孩子啊？

　　B：四个。两个闺女，两个儿子。

　　A：哦哦，大伯，您今年也有 70 岁了吧？（调研员转身问老人在场的小儿子）

　　C：俺今年 71 岁，俺大姐今年 80 多了。

　　A：您排行是比较小的吗？

　　C：我是排行末二。

　　A：哦哦，奶奶，咱们家是从抗战到现在一直在这个村上吗？

　　B：不是这个村，老家在北边的经十东路那边，那地方被征用了，这不拆迁了嘛，临时租的这个地方住，很快就能搬进楼房了。

　　A：您现在很幸福啊！您是一直生活在章丘，一直住在那个村上吗？

　　B：对的，从祖上迁来就一直住在西沟头。

　　C：现在拆迁临时在这边住一阵，马上就搬走，去住楼了。

　　A：老人家，你还记得打日本鬼子时候的事吧，那时候咱庄里有多少人？

　　B：得有 800 多口人，这附近算是大村了。

　　A：咱村是不小，是个行政村还是个自然村呢？

　　B：是自然村，也是个大队。

A：奶奶，日本鬼子来的时候您已经结婚了吗，结婚的时候多大呢？

B：早先结婚早，我是 16 岁结的婚。

A：那 1937 年鬼子全面侵华的时候，奶奶您已经 20 岁了，结婚有四年了。日本鬼子来咱们这里的时候您还有啥印象吗？

B：嗯，日本鬼子来的时候我们不敢出大门口，孩子他爹去叫他姑的时候，看到自家的驴还在大门口上拴着，还没等牵进来，日本鬼子就来了。他爹眼睁睁看见日本鬼子骑上那个驴就走了。那个时候牲口很珍贵啊，还指着它干活呢。他爹就赶紧追，一直追到白泉①。日本鬼子不要驴，他们就是想骑着赶路。他爹也不敢很接近日本鬼子，就那么一直走走停停跟着。到了晚上日本鬼子就又进村了，他们下了驴之后就又把驴给撂一边了，之后他爹才把驴给牵回来。其他的事儿也没有啥印象了，那个时候我们都在家里藏着，日本鬼子就去那些家里有东西的人家搜刮。

A：那些鬼子就住在咱庄上吗？

B：鬼子兵不多，他们不敢住村里。他们住在据点，也就是隔三岔五地会来，多数只是路过。远远地看见他们来，我们就躲在家里不敢出门。倒是那些二鬼子经常会来抓差、要东西。

A：抗日战争的时候是谁打跑的日本鬼子呢，毛主席还是蒋介石？

B：八路军赶跑的。那个时候咱们这里有维持会，从咱们这里一直到济南火车站，只有很少的日本鬼子，剩下的都是维持会，当汉奸的二鬼子欺负咱这些老百姓。这些二鬼子经常来老百姓家里搜刮东西，到处都翻，箱子里、小地窖啥的都会翻。这些二鬼子跟着日本鬼子挣钱，打着鬼子的旗号抢东西，他们都是一伙的，比鬼子还坏。

A：哦，那个时候鬼子少，都是一些汉奸干坏事。那日本鬼子被打跑的时候您都差不多快要三十岁了吧？

B：那得有二十多岁了，快三十岁了。解放济南的时候就把日本鬼子给打了，里应外合，有从外面的，有进去的人，里面也有人，这样才把日本鬼子从济南给赶了出去。

A：解放济南的时候是八路军打的日本鬼子还是国民党打的日本鬼子呢？

B：八路军打的，俺舅家的那个孩子就因为解放济南死的，他是跟着八路军去打鬼子了，但最后被鬼子打死了，现在每年还有政府的人去他们家慰问呢。

---

① 白泉：地名

A：日本鬼子投降的时候家里有了几个孩子了？

B：那个时候有他①哥哥、他姐姐，还有我、他爹、他奶奶，俺们一共 6 口人。

A：那个时候家里有地吗？

B：有地，但不多，土改时划的是贫农。

A：那个时候家里有去当兵的打鬼子的人吗？

C：俺父亲就打过鬼子啊！俺父亲还加入了中国共产党，那个时候是宁波市委书记毕向荣介绍的俺父亲入的党。

A：您父亲哪一年入的党？

B：大约在 1937 年左右，算是比较早的党员了。

A：家里还有牌子呢！②

C：这个"光荣之家"，不是俺父亲的，那是我和我哥哥的，俺俩都当过兵。

A：您父亲那个时候也当过兵参加过战役吗？

C：不是，他不是加入的正规军，就是咱当地的地方武装，打游击战的，专门去搞小鬼子和维持会的。解放济南之后，因为国民党知道他是"土八路"，所以我父亲就被国民党掳了去。他被国民党用绳子吊了起来，就在章丘城的大门口。国民党用两根绳子拴住他的两个大拇指，在他的脚下面放着四块砖，把他吊了起来之后国民党又把他脚下面的砖给抽了，他的两只脚都碰不到地。就这样他被吊了一天一宿，他的胳膊和手都已经被勒得很肿了。

B：你说的是你爹吧。那个时候你爹早就入了党了，入了党以后党组织都不让乱说，要是国民党知道他入了党肯定会把我们全家都杀了，都是偷着入党，都不知道。他入党都没和我说过，我当时也不知道。那个时候国民党也在明水③驻扎着一些，他们会时不时地来找你爹，我就和你爹说：要不咱们走吧，咱们可别再在这里住了，我们就上了鸡冠庄，鸡冠庄也就是俺娘家，就在那里藏着。过麦、过秋的时候，你爹就在那里给人家干点活，当个短工，挣点钱，我们就这样在那里干活、吃饭。有一天晚上，当地的八路军打国民党，就来找我们了。找到我们的时候，我还和你爹正在屋里睡觉呢，你哥哥还光着腚，那个时候也就一两岁。他们在门口喊：出来，我抱着你哥就上了

---

① 他：这里指代帮助我们翻译问题的老人小儿子，是老人的第三个孩子。

② 老人家里醒目的地方挂着"光荣之家"的牌子。

③ 明水：地名。

大门口了。当时一个村的李良贵①和我们住邻居，因为我们老家都在一个村，都在西沟头村，所以他凭借我的这个关系就在我娘家这里赁了一个房子。我们和他住的房间之间就隔着一堵墙，八路军来了之后他就害怕了。他就在他的北屋里藏着，关着门不敢开门。他就和他媳妇说：我藏到你的被子里面，躲到床下面吧。他看着墙上有一个洞，就想着借助这个洞翻墙出去，但墙面太滑了，他也没翻出去，最后还是藏到床下面了。外边叫门他们不开，他媳妇说她自己坐月子了，来的人不听，砸开门就进来了，找到他之后就把他绑起来了，我和他爹一块跟着就出了大门口。我说：你们绑这个国民党还让我对象一块跟着干啥呢？他们就说连你也一块去，我说：去就去，不就是死嘛。我就把还光着屁股的孩子给了俺娘，之后我就跟着他们一块走了。从鸡冠庄走到埠村②，过了埠村之后就到了王家庄，我们走了很远的路，确实是很累了。我就说别再走了，我走不动了，要是死就让我死在这里吧。在这之后那些穿黄衣服的八路就去了别的地方了，剩下的这几个"八路"就绑着这个李良贵和我们一块留在王家庄了。到了王家庄之后我们就被带到一个小屋里，里面还有很多人。李良贵对我说："嫂子你给我松一松"，我说："我怎么给你松，绳子都绑得很紧了，你这样绑着吧"。过了一会毕指导员就过来了，他一只眼，当时是一个连级干部，后来成了宁波市委书记，就是他介绍的俺对象入的党。俺对象他爹叫解同福，他看到我们俩就给看守的八路军说，把解同福家的两口子提出来。剩下的那些人还是被关在那个小屋里，俺们俩就被带到别的地方了，俺们去的地方是一个很大的场子，那个场子就在一个大院子里，他们就这样让俺俩去晒太阳了。俺们这个大院子里有个大西屋，里面有一些干部，准是审案的。过了一会他们把李良贵也绑到这里来，把他绑到这里他能不挨打吗，我看着那场面挺害怕的。共产党人对李良贵说："你的嘴里几颗金牙我们都知道，你张开嘴我看看。"他不敢张嘴，共产党人就打了他一顿，打他的头，打完他之后就又把他绑走了。

A：奶奶，您说的共产党来抓国民党，是什么时候的事啊，鬼子全部被打跑了之后吗？

B：是啊，这事是鬼子从济南走了之后了。

A：鬼子被打跑之后是共产党先来的咱们这边吗？

B：对的，共产党是从莱芜和南方过来的。国民党住进了章丘城，接管着

---

① 李良贵：国民党兵。
② 埠村：地名。

城里的事务，我们这边就是八路军接管。国民党的地盘和八路军的地盘以铁道为界，铁道以北是国民党，铁道以南是八路军。

A：鬼子被打跑之后，国民党和共产党没打仗的时候，这一片地方还很平静是吧？

B：嗯，对的，一开始还搞国共合作的呢。

A：那个时候就是共产党经常在咱们这边活动，动员群众是吧？

B：咱这边就是这个毕指导员毕向荣，他是个指导员，是最早的一个官，他带领着共产党。

A：他领导的是一个正规军吗？那个部队知道是啥番号吗？

B：对的，毕向荣领导的是正规军，都是穿着八路军的衣服的，和地方部队穿的不一样。他是在解放之后做的宁波市委书记。

B：那个时候很乱，明水还住着这些坏的国民党。还有土匪王连栋，王连栋以后跑到了上海，最后他是在上海被抓住的，之后被枪毙了。他是章丘的一个大土匪，他既不和共产党一伙也不和国民党一伙，他也杀害共产党人。我听俺们村的这些老人说，从莱芜来的一个共产党就被这些土匪给抓起来了。土匪们用锄头砸他的头，直到把他给砸死为止，砸完之后锄头上就带有很多肉丝，这个事就是这个王连栋干的。

A：土匪也不管共产党、国民党，就是谁有钱他们就去抢谁的东西。奶奶，我看您的记忆真不错，对这部分历史还记得很清楚。

以上是我们对支援前线运动背景的了解，接下来是从 1945 年，鬼子被打跑了之后，到了 1946 年、1947 年的时候国民党和共产党又打仗的历史。

A：奶奶，一开始，国民党和共产党还没开仗，这个毕指导员都领着干什么？一来咱们这里就搞土改了吗？

B：对的，日本鬼子走了之后共产党就开始领导这里进行土改了。一开始好像还没分地，就是少交租。

C：解放了济南之后，我们这边的国民党就差不多败了，共产党就开始领导咱们老百姓了。在以前没解放的时候还是国民党、共产党两派，那个时候国民党抓过我爹。

B：那时候他爹都 50 岁了，背着一杆枪，还跟着这些人一块当八路，能跑动嘛！从明水一直跑到家南①，他跑不动也是一直跑到家南，最后被这些国民党抓住了。

——————————

① 家南：地名

A：爷爷有 50 岁？那时候有那么大吗，那时候老奶奶您不是应该 30 左右吗，爷爷这么大啊，他比您大几岁啊？

B：他爹比我大 15 岁，那时候就是 50 岁了。他死了两个媳妇了，之后又找的我。

A：这样的啊，那差不多，他那时候得有 47—50 岁了吧，那么，他与之前的媳妇没有留孩子吗？

B：没有，第一个媳妇生了一个孩子，她死后孩子也死了；第二个也是这样，都死了。国民党从家南把他爹抓了之后，他小姑就慌慌张张地回到了家。那个时候他爹背着一杆枪，两只手还抱着一床被子，跑不动，被抓住之后接着就被脱了棉鞋。到了晚上国民党就先在他脚下放几块砖让他踩在上面，之后把他下面的砖抽了去吊了起来，就这样吊了一宿。到了第二天把他放下来的时候，他的那两只手已经很肿了，让他喝水的时候他都端不住碗。那个时候没有人去保他，也不敢去保他下来，章丘城那里住着很多国民党。那个时候俺在家里就开始准备粮食，找完粮食之后又找了三个老头，一个人背着一袋粮食去保他。那一天正好是准许去保人的一天，借着这个机会俺们村就去了他们三个送粮食的，就这样把他给保出来了。这三个老头都说他是个好人。三个老头回到家之后，我问了问他的情况，说是已经把绳子给他松了，绑得不是很紧了，但是还被绑着。到了最后说是需要花钱，那个时候乡长李振宇和孩子的小叔都在章丘城里，乡长是俺们庄里的人。说是拿钱的时候让俺们家少拿钱，拿 100 块钱，徘徊①有两个人被抓住了，需要拿 500 块钱。那个时候 100 块俺们家也拿不出来，这边借一点，那边借一点，打开箱子，把袄卖了，家里的布也卖了。卖了还不够，还差四块钱，我就去鸡窝里掏了个鸡，加上孩子还有两双鞋，就这样才把他爹给保了出来。不管怎么说，只要是人能回来就好，俺们就是要饭吃也得过。就这样才保出他来，保出他来之后，国民党还不让他回家，让他在明水，不让他和八路军一伙。在那里有一个赁货铺，他爹就在那里给人家打扫卫生、推磨，在人家那里混着吃点饭。他爹那年一直到了大年三十晚上才回来的。

A：国民党把他抓起来的时候知道他是共产党员吗？

B：应该不知道他是共产党，抓他是因为他后面背着枪。

A：那个时候他四十多了吧？

B：嗯，是的，当时家里还有个老娘，那个时候得有七十多了。

———————————

① 徘徊：地名

A：咱这边大约啥时候分的地呀？

B：解放之前就分地了，给俺家分了一亩半的地，分完地之后就有东西吃了。

A：除了分地之外还分了一些别的什么东西吗？

B：没有多少，那个时候孩子的爹当了农救会的会长，他不贪东西，就把收上地主家的这些东西都收到庙里了，之后又把这些分了下去，分给那些穷人。不过他爹不得罪人，等到了晚上这些八路军走了之后，他爹就把这些地主们叫了过来，让他们把那些好点的衣服挑一下带走。明天八路军来的时候让其他人挑这些剩下的衣服，都是一些不好的衣服了。大家都是排着队分东西，你分了之后他分，那个时候我们家分了一个破袄、一个褂子，也会有人分到地主家的牲口和农具。

A：他当农救会会长是在他被国民党抓起来之前还是之后呢？

B：之后了，都土改快完了。那个时候是拉锯战，到了后来国民党又回来了。地主又来找他爹来把东西要了回去。他们说俺家里有他们的东西，一共有二斤金子，二斤银子，还有十个金镯子。他们就来找我们要，说："你要是不把东西给我们，我们就拿着绳子来你家里上吊。"那个时候我们就很害怕了。

A：那个时候他们就是觉得你们分了他们家的东西了是吧，实际上分了吗？

B：他只是个负责执行的，他不贪，所以我们家没分到多少。

A：国民党回来之后你们家里的人没藏起来吗？

B：没怎么藏，他当了那个农救会会长，那个时候俺们家虽然穷，但一点也没要别人家里的东西，地也还给地主了。国民党打回来就一段的时间，不久之后，共产党就把他们又打跑了，我们就没事了。

A：第一次分完地之后，咱们老百姓从地主那里得到土地和东西之后是怎么想的，当时共产党有没有动员家里人去前线支援？

C：动员了啊，俺爹那时候想去南下，但俺奶奶没让他去，要是他南下了就跟着共产党一块过江了，俺家里就没法过了。

B：他爹想跟着打回来的解放军去南方作战，我和他娘都不让他去，他也就没去成，他要是去了的话就把俺和他娘丢在了家里，家里还有 2 个小孩子。

A：这样啊，当时老爷爷还挺积极的。既然他没有南下，那在家里一定也没有闲着吧，有为前线做一些贡献吗？

C：在莱芜战役的时候俺父亲就推着小车给前线的八路军送过粮食，去支援前线的人用了很多方式送粮，有用小毛驴的，也有用小车的。

A：他是党员，那当时是他组织别人一块去支援前线的吧？

B：是啊，他是共产党员，思想觉悟高。在莱芜战役的时候，八路军的领导们让他组织一伙人去前线给八路军送粮食。

A：这些送去前线的粮食是自己家里的粮食还是粮站的粮食？

B：这些被送去的粮食一开始是分的地主家的粮食，后来就是粮站的了。送粮食也有危险。那个时候东沟头村里，去送粮食的人一共死了两个，那两个送粮食的人都是在半路被打死的，他们这两家现在都是烈属，其中一个人的老伴现在还活着，已经105岁了。

A：我们这块地方风水好，长寿的多。

B：嗯嗯，咱这块年龄大的是不少，政府每年还给我们这些人慰问、照相，我还上过好几次电视了，还出了书（画册）。

A：那这个老太太之后没有改嫁吗？

B：没有改嫁，她自己一直养着她的一个闺女和一个儿子。

A：土改完之后除了自己种地家里还有其他营生吗？

B：没有，就只是种地。

A：咱们这个农救会有外来的干部吗，还是只是本村的干部？

B：没有外来的，当时就是有八路军过来给我们村组织了这么一个农救会。

A：实际上当时是不是还存在着上级派来的土改队？

B：对的，当时是上面派人过来组织的，但是他们就是宣传，分地啥的还是本村的农救会来管。

A：那个时候农救会的会长是选的还是任命的？

B：任命的，那个时候党员很少，他爹觉悟很高，共产党直接过来让他爹做的农救会会长。

A：当时农救会是每个村都有一个吗？

B：对的，每个村上都有一个。

A：那个时候有行政村吗，或者大队？

B：有，俺们这里一个村就是一个大队。有的庄小，好几个是一个大队。

A：800多口人，在当时确实算是挺大的一个村了。那个时候咱们这地方都种什么农作物？

B：小麦，玉米，到了后来就开始种地瓜了。那个时候产量不行，也没有水浇地，两棵玉米之间隔着很远。那个时候俺们家里的粮食只能打100多斤，现在能打 1000 多斤。

A：那个时候除了种地还会去干点别的活吗？

B：也出去找活干啊，比如在建飞机场、建铁路的时候，家里人就到那里给人家打工。

A：您那个时候在家里做什么活？

B：俺不识字，就在家里做家务，不出去。

C：现在政策好喽，政府每个月给 700 多块钱，60 岁及以上的老人国家每个月给 200 多块钱，章丘区政府给 100 岁以上的老人每个月 500 块钱。

A：那您家爷爷当年有补贴吗？他去支援过前线，还有参加地方武装。

B：没有，他去世早，六几年就去世了，那个时候国家还没有补贴。

A：给前线送粮食的时候大约送了多长时间呢？

B：不长时间，就是从莱芜战役开始一直到打败国民党的一个师，这期间去送的粮食，莱芜战役陈毅是总指挥，南下的时候就没送过粮食了。

A：奶奶，那时候妇女在家里也做过什么活吗？

B：1947 年的时候，我们给八路军做过好几年的鞋底，做完之后八路军也会给我们钱，我就用这些钱来买点小鸡。

A：那个时候村里的女人都做鞋底吗？

B：有愿意做的，也有不愿意做的，做鞋底都是自愿做的。

A：谁负责这事呢？

B：村长，村里会发一些做鞋底的材料，做好的鞋底统一收起来。

A：那个时候村里除了农救会还有村长管事啊？

B：对的，有村长。那个时候很封建，家里的婆婆不让我出去。打鬼子的时候也有村长，那个时候谁掌权村长就跟谁一伙。

A：那个时候是村长说了算还是农救会说了算？

B：村长说了算，那个时候没有大队书记之类的，党员也很少。

A：分土地也是村长说了算吗？

B：分地是农救会说了算，就是孩子他爹说了算。

A：去领自己家里的地的时候是一块去的吗？

B：就是家里一共几口人，农救会的人叫着家里的一个人过去看自己家里的那一片地的地边。

A：分地之前村里开过会吗？

B：开过，在会上就把村里人的地都分完了，都挨家挨户地写好每一户该分多少。

A：地主有不同意的吗？

B：不同意也不行，也会分给地主一点。地主因为别人分了自己家的地很生气，也有的地主把自己的头放在水缸里淹死的。

A：动员去前线的时候是用什么形式宣传的？

B：那个时候是村里的农救会组织人去前线支援，没记得有啥宣传，说是自愿，其实也是按人口派，挨家挨户通知的，派上的能不去吗？

A：支援前线的时候八路军给钱吗？

B：不给钱，都是义务，自愿去支援前线。

A：1949 年之后有专门的人来调查这事吗？

B：那些烈士有记录，其他人没有，现在国家一年能给烈士家属两到三万块钱。支援前线这事没有人来问。

A：那个时候村里有多少被动员去当兵的？

B：不多，有当国产党的，有当共产党的。那些国民党被打败之后就跑去了台湾，俺村上就有一个跑台湾去了，改革开放的时候又回来了，也有没回来的。俺们村里的这个国民党回来了，回来的时候还给他的小孙子带了点钱，带的是美元之类的。

A：村上有参加解放军的吗？

B：有参加解放军的，都是农救会动员他们参加的。那个时候村里参加解放军的最大的官是一个师长，家里只要不是兄弟一个的话都会有一个人去当兵或者支援前线，还有就是一般兄弟四五个的话就得有一个当兵的。就是按人口派的任务，然后由农救会的去动员，多数还是愿意的，也有不去的。

A：解放之后，政府给过爷爷证书吗？

B：没有，他是个党员，没有给什么荣誉。

A：1949 年之后他在村里干过什么吗？

B：干过村干部。

A：那个时候给前线送东西对家里负担重吗？

B：对家里影响不大，东西都是人家的，咱就是出劳力。

A：今年是新中国成立七十周年了，奶奶您回想一下从解放前一直到现在，咱们老百姓家里的生活条件变化、国家变化，您有什么感受吗？

B：没想到国家能发展得这么好，这些电灯、电话、楼上楼下，吃面包，喝牛奶现在都实现了，这不就是共产主义社会嘛。

A：对我们这些年轻人，您有什么想说的吗？

B：你们这些亲人来到我家里我很高兴，要听老师的话好好学习，读好书之后才能够找到一份得体的工作，这样才能改变自己的生活。

A：我们现在也是二十多岁，对比您那个时候二十多岁有什么不同？

B：我们那个时候能够读书很少，家里人也不让我们去读书，你们现在都在读书，我觉得你们都过得很好，很幸福，要珍惜现在的生活啊，好好读书，把国家建设得更好！

A：谢谢奶奶帮我们了解了这么多，我们会记住奶奶的话，好好学习，多做贡献。奶奶，打扰您时间不短了，您也休息会吧，你要保重身体，等您搬了楼房我们再来看望您。

三、分段整理

（一）基本情况概述

1. 家庭基本情况

我叫程俊兰，出生于1917年，今年103岁。我现在轮流居住在我的两个儿子家里。我16岁结的婚，经历过抗日战争、解放战争、新中国成立等国家大事。日本鬼子来的时候我已经结婚四年了，1945年抗日战争结束，那年我28岁，那时家里有5口人，我、老伴、老伴的母亲、大儿子、大女儿。俺老伴比我大15岁，之前找过两任妻子，都生有一个孩子。不过前两任妻子、孩子都因为战乱去世了。老伴以前参加过地方武装，打过鬼子，后来做过宁波市委书记的毕向荣指导员大约在1937年左右介绍他入了党。他不是正规军，打游击战，去搞小鬼子和维持会。抗日战争的时候家里很穷，只有他父亲和我两个劳力，在解放济南之后老伴被共产党任命为农救会会长并组织土改，分地、分粮，在这之后家里的生活条件才渐渐地好了起来。

回想起那个时候，家里人口多、劳力少，孩子们常常吃不好，甚至饿肚子。新中国成立后，随着国家一步步的强盛，再经过改革开放，现在的日子好多了。可惜我的老伴在六几年就去世了，现在国家这么大的盛况他没看到。现在吃穿都不愁，还得吃好的喝好的，有汽车了出门也挺方便的。我的这些孩子们也都一个一个长大了，都挺孝顺的，国家每个月都会给我发几百块钱，感觉很幸福，这就是共产主义社会了吧。

2. 村庄基本情况

我从嫁过来一直生活在西沟头村，村落位于经十东路 G309 国道南侧。这个村是一个自然村，村庄里大约有 800 多口人，在这附近算是个比较大的村了，这一个村就是一个大队。

在抗日战争结束后，西沟头村直接由共产党来接管，组织农民成立了农救会，他爹就是农救会的会长，领导农民进行了土地改革、分发地主家东西等。那个时候村里有一个村长，有农救会，我老伴当时被共产党任命为农救会的会长。一般的事情是村长负责，那个时候没有大队书记，党员也很少，不过分地是农救会负责。那个时候主要的农作物就是小麦，玉米，到了后来开始种地瓜，不过产量不行，也没有水浇地，两棵玉米之间隔着很远。那个时候我们家里的粮食一年能打 100 多斤，现在一年能打 1000 多斤。那时候村里人除了在家种地之外还会去附近的工厂里干活，例如在建飞机场、建铁路的时候，村里的男人会到那里给他们打一打工。村里的女人一般就在家里做家务，不出去。

现在国家的政策好，政府每个月给我 700 多块钱，60 岁及以上的老人国家每个月给 200 多块钱，章丘区给 100 岁以上的老人每个月 500 块钱。他当时去支援前线的时候，因为国家还没有解放，就一直没发补贴。

（二）抗日战争胜利与土地改革

1. 抗日战争的胜利

日本鬼子来的时候我们都不敢出门，孩子他爹去叫他姑的时候，他爹看到自家的驴还拴在门口。正好那个时候日本鬼子来了，他爹亲眼看见日本鬼子骑上那个驴就走了。他爹就赶紧追，一直追到白泉，日本鬼子不要驴，他们就是想骑一下。他爹也不敢和日本鬼子靠得很近，也是走走停停，到了晚上日本鬼子就又进村了，他们下了驴之后就把它给闪到一边了不管了，这之后他爹才把驴给牵回来。那个时候我们都在家里藏着，日本鬼子就去那些家里有东西的人家搜刮东西。

我们这里是八路军赶跑的日本鬼子，那个时候我们这里有维持会，从这里一直到济南火车站，一共也没有几个日本鬼子，剩下的都是维持会。这些汉奸欺负咱老百姓，去他们家里搜刮东西。到处都翻，箱子、小地窖啥的都会翻，这些汉奸比鬼子都坏，他们跟着日本鬼子混的。

2. 土地改革

在解放济南的时候就把日本鬼子给打了，里应外合，外面有进去的共产党，里面也有人，这样才把日本鬼子给赶了出去。村里的男人基本上都去打过鬼子，那时我舅家的小孩还因为解放济南牺牲了。

日子鬼子被打跑了之后，共产党就从莱芜和南方过来领导我们这里。上面派土改队过来开展我们村的土改工作，后来我们村也组织了农救会，那个时候每个村上都会有这么一个组织。当时是八路军过来给我们村组织的，里面的干部都是本村的，没有外来的。农救会的会长就是任命的，那个时候党员很少，他爹就是党员，思想觉悟高。共产党的领导过来直接让他做了农救会会长。他不贪东西，先把收上来的地主家的这些东西都放到庙里，之后就分了，分给这些穷人。不过他不得罪人，晚上这些八路军走了之后，他就把地主们都叫了过来，让他们把这些好点的衣服挑一下带走。明天八路军来的时候让我们这些穷人挑剩下的衣服，都是一些不好的衣服。我们家分了一个破袄、一个褂子。大家都是排着队来分东西，你分了之后他分。有的人家分到了地主家的牲口和农具。那个时候是拉锯战，到了后来国民党又回来了，地主又来找他把自己家里的东西要回去。地主说我们家里有他们家的东西，有二斤金子、二斤银子，还有十个金镯子。他们就来我们家找我们要，他们说："你们要是不把东西给我们，我们就拿着绳子来你家里上吊。"那个时候我们就很害怕。在他当这个农救会会长的时候我们家里很穷，真的是一点也没要别人家里的东西，地也都还给了地主。国民党打回来就在我们这里待了很短一段时间，不久之后，共产党就把他们又打跑了，我们就没事了。

之后家里就分了地，但不多，给我家分了一亩半的地，划的是贫农，分完地之后就有东西吃了。那个时候分地，是按家里的人口分的，分地时农救会就叫着家里的一个人过去看自己家里的那一片地的地边。分地之前会开一次会，在会上就把村里该分的地都分完了，都挨家挨户地写好每一户该分多少亩地，地主也会分到自己应得的那一份。在分地的时候也有对此不同意的地主，这些地主因为别人分了自己家的地就很生气，听说有把自己的头放在水缸里淹死的地主。

（三）支前运动的动员与参与

解放济南之后，国民党接管着城里的章丘城，国民党的地盘和八路的地盘以铁道为界，铁道以北属于国民党，铁道以南属于八路。鬼子被打跑、国民党和共产党还没打仗的时候，这一片地方还很平静。到了1946年、1947年的时候国民党和共产党又打仗了。抗日战争结束之后，共产党经常在我们这边活动，动员群众。

（四）支前与胜利。

我的老伴加入了中国共产党并被党组织任命为农救会会长，组织过村里人参与支前运动，参与过莱芜战役，和当地国民党斗争并被迫害过一段时间，因当时家里人不同意就没有参与解放军南下。

1. 与国民党斗争时期

1946 年，在章丘的共产党就是这个毕向荣，他是个指导员，是最早的一个共产党干部。他带领着这边的共产党，是一支正规军。那时还有土匪王连栋，他是章丘的一个大土匪，他既不和共产党一伙也不和国民党一伙，他也杀害共产党。从莱芜过来的一个共产党就被这些土匪给抓起来了，土匪们用锄头砸他的头，就这样一直把他砸死，砸完之后锄头上就带有很多肉丝，这个事就是这个王连栋干的。土匪也不管你是共产党、国民党，他们只要知道谁有钱就去抢谁的东西。

在以前没解放的时候，国民党抓过我丈夫，那个时候还是国民党、共产党两派。他当时 50 岁，背着一杆枪，跟着这些人一块当八路。因为国民党觉得他是"八路"，所以国民党就派人去抓他，从明水一直跑到家南，最后还是被这些国民党抓住了。接着他就被国民党用绳子吊在章丘城门口。国民党用两根绳子拴住他的两个大拇指，他的脚下面放着四块砖，他被吊了起来之后国民党又把他脚下的砖给抽了，弄得他两只脚都碰不到地。他就这样被吊了一天一宿，他的胳膊和手都被勒得很肿，在他下来之后喝水都端不住碗。那个时候没有人去保他，也不敢去保他出来，章丘城那里有很多国民党。我从家里开始找粮食准备保他下来，找完粮食之后又找我们村的三个老头，一个人背着一袋粮食去保他。那天正好是可以去保人的一天，他们三个送粮食的老头就去了章丘城，去保他的老头都说他是个好人。三个老头回到家之后，我问了问关于他的情况，说是已经把绳子给他松了一下，但是还被绑着。到了最后那里的人说是需要花钱，那个时候乡长李振宇和孩子的小叔都在章丘城里面，乡长是我们庄的。说拿钱的时候让我们少拿钱，拿 100 块钱。徘徊有两个人被抓住了，需要拿 500 块钱。那个时候我们家 100 块也拿不出来，这边借一点，那边借一点，打开箱子，把袄卖了，家里的布也卖了。卖了还不够，还差四块钱，我就去鸡窝里掏了个鸡，加上孩子还有两双鞋，就这样才把他爹给保了出来。不管怎么说，只要是大人能回来就好，我们家就是要饭吃也过得。保出他来之后，国民党还不让他回家。让他在明水住，不让他有机会和八路军一伙。在那里有一个货铺，他爹就在那给人家打扫卫生、推磨，就这样才在人家那里混着吃点饭，一直到大年三十晚上他才回到家。

那个时候他就入了党，入了党之后共产党人都不让说，我也不知道。要是国民党知道他是共产党之后肯定会把我们全家都杀了，那个时候都是偷着入党。

那个时候在明水住着一些国民党，他们会时不时地来找他。我就和他说：要不咱们走吧，咱们可别再在这里住了，我们就上了鸡冠庄。鸡冠庄也就是我的娘家，我们就在那里藏着。过麦、过秋的时候，他就在那里给人家干点活，当个短工，挣点钱，我们就这样在那里干活、吃饭。因为他的共产党身份只有少数人知道，他还被共产党抓过。有一天晚上，当地的八路军因为要抓国民党，就来找我们了。找到我们的时候，我还和他爹在睡觉呢，他哥哥（老人大儿子）还光着屁股也就一两岁，我搂着他哥哥就上了大门口，他们就说："出来。"当时我们和一个叫李良贵的国民党住邻居，因为我们老家都在一个村，都在西沟头村，所以李良贵就凭借我的关系也在这里赁了一个房子。我们和他住的房间之间就隔着一堵墙。八路军来了后他就害怕了，他在北屋里藏着，关着门不敢开门。他和他媳妇说："我藏到你的被子里面，躲到床下面吧。"他看着墙上有一个洞，就想着借助这个洞翻墙出去，但墙面太滑了，他也没翻出去，最后还是藏到床下面了。来的人叫门他们不开，他媳妇说她自己坐月子了，来的人不听，砸开门就进来了，找到他之后就把他绑起来了，我和孩子的爹也一块跟着到了大门口。我说："你们绑这个国民党，还让我对象一块跟着干啥？"他们说："连你也要一块去！"我说："去就去，不就是死嘛。"我就把还光着屁股的孩子给了我娘，之后就跟着他们一块走了。从鸡冠庄走到埠村，过了埠村之后就又到了王家庄。我们走了很远的路程，确实是很累了。我就说别再走了，我走不动了，要是死就让我死在这里吧，我们已经走了好几里路了。到了王家庄之后我们就被带到一个小屋里，里面还有很多人，这些人中也有从北边被带过来的。里面的女人都在哭，我就说："哭什么，他们还会杀咱们吗，咱们不害怕，别哭，咱们没有事。"李良贵就对我说："嫂子你给我松一松"，我说："我怎么给你松，绳子绑得很紧，就这样绑着吧。"过了一会毕指导员过来了，他只有一只眼，当时是一个干部，后来成了宁波市委书记了，就是他介绍的我对象入的党。我对象的父亲叫解同福，他来这儿之后就对八路军战士说："把解同福家的两口子提出来。"他就这样把我俩提出来了。那些人还是被关在那小屋里，我们就被带到别的地方了。我们去的地方是一个大场子，那个地方就在一个大的院子里，共产党就这样让我俩去晒太阳了。这个大院子有个大西屋，里面有一些干部，准是审案的。

过了一会他们就把李良贵绑到这里了，把他绑到这里他能不挨打吗？当时我看着那场景很害怕。共产党人对李良贵说："你的嘴里几颗金牙我们都知道，你张开嘴我们看看。"他不敢张嘴，共产党人就又把他给绑走了。

那个时候村里有当国产党的，有当共产党的。那些国民党被打败之后就跑去了台湾，我村上就有一个国民党跑到了台湾，改革开放之后他又回来了，也有没回来的国民党。他回来的时候还给他的小孙子带了点钱，这些钱中还有美元。当时共产党先来村里动员支援前线，不过最后还是农救会动员村里人参加的。那个时候村里参加解放军的人中最大的官是一个师长，基本上家里要不是只有弟兄一个人的话，其他情况下一般都会去当兵或者支援前线，一般家里兄弟有四五个的话就必须有一个去当兵。那时候我老伴想去南下，想跟着打回来的解放军去南方作战，我和他娘都不让他去，他也就没去成。他要是去了的话就把俺娘俩丢在了家里，还有 2 个孩子，家里就顾不过来了。

2. 支援前线，组织村里人参与莱芜战役

在莱芜战役的时候，陈毅是总指挥，从莱芜战役一直到打败国民党的就是他们的一个师。这期间，我们这里的人都去支援前线，给前线送粮食，八路军的领导们也让他组织一伙人去前线给八路军送粮食。村里人去支援前线八路军的时候都是义务、自愿的。那个时候他推着小车给前线的八路军送粮食，去支援前线的人中有用小毛驴驮粮食的，也有用小车推着粮食的。这些被送去的粮食都是分的地主家的粮食，也是自己看着自己家里的情况去支援前线。那个时候东沟头村里，也有去送粮食的人，当时这些人中一共死了两个人，其中一个人的老伴现在还活着，现在已经是 105 岁的老太太了。那两个人送粮食的时候就是被国民党在半路打死了，他们这两家的人现在都是烈属。那两个活下来的老人都没有再改嫁，她们一直自己养着自己的闺女、儿子。

（五）奖励与回馈

1949 年之后基本没人来调查关于支前的这一方面内容，一般只会有那些烈士的记录，其他人没有，现在国家一年能给烈士家属两到三万块钱。不过现在国家能发展得很好，参加支前运动的老人们现在还能够吃上面包，喝上牛奶，自己能够用手机发打电话，他们正在悠闲地度过自己的晚年，觉得自己能够生活在这样一个伟大的时代很幸福。

四、调研日志

此次"铭记历史，不负远期——那些年支前民众的革命岁月"口述史调研，是由我们政治与公共管理学院发起，面向全校招募调研员开展的首次口述史调查项目。项目以每位调查员身边的 85 岁以上老人为调研对象，讲述他们在解放战争时期为解放战争的胜利做出的贡献，挽救留存在他们身上的那份即将消逝的历史。也借此机会，献礼祖国 70 周年华诞。

此次对程俊兰老人开展的口述史调研，是此次主题调研项目开启的第二份。一方面是对调研提纲的再一次试用、补充和修改，另一方面是为了了解符合标准的受访老人对那段历史的回忆情况，发现调研中可能存在有哪些问题，并针对存在的问题给出解决方案。

程俊兰老人家住济南市章丘区双山街道旭升乡东张官庄，距离我们学校仅有 23 公里，老人是和我同住在一个村子的奶奶。通过向我父亲打听，了解到：今年老人家 103 岁，身体状况良好，记忆清晰，善于表达，并有过参与支前运动的经历。而且她的老伴当时是共产党员、农救会会长。于是我同这次项目的负责人 2017 级张国富师哥、15 级贾媛媛师姐跟随项目指导教师陈建坡老师一起，由我带路从学校打车前往拜访程俊兰老人。

路程不是很远，基本上全程都在经十东路上，由学校一路向东再拐几个弯就到了老人生活的村庄。老人之前一直住在西沟头村，由于拆迁近期搬到了这个村庄，这个村庄位于郊区，附近有大学城环绕，村庄的交通比较畅通，村庄都是铺的水泥路。村子里的地都集中在一个大的沟里，地里种的玉米一片一片绿油油的。因村子位于郊区，空气分外清新，村子地势较低，当时温度较为适宜，感觉很舒适。

老人很热情，听说我们要来，早早地就在自己小儿子家等待着。听见我们来了，出屋门来迎接，把我们当成她的亲人，并和我们聊起了小时候的事儿。堂屋收拾得很干净，物品摆放也相当有序，屋里还摆放着"光荣之家"的牌子。老人以及其家里人的热情让我们感觉到没有距离，在访谈期间老人的儿媳还洗了家中的甜瓜分给我们。

这次调研是我们开展的第二次试调研，目的就是为了进一步完善提纲，寻找问题，了解情况等，通过老人以及其小儿子全力的配合，这次调研达到了我们的预期。老人的记忆还比较清楚，我们也很庆幸此次能够访谈到一位女性的支前运动参与者。

程俊兰老人虽是一个普通老百姓，但是她有着不平凡的经历。这次调研使老人再一次回忆起那段峥嵘岁月。老人的老伴比她大 15 岁，结过三次婚，前两任妻子由于当时的战乱相继去世，老人是她老伴的第三任妻子。老人的老伴是支前运动的亲身经历者，共产党员，做过本村农救会会长，在当地的土地改革、支前运动中起着非常重要的作用。他一生中的很多时间都在为抗日战争、解放运动的胜利奔波，在支前运动中被国民党抓住并被吊在城门上一天一夜。最后共产党胜利了，日子也变得越来越好，只是现在生活变得更好了，但人已经不在了。受他的影响，两个儿子先后参军。这一切的变化，是老人口中常和我们说的"国家政策好了，每个月都给我们发钱，我一百多岁了，每个月给我发的钱更多"，老人以及她的老伴都是解放战争中的功臣，亲眼看着新中国的成立，感受着自民国到抗日战争到解放战争再到新中国成立带来的变化，老人的老伴也用自身的行动展现了一个共产党员为人民服务的形象。

调研过程中，有老人的小儿子坐在旁边协助老人配合我们访谈，老人的小儿子今年也 70 多岁了。由于方言问题，老人的小儿子在访谈过程中主动给我们做翻译，再次特别感谢。此次调研圆满完成，使我对支前运动有了更深一步的了解，最后非常感谢老人一家人为我们这次访谈的支持。走出校园，开阔自己的视野，这一次的调研也是我做的第二次口述史调研，这一次和第一次相比较来看，自己的访谈能力增强了，也让我再一次了解了支前运动的故事。在这次调研中我学到了很多，能够用自己的微薄之力来让更多的人去了解那段峥嵘岁月，理解那个年代普通民众的生活状态和精神面貌，是一件很有意义的事。

张志原支前口述资料

张国富

（政治与公共管理学院政治学与行政学专业　2017级一班）

采访者简介

　　我叫张国富，来自山东省临沂市罗庄区的一个农村家庭，是政管学院17级政治学专业的一名学生。很荣幸能够担任这次支前运动口述史调研的学生负责人。我喜欢访谈，每一次访谈都是一次受教育、受熏陶的过程。我做过关于合作化时期农民口述史、妇女口述史等等主题的调研，现在正准备考研中，支前运动口述史是我大学中最后一次参与的社会实践，相信一定能够做出好的成果。

一、张志原老人基本信息表

调研点	山东省临沂市罗庄区傅庄街道张庄	受访者编号		ZGF20190722ZZY	
调研员姓名	张国富	调研员单位		山东青年政治学院	
受访者姓名	张志原	受访者性别	男	受访者年龄	92
支前时年龄	19	参与支前的类型		运粮队	
土改时成分	地主	支前时家庭人口数		6口人	
受访者结婚的时间	1951年	受访者子女数量		6（两男四女）	

首次采访时间	2019. 7. 22	调研员联系方式	17860523050
受访者所在村庄基本情况	张志原老人所在的张庄村位于沂蒙红色革命地区的临沂市南边，距离市区50里左右，村庄周围地势平坦。张庄村自抗战以来都是一个独立的自然村，与周围的王庄、李庄、于庄、东三重、西三重共同组成三重公社，俗称"张、王、李、于、东西三重"。张庄村属于周围村庄中最小的一个，在新中国成立初期仅有几十户，200人左右；现在有200户，人口600多。 在解放战争时期，村里有多人勇敢地选择当兵，村庄也积极地完成上级组织安排的土地改革、支援前线等任务，为解放战争的胜利贡献了自己的力量。 1949年以后，村庄发展稳定。改革开放以后，人民生活水平不断提升。村庄所在的罗庄区是一个工业园区，带动了村庄居民的就业，人民生活逐渐富裕。近两年，在新一任村领导集体的带领下，村庄正发生着较大的变化，村容村貌有了很大改善，人民的生活水平进一步提升。		
受访者基本情况及个人经历	张志原老人今年92岁，和老伴单独居住，老伴今年89岁。老人1928年出生在一个较富裕的小地主家庭，1936年开始读书，最高学历读到高中。但是家中的父亲、二弟和大姐都有一定的精神分裂症，所以后期生活不容易。 在抗战胜利之后，家中共有6口人，老人由于胆小没有参军。但是后来参与到了碾庄子战役的运粮队，为战役送过一次粮食。老人与老伴是1950年结婚，在此后的土改中被划为地主成分，但实际上并没有多少土地和财产。做过几年生产队的会计，但是因为成分问题最后被安排到牛栏喂牛。 老人一生过得平淡，和老伴共孕育有6个子女，两个儿子都在村庄上生活。大儿媳早些年因车祸去世，大儿子每天都到家里带着89岁的老伴去耶稣会。老人的3个女儿在本地，来得都比较频繁；1个女儿家在济南，但逢节假日都会去看望。老人除了左腿不利索，有点小耳聋之外，身体还是很健康的。现在生活很规律，每天两顿饭，早饭9点左右，二餐下午4点左右，饭量很大。老人前几年还一直坚持做些小买卖，蹬着小三轮车卖瓷碗，直到85岁因车祸导致左腿骨折而留下腿脚不利索症状，至今体内还有钢板。		

二、全文整理

访谈时间：2019 年 6 月 16 日

A：张国富　B：张志原老人

张志原老人与老伴单独居住，儿女们经常过来探望。按照村里的辈分，调研员张国富应尊称张志原老人为大爷（大伯）。调研前，调研员提前跟张志原老人进行过半个多小时的交流，张志原老人对这部分历史记忆深刻，因此与老人约定了时间，进行正式的访谈。此次访谈中，一起陪同的调研员还有徐卿、王凤娇、张钦增、张浩群等同学，调研对象为张志原及老伴。

A：大爷大娘，又来麻烦你们了。俺学校那边，我接了个调研任务，像去年调研的合作化时期口述史一样，做一个专题的访谈，这次是想向您了解一下发生在 1947 到 1949 年咱村里的群众支援前线的故事，需要找你们那个时代的老人给我们讲一讲。

B：昂，我现在也不行来，一年不如一年。正好，你大娘刚刚割得瓜，你吃瓜，天热，吃个瓜，解渴。

A：大爷，俺们刚刚吃完，不渴，您别客气。

B：你们吃瓜哈，我不是虚让你们，你俩吃了哈，我和你大娘刚割得西瓜，你俩得吃哈，听话。

老人非常热情，坚决给我们西瓜，要我们吃西瓜。

A：俺俩真不渴，从家里刚刚吃完饭，吃完西瓜，刚刚您睡觉的时候，我和俺弟弟来过，大娘说你睡觉的，我俩就去了俺二大爷家，也让我俩吃瓜呢，我俩真刚吃完就没吃。大爷，俺俩找你拉拉呱，你这太热情了哈，咱不客气哈，俺俩一会渴了就自己拿着吃。

B：嗯，你说说你俩不实罗①哈。

老人收拾了东西，找好板凳坐下，调研员跟老人交流了一些话题。

A：大爷，咱这次做的口述史调研任务啊，是关于解放战争期间老百姓怎么支援前线的。这是我们学校自己开展的，为了迎接新中国成立七十周年，我们想把这份口述史材料献礼祖国，让更多的年轻人了解并记住那些年革命岁月的坎坷经历。

B：这事好啊，我们这些人一路走来，不易啊！

---

① 见外的意思。

A：大爷，您今年多大岁数了？

B：92 了，虚岁 92。

A：大爷，平时吃饭啊怎么样啊，都什么时间吃？一顿能吃多少？

B：一天两顿饭，早上八、九点、下午五、六点吃。中午的话要是饿的话，也吃点东西，像月饼、饼干这些，平时吧那个瓜果的也不断。我一顿吃得不少，就是咱这样的机器煎饼，我一顿能吃两个，还得一碗稀饭，你大娘两顿都不如我这一顿吃得多，哈哈哈。

A：嗯嗯，您饭量那还行来，我现在一顿也就两个煎饼、一碗稀饭差不多就吃饱了。

A：我听俺大娘说您天天休息怪早、起得也怪早哈，早上都是几点起床，晚上几点睡呢？

B：现在这个天啊，早上我也就 5 点来钟起，晚上黑了天就睡觉。夜短了，晚上感觉不着就过去了，中午像现在，还再睡一会觉的。

A：平时的时候，还出去溜达溜达吗？

B：天要是凉快了呢，我就出去转转，骑着三轮车到东三重街上转一圈，有时候去赶个集。像现在这样热呼啦啦的，还出去干什么，不出去都淌汗。

A：平时出去溜达对身体好，也看看外面这几年发展什么样啦，这几年咱们的变化很大啊。

B：是的，咱这日子越来越好了，多享福啊。平时出去转转看看，唉，俺那时候的老头都走没了，不多了，你看看咱庄上男的就剩我了，其他的都比我小十好几岁，女的就剩庄西头那个老太太，今年得有 100 了吧，比我大不少。

A：是的，人老了就是宝。庄西头的那个大奶奶，我前两天刚去完，今年说有 99 了，她的口述史我也简单地问了些，不过她这两年年龄越来越大了，耳朵聋得厉害，说是就这两年的事。

B：唉，人老了，很多事记不起来了。

A：大爷，您还记得，咱庄在 1949 年前的时候，庄上大约有多少人啊？

B：那时候庄小，也就 20 多户，200 来口子。

A：啊，咱庄那时候人那么少吗，我前两天了解的咱庄上现在得有 200 户，说有 700 人了，没想到那时候那么少哈。

B：那时候人都不多，咱庄这都是后来慢慢扩建出来的，这才刚几年啊。

A：嗯嗯，那个抗日战争的时候咱们村上有日本鬼子吗？

B：没有，鬼子他不在庄上，都是一些维持会、汉奸这些孬种，这些经常上庄上来要东西，来抢。日本鬼子在临沂那边有。

A：哦，咱们这几个村子没有鬼子住着吗？鬼子要是来村上的话，他们得有多少人？

B：他也就是过来巡逻，时间长了，隔三岔五地来一次。这些鬼子啊，一般都是聚集在一伙，好比说在临沂吧，他们就是在临沂城里面驻扎着，做坏事都是小汉奸、小孬种给做的，这些卖国的奸贼，都是小二鬼子，小维持会这样的，奶奶的，可孬种了。

A：下面都是这些人倒腾的啊。

B：鬼子在临沂城那边呢，他们就像建房子当了钢筋一样，外面的这些墙皮和砖头啊，就是这些二鬼子来做的。他们是横冲直撞，仗势欺人的。鬼子出来巡逻呢，也是跟着维持会一起，这些二鬼子呢，他们从前面领队，鬼子就跟他一起掺和着来了，抬着大炮机枪，下来扫荡、抢夺。

A：他们有来打过仗吗，咱们的部队在咱这边跟他们干过吗？

B：没有，咱这边队伍不多，这些二鬼子带着鬼子来的时候，那都是轰轰隆隆的，到了村上哼哼哈哈的，叽里呱啦的，咱们都听不懂说的什么。咱们这边都是一些"土八路"，自身的装备不行，一般都是夜间去搞他们的据点和炮台，等到后来咱的队伍来了之后，他们那些彪熊也就不敢出来转了，之后就把他们打跑了。

A：您说的这个维持会，他们一般住在什么地方，就住在村上吗？

B：不是，他们也有地方，就给咱现在的区、乡、镇一样，有设的乡公所、区公所等等的。咱这边的这个乡公所安扎在西边的彭庄（距离老人村庄10里），叫作涑河乡。为什么叫涑河呢？是跟着咱那条小涑河起的名字。咱那个付庄镇呢，他以前叫付庄区，临沂当时叫作临沂县。下来办事的人呢，都是乡公所的这些婊孙子。他们来了就是来要钱、要粮食，到了村上都是去问村长要，然后村长去给他们挨家挨户地去要。

A：他们是什么时候来庄上的？

B：他们都白天来，晚上不来，晚上在乡公所。乡公所就是他们住的地方，吃喝拉撒的都在那里头。

A：您见过日本鬼子了吗？

B：那时经常见啊，我还吃过日本鬼子给的糖。那时候我去黄山①出工，一连出了好几个月。那时候还不大啊，我才12，他们建黄山据点。他怪喜欢

---

① 现在临沂市罗庄区黄山镇，距离老人村庄10公里。

小孩，要是看到小孩就叫过去喊"小鬼、小鬼、过来，过来"，然后我就过去了，他就从兜兜里掏出来糖块给我。我那时候干不了多少活，不能拿铁锹、不能拿棍，他就让我给搬石头，跟着我。

A：那时候去了多少人，您是因为什么去的呢？

B：得有三十多，咱村上去了五个。都是那个乡公所里向各个村庄上要人，村长再安排。咱庄上人少，安排到俺家了，就让我去的。都是摊派的，不摊派的话谁去啊。那些日本鬼子和咱中国人一样，就是说话不一样，乌拉乌拉的。

A：鬼子没有翻译官吗，得有给他们翻译的吧？

B：那时候都是学生，那些学生跟着他们学的。这些人跟在后面，成天喊鬼子太君、太君的。

A：那时候咱庄上有当兵的，有没有当汉奸的？

B：咱这边几个村没有当汉奸的吧，当兵的有，就怕我说了你也不知道。咦，那个张胜村，他那时候逃荒，逃到了西岸镇，在那边没得吃当过汉奸来，他当过炮兵连的炮兵，其他真没有。

A：那当八路军的有谁啊？

B：八路军有啊，张孟盛当过。开始的时候不是正规军，到了往后就转到了正牌部队了。还有张印荣他五叔，一开始是宪兵队的人，后来参加了八路。大嘴他哥也不是正规军，这两个在打卞庄时被打死了。还有张保存，也就是自给（人名）他爹，也不是正规军。

A：那咱们村上人不多，当八路军的还不少来。

B：嗯，他们那时候也叫着我，我差点也干了。唉，那个时候咱怕事来，就没干。

A：那这些人当时都很仗义啊，都是爱国保卫家乡的，都是英雄啊。

B：嗯，那时候当兵就给玩一样，没有多大的要求，你去报个名，简单审核一下，身子骨强硬的就去了。这些人都是一伙，一伙玩，当兵的时候一提出来，你叫他他叫你的就一起去了。不像现在，当个兵得查几代人，什么条件等等的，那时候是当兵就举手欢迎。

A：那时候得经常打仗吧？

B：嗯，那时候生死不一定啊，去当个兵也没什么待遇，得天天撸枪杆子。

A：是这样啊。

B：那时候当个"八路"可了不得，得怪能吃苦。他们都是夜行军，所以叫游击队嘛。晚上都是到处去，晚上在一个村上住下后，住个两三个小时就得起来，赶紧换地方，然后再住个地方，再换，这样一夜都转六七个地方。那时候人少，我估计他们这样做就是为了扩大声势，充人数的。到天明之后，都会议论"你那里去八路军了吗"，其他人就都说我这里来了，我这里也来了。这样就听起来人很多了，造了舆论了。

A：那时候"土八路"都是在自己所在地的范围内活动吗？

B：也不是，游击队到处都去，游满天下，连胡庄有个大队长李花垣，带着人都去炸碉堡，拦铁路。还有个何庄的杨杰，他带了一批人，后来投奔鬼子，做了汉奸，当了临沂第十三队队长。

A：嗯嗯，大爷，你记性真好！关于抗日战争的问题咱就说这些哈，为了帮你梳理思路，下面是抗战结束后，也就是鬼子离开的时候，一直到新中国成立的事情哈。那时，你大约十七八岁了，应该还没结婚吧？

B：嗯，也就十来岁，还没结婚，我是到了1950年跟你大娘结的婚。

A 那鬼子走的时候咱家里有几口人啊？

B：5口人，俺姊们三，弟弟、妹妹、还有两个老的。俺爹到了吃食堂的时候走的，俺娘到了2003年走的。

A：姊妹三个都多大啊？

B：俺妹妹比我小3岁，那时候也得15了吧，你二大爷比我小7岁，也就八九岁。

A：是的哈，那个时候家里能干活的人不多哈。大爷，您再想想，鬼子被打走了以后呢，是谁先来接管的我们这一片啊？

B：共产党先来的，共产党从这里没有一年，国民党就又打回来了，国民党在这里又不到一年，八路军就又打回来了，往后就稳定了。日本鬼子还没来的时候，俺爹都推着小车上临沂城区去交粮食，那时候国民党、八路军都有，没有哪天不听枪响的。

A：您记得听清楚哈，那这么说是共产党把鬼子打跑的了？

B：谁打跑的就找不着了①。八路军说就是他们打跑的，国民党也这样说。都说自己打跑的，咱找不着，应该是共产党打跑的。不过鬼子走了以后，八路军先来了有一年多，在这边开辟了根据地，打地主，分田地。然后国民党就打过来了，就在那个卞庄②打了一仗。那个炮啊，就给打雷一样，隆隆隆，

---

① 不清楚。
② 兰陵县城，在老人村子的南边。

隆隆隆的，打了好几天，不过从那边他没有打过来。然后呢，国民党好像是又绕就到了李庄镇①，然后从那边打过来的，打过来以后，咱们八路军就撤退到了西山林②。

A：咱们解放军都是有计划的哈，你回想一下，最后咱们取得了胜利，有了今天的美好生活，咱么共产党的部队人数上少一些哈，结果以少胜多，你感觉是什么原因呢？

B：八路军就是政策好，纪律好。国民党逮到八路军是逮到一个杀一个，要是八路军逮到了国民党不光不枪毙还给他五毛钱，还有维持会都是这样。八路军对这些人政策好，逮到了管吃管喝还给他五毛钱让他回家，做个好人。你想想对待对手都这样，对待老百姓那是没的说，真的是全心全意为人民服务。

A：是的哈，要不咋叫人民子弟兵嘛。大爷，您刚刚说八路军来了就给分土地，他们是怎么给老百姓们分土地的，有什么经过吗？

B：是的，分土地，那时候国民党还没打过来。先是成立了农协会，有会长，指导员。我还记得头一个会长是张绍伟，后来得病死了；后来是张爱军他大爷，他当了是农协会会长，给咱分的土地。庄庄都有农协会，都搞土地改革，不过不如后面改得厉害。到以后张兆村，他是个荣誉兵，当兵把腿打瘸了，复员回来选了村主任，那时候就得说是1949年之后了。

A：以前的话都是叫村长是吧？

B：是的，村长就是农协会会长，咱庄上都是一个人。

A：以前的村长都管什么呀？

B：就管问老百姓要东西，马子③来的时候，也是先去找他。那时候可是个混乱时期，天天过不安稳。

A：您那时候能感觉到哪个部队是共产党的部队吗？

B：国民党来咱这里就砸鸡吃，砸老百姓的鸡吃。

A：咱村附近有没有打过仗，打日本鬼子，或者打国民党？

B：没打过，打仗都是走的大道，那时候吧就连日本鬼子来的时候，他们都在临沂，不到这里来，他们一共也没多少人。就是去给他们出夫，得跟着他们干活。

---

① 老人村子东面。
② 费县山区。
③ 土匪、地痞等。

A：国民党多长时间被打跑的？把国民党打跑了以后，共产党就站稳了是吧？

B：是的。

A：那时候有党员吗？还是说党员那时候都保密的？

B：咱不知道谁是党员，都不漏名。

A：咱们农救会会长是党员吗？

B：会长是不是党员那个时候也不知道啊。

A：那时候会长都是怎选的啊，是投票吗？

B：都是安排的，上面安排的。

A：那时候给您家里划分的地主成分是吧？

B：嗯，给俺参划的地主。上边人家都说给咱庄里划得太多了。其实不应该是地主的，俺家里呢，总共才四五十亩地，就说是地主，人家大地主都是几百亩地。

A：关于这个分地，具体是怎么给分的啊？都是农协会组织给分的吗？

B：是的，都是看谁家里穷，谁家里没有地，就分给谁。

A：那时候农协会的，都是哪些人啊？

B：都是贫农，贫农才能加农协。

A：上边有没有工作组来指导着分地啊？刚刚听你说有指导员来着？

B：上面派人来了，但主要还是自己庄上的，指导员也是咱庄的人，在旁边督促着。

A：打跑日本鬼子咱庄里的人都干什么呀，您那时候是在干什么呀？

B：种地啊，都是种地，那时候没有什么忙活的。

A：那时候土改除了分地，还分其他的东西吗？

B：都分，家里的东西也分，俺这个屋子都给拆了两间出来。

A：这么样啊。对了，您说的土地，那时候是大亩还是小亩啊？

B：是小亩。

A：那时候咱种地都种什么啊？

B：高粱、蜀黍。后来赶江南，听说人家那边种水稻、麻樱，那时候都没有，都是后来才有的。

A：您那时候对土地改革什么态度呢？土改后有什么顾虑吗？

B：还有什么感觉啊，就是人家怎说咱就怎办啊。

A：分完地，那些地主分完地有意见吗？不捣乱惹事吗？

B：意见肯定是有啊，多数地主的土地、财产也是好几代辛勤积攒下来的。但是捣乱惹事他哪敢啊。

A：国民党来了以后，地主没把地又要回去吗？

B：那时候乱得很，那么混乱，也没敢要啊。那时候国民党在临沂住一年杀死的人可不少啊，也不敢去说。

A：都是因为什么死的呢？

B：他们看到谁像是共产党，就杀死了。那个张宝村就是因为当农协会会长死的，被抓到了临沂，杀死了。国民党都是在临沂不下来，咱庄死的人就他一个，王庄和李庄死的人多，七八个。

A：这么不讲理啊！那咱共产党的部队还做过哪些工作呢？比如我知道咱们这边对年轻女子曾办过一个"识字班"，还有别的吗？

B：嗯，是先办的夜校，晚上去上，扫盲的。后办的儿童团。

A：那时候都是怎么动员大家去上的夜校啊，自愿去的吗？谁来教认字呢？

B：都是谁识字谁去教，那时候干什么都是义务的。教夜校教民校我都干过，那时候我也进过儿童团。张怀村去当兵我也去送过，送到丰山①，一人一斤锅饼，然后就叫我们这些小孩拿着这些锅饼回去。

A：那还挺好的哈。大爷，你说的国民党和共产党在下庄打的，国民党从李庄打的是吗？

B：嗯，他是往东绕了一圈打过来的。

A：往后呢，共产党又是怎样把国民党打跑的？

B：八路军从临沂打过来的，到后来国民党打不赢就跑了，共产党和国民党在碾庄子打了一阵了，那死的人可不少了。

A：这是国民党被打跑的时候吗？

B：嗯嗯，他们打了一仗，国民党之后就跑了，咱庄附近没打过仗，离着前线远点，要是离火线近了的话，那咱可就遭殃了。

A：是的啊，刀枪无眼的，打仗老百姓遭殃啊。

A：大爷，您想想那时候八路军在咱们这边开展工作的时候有没有动员老百姓去当兵呢？

B：动员来，你像那个张莫利是抗美援朝当的兵。那解放战争的时候是张胜村、张茂村去当的兵，这两个去的，都没回来。

A：都牺牲在那边了吗？那时候应该也有动员咱们老百姓去支援前线吧？

---

① 老人村庄往南 15 里路左右。

B：支援前线没怎么动员，都是按人口派的，就是去给前线送粮食。我去给送过，那时候我 19 岁左右吧，还没有多大的劲，推不动车，就让我给帮忙拉车子。那时候是黑天了以后，才给送去的，大炮隆隆的，真吓人啊当时。

A：是哪次打仗去给送的？是打卞庄的时候去给送的粮食吗？

B：那次打卞庄，咱这边是国民党，没去给送。是后来共产党打回来的时候，从北面打过来，一直往南打，我们去南边给送的。那时打碾庄子，村长安排去给送的。这是任务，你必须得去。当时就是不是任务咱也是得去，那边打仗打得厉害，需要东西。共产党来咱这边对咱好，虽然俺家划的是地主，我毕竟是读过书的，还是看得很明白的。村长一般头天晚上到家里给说好，谁谁谁去送小米，安排谁都得去，给你说到哪个地方去。

A：小米是哪里来的呢？是咱们自己筹集的吗？

B：都是公家的，上高都①推的，那里有个粮站。白天去推，去的高都，送的时候都是黑天去，白天去的话天上有小飞机，你看到那个红头小飞机一打旋就毁了，赶紧躲，除了要扔炮弹就是打机枪，得赶紧找个坟子头避避。

A：还挺危险的啊！您都是白天去高都推，晚上再送到碾庄子是吧，那时候跟你一起推小米有多少人啊？

B：咱庄上当时是安排了两个，还有别的庄上的，晚上都是给说好到一个地方集合，然后有领路的一伙去送。

A：晚上去送，不怕有土匪抢吗？

B：土匪不敢，公家的东西他不敢抢，再说也有当兵的护送。

A：那时候领路的是当兵的吗，都得先去集合在一块去是吧？

B：有领路的，都是咱一个区域一块的，比如说咱张庄就一个乡一伙去。来来回回都是人，俺去的时候就有人回来了，俺回来的时候还有人去。

A：这个支援前线到底是怎么发动的呢？是咱们百姓自发的吗？

B：都是村长、农协会他们组织的。有时候开大会说，多啥时候是挨家挨户通知。

A：开会都讲什么？

B：讲共产党的政策，然后安排工作，这都是任务。

A：给开这些会，老百姓没什么意见吗？

B：一般的，都能听话，能理解。他安排吧，咱们就去，不过也怪害怕啊。也有不去的，他不强制。不和国民党似的，你不干他就揍你。共产党政

---

① 村子东北方向 30 里。

策好，谁不去上学的话，都会去家里劝他去。你望望现在谁家的小孩不识字，一长大就都送幼儿园去了。以前不行，上学供不了就不上了。以前有段时间曾经推荐上大学，谁的成分不好就不让谁去，选不出人才来，要是现在还这样就坏了。现在就不怕谁才分高，咱中国就是这样才强起来的。你看现在哪个国家的领导人不都来找习近平主席会谈，来访问，说明咱国家强大了。

A：嗯嗯，国家确实强大了，老百姓的日子也好过了。

B：人活一辈子不就吃穿住三件事吗？现在是吃不愁穿不愁，出门还有车。

A：哈哈哈，是的哈，咱们国家日子好多了呢。

A：大爷，您再想想，当时当兵的话，也动员了吗？给当兵的家里什么东西吗？

B：有些富裕的村还会给点路费。

A：嗯嗯，那时候去当兵给家里什么好处吗？

B：没有，什么也没有啊，当兵哪有什么照顾啊。

A：那时候家里有当兵的，还让去送粮食吗？

B：送，得送啊，这个没听说过有什么说法。

A：您去送过几次粮食，离咱这里远吗？

B：就送过一次，离咱这里有六七十里路远，就在苍山县城。就那一次都吓死了，看到飞机从头上飞来飞去的。我从小就胆子小，要不我也去当兵了。

A：那时候送粮部队有编制吗？

B：有，几军几师，咱闹不清，好像和部队那一套差不多。

A：那时候咱村有去抬担架的吗？

B：有，俺爹去来，还有张默顶。不是一回去的。送粮食，一天就回来了，抬担架的好像时间挺长，去了得好几次吧。

A：您父亲去的是哪里呢？

B：到西洋楼，那里开火啊。

A：哦，还组织到别的地方支援吗？

B：那时候好几回，都安排一波一波地去，几乎庄上的人都安排过。

A：对了，大爷，那时候咱庄有民兵队吗？是一个村里组织，还是一个公社里啊，有枪吗？

B：是一个村里一个民兵队，有发的枪。张泉村他爹张洪得就是咱庄上的民兵队长。

A：为什么让他当民兵队长啊？

B：他当队长就是他大爷张爱军选的，他大爷不是咱庄上农协会长加村长嘛。

A：那时候民兵都训练吗？

B：不训练，子弹都太缺了。

A：那时候妇女都干什么呀？有没有组织其他支援的任务？例如给做鞋、套被子等等的？

B：咱庄的不做。女的都是在家里，也有给做饭的，让我们带着。

A：嗯嗯，看来我们是全体总动员支援前线哈。那行，就到这里吧，大爷，有问题我再来问你哈。

三、分段整理

（一）基本情况概述

1. 家庭情况

我叫张志原，出生于 1927 年，今年 92 岁，现在跟老伴一起生活，老伴比我小三岁，今年 89 岁。日本鬼子来我们这里的时候，我 10 岁左右，到 1945 年抗日战争结束，那年我才 17 岁左右，还没结婚。那时，家里有俺姊妹三个，我、弟弟、妹妹；还有两个老的，爹和娘。俺爹在 1949 年后，吃食堂的时候去世的，俺娘到了 2003 年走的。俺妹妹比我小 3 岁，鬼子走的那时候也得 15 了吧，也已经是家里的主要劳力了，俺弟弟比我小 7 岁，也就八九岁。但是我父亲、我弟弟，还有我妹妹都有一定的精神病，在发病的时候不能干活。我和老伴有七个孩子（两个儿子、5 个女儿），年龄最大的是大儿子，今年 67 了，现在就在村上生活，大儿媳妇前几年不幸去世了，大儿子天天来。二儿子也在村上生活，四闺女在济南，其他也都是在附近的村庄，来得都怪勤。土改的时候，给俺父亲划的地主成分。

我自从 2013 年去赶集，让一辆拉货的大汽油三轮车撞了之后，腿脚就不利索了，之前都能去赶个集，卖个东西，现在这个钢板还在腿里面，没取出来。现在老了，也没有出去过，平时天气好了，还骑着车到处去转转，也去赶个集。我现在饭量很好，一天两顿饭，早上八、九点、下午五、六点吃。中午要是饿的话，也吃点东西，像月饼、饼干这些，平时那个瓜果也不断。一顿饭我能吃两个煎饼、喝一碗稀饭，老伴两顿不如我一顿吃得多。老伴长期吃着药，有心脏病，走路容易喘。

2. 村庄基本情况

南张庄村，位于山东省临沂市罗庄西南部，是一个自然村，村庄地势平坦，周围有好几个大型工厂，带动了周围村民的就业，提高了人民的经济水平，人民生活有保障，但是也带了一定的污染。

在1949年初期，村庄有200来人，20来户，现在村庄有200户左右，有700人。在战争年代，村庄出了好几个革命战士，其中在解放战争时有两个战死在前线。那时村里的村长兼任农协会会长。村庄之前有几家地主，像"大个子"孙步贤他家，都有几百亩地。现在村庄像我这么大的老头子没有了，庄上85以上的老头就剩我了，其他的都比我小十岁左右；村西头还有一个老太太，今年99岁。村庄最近两年有很大的变化，在新一任村支书的带领下，村庄完成了路路通，村庄整体面貌大有改观。

（二）抗日战争胜利与土地改革

1. 抗日战争与胜利

抗日战争的时候，庄上没有驻扎的日本鬼子，在下面作乱的都是维持会、二鬼子这些孬种，经常到庄上来要东西、抢东西。他们这些日本鬼子都在据点待着，都是一个兵团一个兵团的在一起。一伙小鬼子驻扎在临沂城，时间长了他出来巡逻，巡逻也是跟着小二鬼子们一伙，横行霸道的，抬着机枪大炮的，下来扫荡的，一般都不会直接去打他。其实，在临沂里面住的小鬼子，他们在城里指挥着，一般都让这些小二鬼子去给他们干事，就像盖房子一样，他们是钢筋水泥，这些二鬼子、维持会就是砖头和墙皮。这些维持会的也是有地方住，他们住在乡公所，以前的付庄是付庄区，下面有好几个乡公所，那个时候也和现在差不多，县区乡的好几个级别。我们村子属于涑河乡公所，乡公所的这些维持会二鬼子经常到庄上要粮食、要钱。来到先问村长要，村长再带着一家家地要，都拿着枪，横行霸道的，不给就抢。不过，那时候这边没有直接和小鬼子干起来的，因为村子这边当时共产党的部队少，主要是游击队在这边活动着，他们一般都是晚上去搞小鬼子的炮台，对咱这边的环境都很熟悉。

那时候小鬼子说话乌拉乌拉的，我们都听不懂，他们身边有翻译官，都是学生跟在后面。抗战的时候，我们周围村子没怎么有当汉奸的，就是那个张胜村，他那时候逃荒，逃到了西岸镇，在那边没有什么吃的，就当了汉奸。当兵的有很多：张孟盛参加过"土八路"，刚加入的时候是"土八路"，到了后来就转到正牌部队；还有张印荣他五叔，也是"土八路"；"大嘴"（一个人的外号）他哥也参加过"土八路"，这两个人在打下庄（兰陵县城）的时候死了；还有张保村，那时候也是参加过"土八路"，有一次打仗，他身边的好多人都死了，就他从尸体堆里爬回来了。那时候他们也叫着我去当兵，我当时差点也干了，就是因为胆小怕事所以没干成。

那时候当兵没有多大的要求，你去报个名，部队上的人简单审核一下你的身份，考验考验你是不是特务。一般情况下，身子骨强硬的就去了。咱庄上的这一伙都是一起长大的，当兵的想法一提出来，他感觉到行，就组织一伙去了。那时候要当兵是举手欢迎，因为生死不一定，还天天撸枪杆子打仗。那个时候的"土八路"可了不得，是能吃苦人才干得下去，他们都是夜行军，晚上是到处去，在一个村上住下后，可能就住个两三个小时就起来换地方，然后再住几个小时，再换，一夜都可能转移六七个地方。这样做有扩大声势的原因，创造舆论。他们这些人，到处都去，游遍满天下，其中连胡庄有个大队长李花垣，带着人去炸小鬼子的碉堡，去拦铁路。何庄的杨杰，带了一批人，后来投奔鬼子，做了汉奸，当了临沂第十三队队长。

我小的时候就跟日本鬼子有接触，吃过日本鬼子给的糖。那时候叫我去黄山乡公所出夫，一去就是连着干了好几个月。那时候我大约12岁左右，他们安黄山据点。这个小日本鬼子怪喜欢小孩，他们要是看到小孩就把他叫过去，喊着"小鬼、小鬼、过来过来"，把我叫过去之后，他从兜兜里掏出来糖块给我吃。那时候我还干不了多少活，不能拿铁锹，不能拿棍，他们就让我给搬石头。和我一起到黄山出夫的有三十多人，其中我们村上去了五个，我们这些人都是乡公所向各个村庄上要的，然后村长再安排老百姓，咱庄上那时候人少，安排安排着就到俺家了，家里就让我去。

2. 土地改革

日本鬼子被打跑之后，共产党先来我们这边做的工作，像打地主、分田地、儿童团、识字班等等。我那时候就去教过识字班来，都是义务的。到了打仗以后，因为都忙着打仗就不再教了。之前我还带过儿童团，张环村去当兵我也去送过，送到丰山，一人一斤锅饼，大人给我们这些小孩锅饼叫我们回去。

共产党来了先是组织起来了农协会，然后闹土地改革，给我们分地。土地改革给我家定的是地主成分，其实我家里地也不多，有40亩地左右，那个时候的亩不是现在的亩，是大亩地240竿子，放现在得有60亩。成立的农协会，有会长、指导员，我还记得当时头一个会长是张绍伟，后来他有病死了，就到了张爱军他大爷当会长。那时候各个庄都有农协会，农协会会员都是贫农，庄上都是由农协会来带着组织分地、斗地主，上边没有工作组来指导着分地。在那个时候分地，都是看谁家里穷，谁家里没有地，就分给谁地。那时候地里收成不好，种地都种高粱、蜀黍，后来赶江南，听说人家那边种水稻，就跟着学习种水稻。那年代麻樱都还没有，这个也是后来才有的。

（三）支前运动的动员与参与

这个小鬼子被打跑了有一年多点，国民党就和八路军又打起来。本来共产党在这边做的工作挺好的，这一打起来，就都投入到战争了。村长和农协会长接到任务，要给前线支援。这样就得组织人，那时候去组织人只管着用两条腿去喊，庄上那时候人也少，到了下午，庄长就从东到西地喊着说开会。村民就都走出来上街上聚在一起开会，这个会到了解放后也是经常开的。那时候就说共产党要打过来了，得准备好粮食，安排人一组一组地去给送粮食，抬担架。就问有自愿的吗，没有的话就安排。那时候人少，安排安排着就来一轮。各个庄上都这样。那时候说打仗，其实都参与了。他前方打仗，后面就得有人去支援，国民党也是这样，他们也需要物资准备的。这个头一次是国民党打过来，就是安排到了我家，我爹就让我去的。这个第二次就是共产党解放了这边以后，往南边攻打，我爹他去推的小车子。

（四）支前与胜利

到了1947年，国共两党打起来了后，国民党从卞庄那边打过来了，然后从东边李庄镇才把共产党打退到了西山林。然后又过去了有一年吧，共产党又打回来了，解放了孟良崮，然后一直往南打啊，在碾庄子打了一仗，把国民党彻底打跑了，然后咱们这边就算是彻底解放，之后新中国成立了。那时候我去给卞庄打仗的时候送过粮食，俺爹和俺自己家的叔去给打碾庄子抬担架，送粮食。

1. 国民党攻打共产党（卞庄之战）

1947年春上，国民党从南边来打共产党。那一战打得很激烈，炮弹隆隆隆地响，跟打雷一样，但是国民党他们没有得逞，我们共产党的部队都是浴血奋战，死抗硬守地坚守了下来。那一次打仗，我们村上张胜村、张茂村参加的，就牺牲在那边了。国民党后来选择绕到了东边的李庄镇，然后从那边又打过来的，咱们八路军就撤退到了西边的西山林。

打卞庄的时候，村长说俺家里需要去给前方运粮食，我就去了。那时候19岁左右，还没有多大的劲，推不动车子，就拿着绳子跟着拉车。我和其他人白天从村里去东北方向的高都粮站去拉粮食，然后回来在庄上等着。到了晚上，给我们说到哪里集合，我们就一伙人都去这个地方，然后趁着夜路走啊走啊，一直到卞庄边上，这晚上一路上都是人。我们刚刚去，就有看着回来的人，一路上稀稀拉拉地都是人。这个送粮食啊，那时候都挺害怕，白天国民党的小飞机就从头顶上过去，你要是看到了这个小飞机啊，就得赶紧找个地方趴下。那个小飞机乱飞，我那次看到那个小飞机，飞过去，然后又飞回来，从头顶上一下子降下来，往下面扫射，扔炸弹。

2. 共产党解放重新打回来（碾庄子之战）

共产党的部队从临沂的北边打了孟良崮战役之后，从那边往南打了过来，我们这边的国民党自己就跑了。国民党在碾庄子那边停了停，然后就开打了起来，死的人不少，他们国民党的人也不撑打，没过几天就跑了，共产党的部队赢了，他们国民党的人就这样一直往南撤退了。

那时候一听共产党的部队又打回来了，庄上的村民也很高兴，听说北边的孟良崮战役打得很厉害。解放军的军队说还得往南边打，正好南边碾庄子说还有一伙国民党，这样就去了。庄上就组织着老百姓去给抬担架，去给送粮食。我爹就是被派去的，他和俺自己家的一个叔一伙就推着小车跟着走了，到了碾庄子真打起来了，他们放下小车，就抬起了担架，打了有几天，国民党的部队就撤了，他们就回来了。

3. 国共两党的区别

共产党的部队人家在这边政策好、纪律好，他们国民党的就不行。国民党逮到八路军是逮到一个杀一个，他国民党在临沂住的那一年杀死的人可不少，几乎每个庄上都有。他们看到谁像是共产党，就杀死谁。我们村上的张宝村就是因为当农协会会长死的，被抓到了临沂，杀死了。隔壁村子的王庄和李庄被杀死的多，得有七八个。咱们共产党的要是逮到了国民党、维持会，不枪毙还给他五毛钱，让他回家。国民党在这边砸鸡吃，使劲要东西，共产党在这边一年就收一回，不多要。

（五）奖励与回馈

咱们共产党，政策好，你看看现在的学生，谁不去上学，都去他家里劝他去上学，都是义务教育。所以现在的孩子没有不识字的，从小就给送到幼儿园，年龄够了就送到小学进行义务教育了。以前的生活都赶不上，那时候就是考上了大学都不一定供得了，就光这一点，咱国家就了不得。提高了技术、提高了文化才管，这样国家才能越来越好。

以前有段时间是推荐上大学，谁的成分不好就不让谁去，选不出人才。要是现在还这样的话，可能早就坏了。现在就不怕谁才分高了，咱中国就越是有才的人正干才能强起来。你看现在其他国家不是经常来中国访谈，找习近平主席嘛，这说明我们做的是对的，咱们国家从初级社到高级社，再到人民公社，都是一步步慢慢地改进过来的，就是"文化大革命"不好。到了后来，邓小平就搞改革开放，我们的好日子才慢慢地好起来了。那时候光说楼上楼下电灯电话，我都不相信啊，放在现在去看看，是都实现了。就是那个集体农场还没实现。就我腿脚不好，出门得靠骑着这个三轮车，不然就出去看看了。人活一辈子很好了，不就吃穿住三件事吗？现在是吃不愁穿不愁，出门还有车，国家是越来越好，你们就好好努力，上好了学才能走出去。

四、调研日志

张志原老人是我们村男性长者中年龄最大的，今年92岁。按照村庄里的辈分，我应该称呼老人为大爷，大爷就是大伯的意思，也就是说他是我父辈一个辈分的人。而张志原老人的年龄其实和我爷爷的年纪相仿的，比我爷爷小6岁，都是20世纪20年代的人，如果爷爷今年还在的话，应该98了。看着眼前年迈的老人，仿佛是在跟自己的爷爷拉家常似的，这样的感觉已经是第三次了。因为这是我上大学以来第三次找老人进行访谈，前两次是关于农业生产合作化和土地改革的故事。

这几次之所以都找张志原老人，一个原因是"老熟人"了，因为老人在我小的时候就是和爷爷家前后院，之后又和我家是前后院。可以说老人是和我的亲人们一样，看着我长大的，所以交流起来没有问题，对于他家的情况我也了解很多，交流起来有话题；二是因为那个时代过来的人已经不多了，张志原老人现是我们村上男性中最大的一位，第二位都比他小七八岁左右。村庄附近其他村子像他这么大的男性老人也不多了，而且很多记忆的很少了；第三个原因是张志远老人小时候家庭条件好，读书读到高中，是一个文化人，不仅记性好，思维和表达也很清楚。

有时候，问着问题，看着眼前这位依然魁梧、有精神的老人，我脑海里会常常出现这样的问题，如果同样的问题能够问爷爷的话，他应该会怎么回答呢？因此有时候时常会和老人不由自主地交流到我爷爷，从他口中听到那个熟悉而又模糊的亲人。每当这时，我又只能苦叹，岁月不饶人，前几年年少好玩，没能够抓住机会多跟爷爷交流。如今爷爷已经去世了4年，去世时94岁。其实爷爷92岁时，和面前的这位老人差不多，依然很健谈，经常赶集和串门，和眼前的这位老人也是老朋友了，只是已经没有机会和他聊这样的话题了。

从学校放假回家，问了父母老人最近的情况，听到父母说老人依然很健壮，经常见推着小车出来看看。而我由于找了份兼职，一直没想好什么时间去做调研，也忘记先去拜访一下老人。时间就这样悄悄过去十几天，在农历六月天的一个雨后初晴的下午五点，积云散去，微风轻轻吹过，带走了之前的酷热，空气弥漫着泥土味道和野花的芳香，清新飒爽。这时，雨后的大街上，早已热热闹闹，在家的人早早地走出来呼吸着新鲜空气，每个路口都有三两个人在那闲聊，路上行人的脚步也放慢了许多。还有一些拿着农具骑着小车向农田方向去看庄稼的农民。我从家里走了出来，看到刚刚经过电闪雷鸣和瓢泼大雨洗礼过的村庄，格外亲切。屋后大街上的水泥路上除了几个小水坑有点积水之外，其他路面很快就干了。这时，我的目光投到了一颗石榴树下，有个老人坐在马扎上，拐棍放在旁边，还有一辆小巧的红色三轮车放在旁边，他正看着来来往往的行人，呼吸这新鲜的空气，享受着雨后的惬意。

我笑嘻嘻地走向前去，和老人聊起来了。老人还是很畅谈，接连问了我这半年学习情况等等问题，我一一作答。心生惭愧，因为这么长时间没有上门拜访，而一见面老人就问我的学业问题，十分关心。我便将这次关于支前运动的调研的任务跟老人说了，老人很认真，开始跟我讲那个飞机怎么在头顶上飞，他们是怎么冒着生命危险去支援前线的事。由于这次没有携带提纲，也没准备录音等等，跟老人聊了半个多小时后，就将老人送回家中，本想跟老人及其老伴约个时间，最后老人看出我的意思，便说了他都在家，让我有时间去就行。

大概有一个星期后，找了个下午，我和我的同学们一起拜访老人。调研之前，老人非常热情地让我们吃西瓜，然后认真地在 T 恤衫外披了个单褂子，整顿好衣装，然后打开风扇。老人虽然腿脚不方便，但非常认真，一切准备完毕后，他拿过一把椅子坐下准备配合我们调研。

岁月虽然在他的脸上留下沟壑般的皱纹，但是清醒的头脑和抖擞的精神依然。调研共持续了 3 个多小时，中间没有间歇。老人和我们聊起那段故事时，很激动，说到经典的时候，老人用动作来展现当时的场景。例如：白天从后区粮站用小车推粮食到各自村庄等待晚上送往前线，在这过程中，经常见到国民党的飞机飞过来侦查，然后看到他们的运量队伍，会在空中盘旋，然后眼瞅着下降，用机枪扫射，用炸弹轰炸。老人还给我们分析故事背后的原因，例如：当年的游击队都是能吃苦的人，每天晚上还换几个地方睡觉，去偷袭碉堡。其中就有造声势的目的，让鬼子闻风丧胆，让老百姓安心。

此次调研，让我对战争年代有了更加深刻的认识：一段段刻骨铭心的往事，记录着那个艰难困苦的岁月；一幅幅硝烟弥漫的画面，展现的是普通战士勇敢无畏的表现，正是他们的努力，他们的无私奉献，才有了不断的胜利。跟随着老人的诉说，仿佛看到众多的普通民工挑着扁担、推着小车、抬着担架，成帮结队地行走在乡间道路上，用他们的汗水保障了前线士兵能够勇敢杀敌，使解放战争胜利的曙光到来得更快了一步。他们那时正青春，跟我们现在差不多大的年纪，然而那时是炮火纷飞、动荡不安的岁月，随时都有牺牲的风险，他们在艰难中前行，组成源源不断的支前队伍为前线做好后勤保障工作。如今他们多数已经逝去，属于他们的那些感人的故事也逐渐随他们淡去，而他们的事迹会被传唱，他们的精神会为我们这些后辈继承。

李让三支前口述资料

李玉倩

（政治与公共管理学院 2018 级政治学与行政学二班）

采访者简介

　　大家好，我是李玉倩，来自山东青年政治学院政治与公共管理学院政治学与行政学 2018 级二班。我的家乡在山东省东营市，黄河奔腾入海，黄蓝交界之口。我热爱阅读、工笔国画，好奇这世界上的每一处风景。我相信，敢于尝试新鲜的事物，生活才会有新的乐趣。我喜欢毛泽东气势磅礴、雄浑豪放的诗篇《沁园春·雪》，诗中雄视古今，一句"俱往矣，数风流人物，还看今朝"将远大抱负诉说得淋漓尽致。青年怎么样，国家便怎么样；青年有梦想，国家才有未来。每个人都为美好梦想而奋斗，背负着我们应有的担当和责任向前。

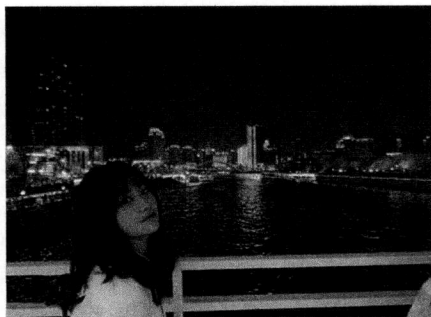

一、受访人基本信息表

调研点	山东省东营市广饶县稻庄镇辛庄村	受访者编号	LYQ20190819LRS
调研员单位	山东青年政治学院政管学院	受访者性别	男
调研员姓名	李玉倩	受访者姓名	李让三
调研员联系方式	15610127638	首访时受访者年龄	86
受访者类型	85 岁以上老人支前	首次采访时间	2019 年 8 月 19 日

是否有干部经历	否	曾担任的干部具体职务及时间	无
是否生育	是	受访者结婚的时间节点、生育子女的具体情况	1958 年结婚；1959年生第一个孩子，共有四个孩子，其中两个女儿，两个儿子。
现家庭人口	4	家庭主要经济来源	务农
受访者所在村庄基本情况	辛庄村位于山东省东营市广饶县，毗连淄河店村、北成口村、北塔村，东临东青高速，小清河流经村庄西北角。该村属于温带季风气候，夏季高温多雨，冬季寒冷干燥，山清水秀，气候宜人。村庄多种植高粱、小麦、玉米、棉花等。村庄现在大约有 3000 人口，当地村民多以在本地务农和个体经济为主要经济来源，人地矛盾缓和，随着城市化的发展，村庄整体向城市迁移。		
受访者基本情况及个人经历	老人 1935 年出生在山东省东营市广饶县辛庄村，从小受过良好教育，年轻时在村镇当财务会计，以务农为生。23 岁结婚，24 岁生了第一个孩子，共生有两个女儿两个儿子，现在单独居住。老人经历过日本鬼子扫荡村庄、济南战役、土地改革、"大跃进"和人民公社化运动、"文化大革命"、改革开放等重大历史事件。在抗日战争结束时，老人大约 11 岁，是家里的主要劳动力。老人的二哥参加了解放军，在前线当炮兵助手，负责装卸炮弹、炸药，后期在铁路局工作。二十几年前，老人跟随儿女进入城市居住，目前生活和身体状况良好。		

二、全文整理

访谈时间：2019 年 8 月 19 日

A：李玉倩　B：李让三老人

李让三老人为调研员李玉倩的爷爷，目前独自居住。本次调研过程有调研员李玉倩、李让三老人和老人的大儿子（调研员的父亲）。老人非常配合此次调研，主动讲述当年的故事，讲到激动处，老人时而低头默默低语，有时看向远方，时而又举起双手比画着描述当时战争的场景。

A：爷爷，您今年多大了？哪一年出生的呀？

B：我是 1936 年生人，84 了。

A：您一共有几个孩子呢？

B：我有四个孩子。两个闺女，两个儿子。

A：那您记不记得抗日战争的时候日本人哪一年进的村呀？

B：1937 年的时候，日本人就进了咱们村了，在小清河那修的楼子。那个时候日本鬼子很厉害！一进村子，就开始打老百姓。老百姓见他们一来吧，啥也不管了，到处跑，跑到那坡里他们就不撵了。那些日本人就光在街里，偷鸡抓鸡吃，抢东西的大部分是汉奸、二鬼子。

A：咱们村子里进了日本人，大概有多少啊？

B：他们到村里来大概一半是日本鬼子，其他都是汉奸、二鬼子。

A：他们平时在村里住下吗？

B：不住，抢了东西就跑。也不敢在村子里住，他们在据点住。

A：离咱们村最近的鬼子据点在哪里呢？

B：鬼子住的地方很多了，附近一共两个点，离咱们这里五里地的小清河上有个点，庄外一里多地也有个点。那时候我们都叫它鬼子楼子，小清河那个比较大。

A：打鬼子的时候，咱这块都有哪些部队啊？

B：咱这里是共产党打的鬼子，打这个小清河的楼子就是李德玉他爷爷领着，在纪家疃村那里组织的"土八路"，跟他们说很好打。陈秋叶指挥着"土八路"，当时都头朝南趴在纪家疃村北门的苇子墙上，来了十几个鬼子、二三十个汉奸。等到他们走到跟前的时候，一下几乎全部把他们打死了。打死之后还剩一个跑到了老百姓的猪圈里，让老百姓们用砖打死了。

A：鬼子是哪一年被赶跑的呀？

B：1945 年吧，那一年日本人无条件投降了。

A：鬼子被赶跑的那年，您有多大岁数？家里有几口人？

B：我想想……1945 年十来岁吧，家里有 5 口人。

A：日本鬼子被赶走以后，咱们这个地方是哪个部队接管的？属于共产党还是国民党？

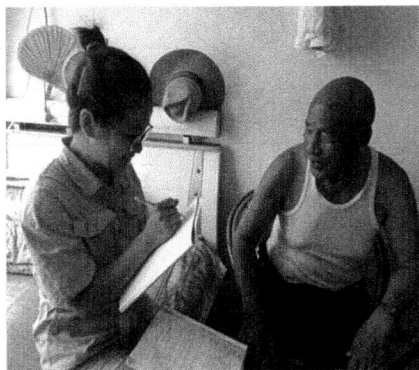

B：国民党当时的力量大，李占顺的爷爷当着乡长。1947年以后就很乱了，共产党和国民党开始打仗，谁也不知道哪一天结束。我们就都躲在家里，记得当时有个地主当时喊："救命菩萨来了！救命菩萨来了！"当时大家都很生气，差一点把他打了，那人最后还是被人活埋了，这是1947年的事，那一年辛庄子打死好几个人。那时候的共产党力量弱，没有武器没有力量，手枪步枪这些没有几个，就只有手榴弹还是人家爆炸团给的，当时穷啊，后来慢慢地扩充大了，有了兵工厂就好了，就厉害了。现在的日子好了，改革的这些年厉害了，之前打仗的时候我们都吃不饱饭，现在的日子真好啊。

A：共产党在咱们村里的时候大概是哪一年稳定下来的？

B：大概哦，1945年鬼子投降那时候还有拉锯战，共产党、国民党你一天我一天轮着站岗。大概两年，1947年就稳定了。

A：那时候咱们村子里是谁在管事？是村长吗？

B：村长管事。

A：当时的村长是怎么选出来的？

B：村民自己选的。

A：咱们村子里哪一年开始土地改革、分田地的？

B：1947年开始分田地，二了地主。土改基本上日本人一投降就开始了，但是分地晚一些。

A：是共产党还是国民党给咱们分的田地？

B：共产党啊，国民党基本都在县城不下来，村里还是共产党管事。

A：土地改革这件事是谁在管理？是村长、土改工作队还是外来的人？

B：村长在管理，没有外来的，那时候都不敢，我跟你说，县长都不敢露头，共产党都是单线联系，那时候你也不知道我是共产党，我也不知道他是。到了1949年才敢说自己是共产党，之前都是秘密。

A：当年土地改革的时候咱们家里有几口人？

B：5口。

A：土地改革以后，家里生活条件怎么样？经济情况处于个什么位置？

B：那时候没啥吃的，还是穷。

A：土地改革之前那时候咱家里有多少地？

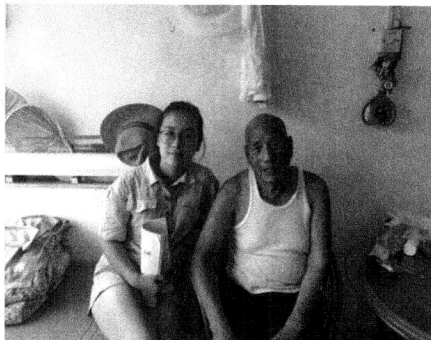

B：那时候家里得有三四亩吧，那些年靠天吃饭，不下雨就没得吃了。现在讲的话，一大亩就是三亩三，也就是打八九十斤麦子。那时候咱们村子里，就是种高粱，为什么这么说呢，因为咱们村子里没有泄水的地方，只有个小水沟，那时候只要下了雨就往那流。那几年，只能种高粱，其他的根本不出样子，有时候一下雨水就到膝盖，只能种高粱。

A：土地改革的时候咱们家被划为什么成分？是贫农、中农还是什么？

B：这个事吧，因为你大老爷他是知识分子，文化水平高，咱们当年被划为了中农。其实咱们是贫农，当时也是吃不了饭，吃不起。

A：土地改革过程中，咱们家里得到或者失去了什么吗？

B：没有没有，动是动哪一部分呢？动就是动富农，咱们村子里没有地主，其他人不动。把富农的土地、牲畜、房屋啥的就都收回来了。成分高一点的，也就是都收回来了。咱家划的是中农，啥也没动。

A：除了种地，家里还有什么其他收入吗？

B：没有，那时候哪敢干这些，那时候家门都不敢出去，八九岁了没去过广饶县城。

A：土地改革之后，咱们家的经济情况怎么样？好一点了吗？

B：还不行，直到入了高级社才行了。

A：那时候是共产党和国民党谁管理咱们村子？

B：那时候拉锯，今天是国民党，到了明天就被赶走了，来了共产党。

A：土地改革的时候共产党还有过哪些事？比如办识字班？

B：识字班那就是很靠后的事情了，那时候都是晚上，1948 年才开始办的。我们集中在富农搬出去的那个院子里一起学习，你爸爸那个年纪的时候就有专门辅导的了。

A：国民党的队伍是哪一年进来的？

B：正式进入山东是 1947 年从青岛那里进来的，很容易，一天一夜就打进来了。这些人从东三省那里沿着青岛过来的，从青岛安的家，然后修的铁路一路来到了济南。

A：那时候家里有当兵的吗？是参加的哪支部队？

B：家里有个哥哥参加了共产党，当时去战场上当炮兵，给人家装炮弹。1947 年的时候参的军，那时候跟着村子里三四十个人一起去的，而且那时候当兵就是都在一堆儿，不跟现在一样你去这我去那。

A：一开始的时候，老百姓们对参军、支援前线是什么态度呢？

B：老百姓们有的不愿去，担心上战场。当时有个笑话，闺女家找婆婆愿意找那腿瘸的、眼睛看不见的，那种人参军不要，不用去。

A：当时的参军是必须去吗？动员组织着一起吗？

B：那时候到了年纪必须去。如果你不想去，比如说你就得拿十块钱，又来了，再拿十块钱，拿着拿着没了，就得去当兵了。

A：当时负责参军、支援前线的是咱们自己村子里的还是外来的部队在管理这件事？

B：咱们村上的村长在管，没有外来部队。

A：村长是党员吗？大家听他的安排吗？

B：村长是党员，但是当时不敢露头，让人知道了可不得了。大家都听村长的，不敢不听。

A：当时参军、支前运动这件事是怎么动员宣传的？是开会、写标语吗？

B：就是叫你去，挨家挨户地问，到了年纪你就必须去。不开会、不发传单就是今天通知你，明天你就得去。

A：当时来咱们家动员了吗？都说了些什么？

B：来了，就说你到年纪了去当兵吧。

A：那时候咱们庄上直接参军的有多少人？

B：这个不清楚，今天去一波明天去一波，战场上有死的也不知道。

A：那时候参军有年龄限制吗？最小是多少岁？

B：十六七就可以去，十七八的就必须去了，最大的二十来岁。那时候一些没有爷爷奶奶没有父母的早早地就走了，在家没得吃饭，跟着打仗还有口饭吃。

A：参军的家里有物质补助吗？

B：那时候没有，只顾的打仗了。后来国家太平了，就有照顾了。就一家二亩地，也给点别的东西。

A：咱们村上参军的，在外打仗牺牲的多吗？

B：咱们村上也就牺牲了两个，很多都回来了，也有一些就跟着部队走了。

A：那时候咱们交公粮负担重吗？

B：交粮食，一年交一回，推着车子上村那交。根据你地里的情况交，有的交 500 斤、有的 300 斤、200 斤的都有。

A：老百姓积极性高吗？

B：差不多，得交粮那，不够了还得借。

A：新中国成立 70 周年之际，您对我们这一代青年人有什么嘱托和期望吗？

B：现在太平了，日子越来越好了，不像以前没得吃没得穿，说来还是共产党好，改革开放好。你们年轻人得好好学习，以后好好报效祖国！

三、分段整理

（一）基本情况概述

1. 家庭基本情况

我叫李让三，出生于 1936 年，今年 85 岁。我 23 岁结的婚，日本鬼子来的时候我才两岁多点。1945 年抗战结束，那年我 10 岁。解放战争那年，我 12 岁。小时候记得，村里人一起斗过鬼子，一边打一边躲日本人。我的二哥当年参军，当炮兵帮人家装炮弹、打炮弹，后来在战场上把耳朵震聋了，然后被调到铁路局。我这一生经历过很多大事，比如日本鬼子扫荡村庄、济南战役、土地改革、"大跃进"和人民公社化运动、"文化大革命"、改革开放等，不容易啊。

2. 村庄基本情况

老人前几十年一直生活在广饶县稻庄镇辛庄村，这个村是个自然村，毗临淄河店村、北成口村、北塔村，东临东青高速，小清河流经村西北角。此村庄多种植高粱、小麦、玉米、棉花等，当地多以在本地务农和个体经济为主要经济来源，男人在家种地和外出务工的比较多，有一部分还经营着小生意。随着城市化的发展，目前村内老人较多，村内整体向城市迁移趋势明显。

（二）抗日战争胜利与土地改革

1. 抗日战争胜利

1937 年日本鬼子就进了村子，当年进村里的时候在小清河那修的楼子据点。鬼子一进村子，就开始打老百姓。老百姓见他们一来，啥也不管了，到处跑。跑到那坡里他们就不追了，那时候的村民都躲在田地里不敢出来。那些日本人就在街里来回转，偷鸡抓鸡吃，日本人那时候不打人只抢东西，拿着金银财宝就跑，其实抢东西的大部分是汉奸。大概他们也就是来几个日本鬼子，大部分是汉奸，汉奸都是咱们附近这儿的人，汉奸跟着鬼子。我们都恨日本鬼子，也恨汉奸，他们都是合伙着一起来的。是共产党打的鬼子，就是这个小清河那个楼子，是李德玉他爷爷领着，纪家疃村那里组织的"土八路"，跟他们说很好打。陈秋叶指挥着"土八路"，当时都头朝南趴在纪家疃村北门的苇子墙上，来了十几个鬼子，二三十个汉奸，等到他们走到跟前的时候，一回全部把他们打死了，打死之后还剩一个跑到了老百姓的猪圈里，让老百姓们直接用砖打死了。抗日战争的时候，村里镇里组织军队参军入伍，把鬼子打出我们村。

2. 土地改革

1947年开始土地改革、分圧地，那时候的土地改革就是村长在管理，没有外来的。那时候共产党都是秘密的，还没有露头，县长都不敢露头，都是单线联系，那时候你也不知道我是共产党我也不知道你是。到了1949年才敢说自己是共产党，之前都是秘密。土地改革之前穷，都吃不上饭。那时候家里得有三四亩地吧，那些年就是靠天吃饭，不下雨就没得吃了。现在讲的话，一大亩就是三亩三，也就是打八九十斤麦子。那时候咱们村子里，就是种高粱，为什么这么说呢，因为咱们村子里没有泄水的地方，只有个小水沟，那时候只要下了雨就往那流。那几年，只能种高粱其他的根本不出样子，有时候雨大到膝盖。那时候的土地改革动的是富农，咱们村子里没有地主，其他人不动。就是把富农的土地、牲畜、房屋啥的就都收回来，成分高一点的，都收回来。土地改革的时候还有其他的活动，比如识字班那就是很靠后的事情了，那时候都是晚上，1948年才开始办的。我们这些小孩子们才学习，在富农搬出去的那个院子里一起学，我大儿子那个年纪的时候就有专门辅导的了。

(三) 支前运动的动员与参与

支前运动开始的时候，国民党正式进入山东是1947年从青岛那里进来的，很容易，一天一夜就打进来了。这些人从东三省那里沿着青岛过来的，从青岛安的家，然后修的铁路一路来到了济南。我记得村里管事的号召大家一起参军入伍，挨家挨户地说到了年纪必须去，不去不行。那时候到了年纪必须去。如果你不想去，比如说你就得拿十块钱，又来了，再拿十块钱，拿着拿着没了，还是得去当兵。那时候家里有个哥哥参加了共产党部队，当时去战场上当的炮兵，给人家装炮弹。他是1947年的时候参的军，那时候跟着村子里三四十个人一起去的。那时候当兵就是都在一堆儿，不跟现在一样你去这，我去那。那时候当兵，十六七岁就可以去、十七八的就必须去了。最大的二十来岁。那时候一些没有爷爷奶奶没有父母的早早地就走了，在家没得饭吃，跟着打仗还有口饭吃。刚开始参军的积极性不高，都不愿意上战场。

（四）支前与胜利

支前运动在抗日战争结束以后，那时候的村子里就是国民党和共产党拉锯战，你一天我一天，特别乱。在我的记忆里，支前运动结束的时候我有 13 岁的样子，当时村子里知道战争胜利的消息，村子里的人别提有多开心了！

（五）奖励与回馈

眼看着新中国成立 70 周年了，现在太平了，日子越来越好了，不像以前没得吃没得穿，说来还是共产党好，改革开放好。你们年轻人得好好学习，以后好好报效祖国。

四、调研心得与感受

支前运动是解放战争时期艰难岁月的写照，是人民群众无私奉献的体现。调研的目标就是试图留住革命岁月中的记忆，通过真正经历过那段历史的老人的诉说，复原那个时期一件件小事，让记忆在我们这代人的心中鲜活起来，让红色精神永远流传下去。

中共刘集支部旧址位于山东东营广饶大王镇刘集村，是 1925 年春中共刘集支部的诞生地。刘集支部是山东省农村最早的 4 个党支部之一。刘集村，一家家农村小院的围墙上都刻着中国共产党的党徽，缓缓驶过"用党徽围绕平整宽敞的街道"。通过李让三爷爷的一言一语，他向我诉说着那个年代的故事：抗日战争、解放战争、抗美援朝，好像就在眼前。与李让三爷爷的谈话中我了解到爷爷参加过剿匪战争和对越自卫反击战，他向我讲述了战争的残酷，几乎每天都能看到身边村民的牺牲。爷爷眼里充满了泪滴，他拉着我的手说：其实，在走上战场之前，每一个战士都想到了死，当一个战士准备为国家牺牲自己的时候，就已经参悟了生死。我意识到，我们今天的幸福生活来之不易，这是革命先辈们用自己的热血和生命换来的。而谈起今时今日老百姓的生活，李让三爷爷的眼中闪出了祥和的光芒。我身处其中，想象着那段艰苦的英雄岁月，砸木行事件让我拍手称快，火烧刘集惨案让我痛惜不已，我们的心情也随着进入革命战争年代所看到的一切而沉重。

《共产党宣言》博物馆的门口，我看着庄严的马克思雕塑、深沉的色彩、雄伟的党徽，马克思雕像的左边还刻着共产党宣言，无不在向我们述说着这里曾经发生过的一切。这里保存着首版中文译文的《共产党宣言》和铮铮铁骨的历史英魂；刘集中共支部的大院旧址，承载了一批批爱党青年对入党誓词的重温和信仰；长长的刘集地道，凝结着多少前辈的智慧和心血。因为我们知道，这只是历史的一个缩影，在这背后，还有许许多多为我们所不知的故事。

　　一种文化、一段历史、一份记忆。前往刘集革命爱国主义教育基地，开展一次"爱国主义活动"，旨在缅怀先烈，也让我们从中"牢记历史，勿忘国耻。珍爱和平，振兴中华"。我们受益匪浅，此行于我们来说意义重大，能让我们知道"一粥一饭，当思来之不易；半丝半缕，恒念物力维艰"。这一次，的确在我们内心最深处激荡起浪花，让我们深知身为一名中国人应勿忘历史，砥砺前行。

殷凤花支前口述资料

顾宁宇

（政治与公共管理学院社会工作专业 2017 级）

 采访者简介

　　我叫顾宁宇，一个热爱生活、乐观开朗的女生。平时喜欢听听音乐、看看电影。在大学期间，学习成绩优秀，位于专业前列，计算机二级、英语四六级证书不在话下，曾获三等奖学金以及优秀团员的称号。兴趣爱好广泛，喜欢唱歌、弹吉他，曾参与大学生合唱团，与热爱音乐的伙伴们一起唱歌；积极参加各种文体竞赛，一二·九大合唱获得三等奖，家说活动中获得三等奖等，还积极参加各种社会实践活动，曾在志愿服务项目大赛中获得奖项。我座右铭是"人一定要做自己的英雄！"

一、基本信息表

调研点	山东省威海市文登区宋村镇宋村村	受访者编号		GNY20190819YFH
调研员姓名	顾宁宇	调研员单位		山东青年政治学院
受访者姓名	殷凤花	受访者性别	女	受访者年龄	93
支前时年龄	23	参与支前的类型		开展妇女工作
土改时成分	贫农	支前时家庭人口数		6 口人
受访者结婚的时间	1949 年	受访者子女数量		4（三男一女）

首次采访时间	2019.8.19	调研员联系方式	17860522917
受访者所在村庄基本情况	殷凤花老人所处的宋村，是宋村镇政府驻地，全镇的政治经济文化中心，也是全镇人口最多的一个村子。它坐落在胶东半岛东南部，位于宋村镇的中心地带，依山傍海，环境优美，经济发达，交通便利。这里是典型的季风性气候，气候四季宜人，地势平坦，适合人的居住和瓜果蔬菜的种植。该村多种植小麦、玉米、大豆、红薯以及各种蔬菜水果等，这里有区内最大的蔬果贸易市场，也对外运输农作物。村里有养猪场养貂厂，家家户户基本上都养鸡鸭，青壮劳动力多以在本地务工为主，也有一些在外地或者出国打工来补贴家用。 在抗日战争结束之后，宋村由共产党领导，组织农民进行土地改革、种植粮食等。在解放战争时期，村内青壮年去当兵，村内留下的人负责种粮食，将粮食提供给前线打仗的部队。村内的妇女也给前线的士兵们纳鞋底、做衣服。 改革开放以后，宋村依靠自己优越的气候和地理位置，对外出口村民自己种植的瓜果蔬菜。现在村内有200多户，1000多人。村民依靠辛勤劳动发家致富，过上了富足的生活。		
受访者基本情况及个人经历	老人1925年出生，今年93岁。老人24岁结婚，25岁生下第一个儿子，共有三个儿子一个女儿。大儿子前些年病逝，小儿子4岁时夭折。老人1949年入党，担任了48年的妇女干部，一直坚持在后方做组织工作。老人和她的丈夫都是老党员，但老人由于当年的党员档案遗失，导致现在享受不到老党员的福利。老人有两个姐妹、三个兄弟，三个兄弟中有两个当过兵。老人的丈夫比老人小两岁，1946年当兵，一直在支援前线，直到1949年才回到家中。老两口身体都很好，只是老人有一只眼睛自幼失明。在和老人的交谈中，发现她的思维还算清晰，语言表达比较清楚。老人经历过抗日战争、第一次土地革命、支前运动、第二次土地革命等运动，一直在后方做了48年的组织工作。有一段时间不分昼夜地去做工作，天天开会，虽然很累，但是心里很有成就感。老人从小家里很贫苦，找了对象之后家里的条件依旧没有改善。但是老人说，虽然以前的日子很苦，但是那也是一段难忘的岁月。现在的生活变得这么好了，电灯、电话等都普及了，她感到非常满足。在结束妇女干部的工作之后，老人和丈夫一直在村内安稳地生活，也经常去开党员代表会，为党为国家贡献自己的力量。		

二、全文整理

访谈时间：2019 年 8 月 19 日

A：顾宁宇　　B：殷凤花　　C：殷凤花的丈夫　　D：村内村民

殷凤花老人曾是宋村的妇女干部，做了整整 48 年妇女工作。在村支部书记的帮助下，调研员与老人约好了时间前去探望。老人早早地在家中等候，老人的老伴在调研过程中也赶了回来，同老人一起接受访谈。在调研过程中，调研记录员曾丽明负责拍照、录音，村民帮忙转换调研员提出的问题，翻译老人说的话，老人全程表现得非常兴奋、健谈。在这里，感谢村民翻译，感谢调研记录员的全程记录，更要感谢两位老人的积极配合，使本次的调研活动顺利开展。

A：奶奶您好！今年多大岁数了？

B：今年 93 岁了。

A：您平时都愿意搁家弄么①？

D：您平时在家都干么此处②？

B：噢，干么！我多大岁数，我 24 岁结的婚。③

D：那结婚不早啊。

B：不早，那时候算是结婚晚的。

A：这是有多少年啊？

B：那时候我在当妇女委员。

D：那时候当妇女委员啊，真厉害的，是不是？

B：老头去当兵了，老头 1945 年走的，1949 年回来的家。

A：就是刚打跑日本鬼子的那个时候吗？

B：对，1945 年走的，1949 年回来的，就是刚解放的时候回来。

A：您是一直在宋村住的吗？从一开始就没有搬过地方吗？

B：嗯，我就是宋村人，老头也是宋村人，俺俩一个村的。

D：你（村民指的是殷凤花老人）也是这村的，俺大叔也是这村的。

----

① 在家干什么？

② 老人没有听清，村干部帮忙转述问题。

③ 老人有点没有理解调研员说的话，问她平时在家做什么，但是却回答成了自己的过去。

B：你坐着（老人示意村民坐下说话）。

A：那时候咱村大概有多少人在这里住的？

B：多少人在这里住？

D：她能知道吗？我都不知道。

B：你（老人指的是村民）肯定不知道，你岁数还小。

D：我也是这个村的，我姓邵，刚离开的那是我姑的闺女（指另一位村民），邵培荣家的，邵培荣是我姑。

B：噢。你们来访问这个东西是上级要求的吗？

A：是学校让来的，就是想请您讲讲解放前的事，好让我们这些青年学生多了解历史，像你们老一辈学习。

D：大学生，有个调研课程，搞调查研究。

B：哦哦，我老，1945年走的，1945年去当的兵，1946年入的党，1949年来家了。

A：您有几个孩子？

B：几个？哈哈（此处老人对突然忘了自己有几个孩子觉得有点尴尬），我得算算，三个小子走了一个还剩两个，一个闺女。

A：打日本鬼子的时候咱们这个村里有没有日本鬼子呢？

B：有啊！咱们这回龙山上就有，我在家那时候，回龙山上住的日本人。

A：哦，回龙山上有鬼子的据点，那他们经常来村里吗？

B：那阵子回龙山的鬼子老下来扫荡，上村里扫荡，抓鸡，反正不干正经的事儿。

A：那咱们这边有没有什么部队在呢？

D：除了鬼子，咱们有其他的部队在这驻扎的，是不是？没有，哦，那时候有民兵。

B：有民兵。再是，像是回龙山上有八路军。俺家老头弟兄6个有3个当兵。老大老二老三老四，他是老四。

A：当兵的有没有什么补贴给家里？

B：那阵不讲补贴，全是自愿的。

D：没有补贴，那都属于义务兵一样吧？后来才有是不是？

B：嗯，以后才有。

A：爷爷当兵回来之后给补贴了吗？

B：回来之后的话，这不是在队上干活么，就赚工分。

D：那时候还没有补贴，后来才有，就是近几年才有的吧。当完兵回来以后就是普通老百姓了呗。

B：嗯嗯，对的，那时候不讲这个。

A：那时候您家有几口人啊？

D：那时候您家姊妹几个？

B：我家里啊，有姊妹俩，有几个兄弟，得现算。

D：慢慢来，别着急。

B：仨兄弟，你等我用算数纸现算啊。

D：哈哈哈，说别的是假的，您脑子还挺好使。

B：大兄弟走了，还剩俩兄弟。

D：这样就是总共姊妹六个啊。

A：那日本鬼子被赶走了以后，咱这是谁管的，共产党还是国民党？

B：共产党啊，国民党都在大城市里。

A：您对当时打鬼子的事，还有啥印象吗？

B：日本鬼子在山上，共产党领着大伙把日本鬼子打跑了。咱村有个人叫众所，就招呼着拆城啊，这不是日本鬼子在回龙山盖了城楼嘛，他喊着都出来拆城。可当时咱村里没有人听见枪响，是怎么回事，打日本鬼子的时候咱村人异口同声说李龙爷保佑，管谁也没听见，我听见了所以我知道。回龙山上日本鬼子打跑啦，赶快点去拆城啊！这个人招呼着赶紧拆城，就这么个事。日本鬼子一直在回龙山上，还有那时候有粮票，你口袋里要是装着粮票，让日本鬼子逮到他就说你是八路军。

D：嗯，有粮票就属于八路军，那阵日本人发的是良民证。

B：嗯，对啊，粮票是八路军的，它不是讲三大纪律八项注意嘛，用粮票向老百姓买粮食。咱村里有一个人，让日本鬼子抓住了就枪杀了，一个姓张的。从布兜里翻出了粮票，就被枪杀了。那时候从村里去外村，从外村进村里，都得有一个像通行证一样的东西。他的粮票让日本鬼子检查出来了，就被抓住说他是共产党八路军，枪杀了，就在回龙山枪杀了。

A：共产党在咱这接管了之后，就开始土改了吗？

B：土改那是以后吧，就是五几年的事。

A：土改不是有第一次在 1947 年的时候吗？

D：1947 年改了一回，解放之后又改了一回。

B：这个我不记得了，我只记得五几年搞土地改革。我在家那阵，不是村里划了四个连嘛。我那时候是我们村三连的，我在一连这找的婆家。我那阵 1949 年入的党。

A：哦，您也是党员啊！

B：我1949年入的党，老头1946年入党的。

A：那您知道土改这个事是谁在管，是村长还是有农会之类的？

B：土地改革有工作队，就是上级派的工作队来领导土地改革。

A：就是不是咱村里的，是上面派的人领导。

D：就是国家的，也是集体的事。

B：我记不清是什么时候的事了。

A：土地改革的时候您在干什么，1947年的时候？

B：1947年，我20来岁的时候啊，我当妇女干部就下去做工作，下去做什么工作呢？就是挨家挨户地告诉你用财主的地，不用给财主钱。但是有的人不敢啊，白天改了，晚上就去送钱，所以我们就得去看着这样的。

B：因为我是妇女干部啊，1949年就发展我入党。在过去，有一年整党，正好是我生孩子的时候，当时三孩子我在家坐月子。整党要登记写名，你不登记就当你没参加整党，当时我去不了，别人给我登记的日子不对，所以就没领党钱。

D：那你现在还领党钱吗？

B：没有，现在也不领，我是新中国成立那天入的党，但是档案上日期不对。

D：真是可惜这个老党员了。

B：嗯，我算个老党员，老妇女干部。

A：那您家里，您的爹妈当时都干啥的？

B：我的爹妈是北京人，俺家里穷，俺爹娶不着老婆，俺爹花钱买的老婆。我妈那时候在葛家的一个财主家当丫鬟，俺爹俺婆①伺候着，俺妈来的时候才9岁。

D：就相当于是买了个童养媳。

B：嗯，俺婆活着，俺婆伺候大的，养到十五岁还是十六岁结婚了。我老妈是北京人，她婆家是真穷，俺嫂兴②做豆腐卖，兴做火烧卖，就做这么个小买卖。我的老头弟兄6个，现在就剩老头自己了，弟兄6个四家人，就剩我们这一家了。

D：老爷子身体真硬朗啊，还能自己出去买药什么的。

---

① 奶奶。

② 兴：可能。

B：嗯，老头小我两岁，91 岁。我也行，我也能去。

D：我看您身体也挺行的，现在也不用儿女伺候着，是不是？

B：大儿子去年得了脑出血，四个钟头就走了，才 66 岁；第二个儿子跟媳妇在龙口，他之前在东北的银行里工作，这不也退休了；小儿子在文登搞装潢；小女儿在威海，现在还在工作，像是那种消防区，看着不让烧纸、不让打仗什么的，没有工夫来家；小媳妇儿老来家，送一些包子饺子吃的之类的。我老年的钱，因为我养的这个大儿子走了，孙子给他买了保险，买了九万多的保险。他走了之后，上头一个月给我 460，给大媳妇儿 460。反正老头儿也是当兵的，每个月有千八百块钱。我的那些钱就给媳妇了，让她买吃的什么的。

A：1947 年土改之前，您家里有多少地？

B：我娘家有三亩地。

A：三亩地是现在的亩还是过去的亩？

B：过去的亩，跟现在的亩也差不多。他（老人指的是她的老伴）家是真穷，当时分了地和房子，我这个箱子也是分的。我的这个房子是伺候我的兄弟分的，这边的二兄弟当兵，回来之后两条腿都不能走了，我伺候了他31 年。

A：那土改的时候您家是划的什么成分？

B：贫农啊，那时候他家啥也没有，是真穷！

D：您老伴回来了（村民对老人说的话）！

B：老头这些事他不如我。

A：那土改的时候您家除了地还分着了什么？

B：分了房子。

D：老爷爷回来了。

A：爷爷好！

B：人家来调查以前的事，你不懂。

C：嗯。

B：老头有点聋，听不见。

D：你（村民指的是老人）哪都挺好的，耳朵也行，思维也挺清晰的。

B：没听小媳妇高兴地说，妈这个脑子害了①。我眼也不行，眼是小时候三岁那阵弄土灰伤的，没有钱去医院就一直这样了。

———————————

① 厉害了，很棒。

A：那个时候地里都种些什么呀？

B：反正就是到什么季节就种啥。那时候还分了头牛，牛不能吃豆子，吃豆子就胀死。他（老伴）家真穷啊，弟兄四个，有两栋房，这个房子是我管着伺候二哥分的。二哥当兵伤着腿了，那时候他当兵回来什么也没有，上级找我和老头伺候他。那阵，当兵回来啥也不能干了，就双拐拄着一跳一跳地走路。因为我们两个都是党员，上级找我们说让我们伺候。书记就说，他（二哥）就找你们伺候，那我们就得伺候啊。我那时候有孩子，孩子都小，俺二哥来家给了 80 斤大米，他不能吃别的就得弄大米吃。我来的时候老爹就老（去世）了，老（去世）三年了。那时候妇女有岗，四个岗，一个连片一份岗，当时查岗上他家门口。我认识他爹，一个小老头在门口坐着晒日头，我就知道是他家，跟他的那时候他家真穷，管什么也没有，真穷。俺爹是瓦匠，出去盖房子。他家六个儿子，只有两栋房，该着谁住呢？大的抓一栋，小的抓一栋，我家就没有了。老三在他丈人家住，老二这不就派给我了，让我们伺候，这是上级给安排的。

D：他属于伤残军人吧。

B：嗯，二等残废军人，让飞机扫了。那时候他家三个当兵的，弟兄六个去三个当兵的，是三个吧（老人问旁边的老伴）？

C：嗯，三个。

B：老二老三老四。

C：我 1945 年走的，俺老二是 1947 年走的，俺三哥是 1937 年走的。我是老四，我是 1945 年去的。

B：那时候我的工作是什么呢？就是每天晚上都不回家，去做工作，那阵我们算个"革命之家"。我这东边家的老头 91 岁时死了，去年死的，他以前和老头一样，都是三等乙军功，三等乙都是最低的。老头当兵回来的时候，当时我妈那边的一个兄弟在整骨医院，说你家去告诉老四让他来医院上班吧。老头说我不去啊，上级给多少花多少，不给在家里干活一样过。我们伺候老二 31 年，老二的上级说了你要什么给什么，要车就给车，要什么就给什么。老二啥也不要，我能说啥么，他自己不能走啊，双拐拄着一跳一跳的，上级就找人伺候他。

D：他（指老人的二哥）哪一年老的？

B：二哥哪一年老的，73 岁老的。他家弟兄 6 个 3 个去当兵了，他家穷啊，当兵起码有口饭吃。

A：当时共产党有没有宣传上前线去打仗？

B：也动员啊，我在家那阵动员参军，我也动员参军。因为我是妇女干部，一个片就有一个妇女队长，满山跑。但是多数都是自愿去的。

A：那时候您是怎么做动员的呢？

B：那时候入党不公开，要是去开会，一开党员会就敲敲门，我就知道在哪开会，在树林里或者在哪个屋里，党员没公开，群众都不知道谁入没入党。

A：有没有什么口号，你还记得当时的宣传口号吗？

B：怎么没有，有啊，没有口号怎么宣传啊，"打土豪，分田地""踊跃当兵，保家卫国"之类的。

A：您在土地改革的时候分了多少地呢？

B：土地改革分了个牛，二亩地。

A：那时候家里是没做什么小买卖吗？

B：我那时候，我爹弟兄3个，我爹是瓦匠，他出去盖房子，再早一点的时候就是赶集搭棚子卖饺子、面条，所以我们家的条件比他家好多了。

A：那时候是谁领着上前线去的？村里的人还是外面的人。

B：谁领着上前线？

C：我不用，我那时候到区去，在区队，我自己去报的名。

B：反正就是当兵就去报名，报完名说不定哪一天就领着走了。

C：我17岁参军，我家里一共3个去当兵。

A：17岁去当兵了啊？

C：那时候什么样的都要，我那么小都要。

A：还有比您更小的吗？

B：他就算是最小的了。

C：我1945年的6月上区队了，我自己去报名的。

A：爷爷，咱村有多少人一起去的？

C：在区队里一起走的是5个。

A：跟您参军的这批人里面有没有牺牲的？

C：没有。

A：那您当时当的什么兵呢？

C：我在机枪连。

B：还是个小队长。

A：那时候还每天训练吗？

C：那时候不用训练，去就行了。我去的时候一看这个武器这么重，扛不动啊。报名参军那阵没掉过泪，一下那个连队我发愁了，拿不动武器。首长就说你不用发愁，那些大个子都没要，就要的我，说看我有才。我也挺争气，后来那些比我壮实的，比我年龄大的，都不如我。

B：他还是个班长，这不是有一年说是当过兵的给三千块钱。镇上就告诉我们去文登民政局，我和老头俩去的民政局，人家一查档案说干得还不错，在机枪连还是个班长。

A：村里当时去当兵的人多么？

C：村里好几个去当兵的，那时候没有动员的，也不用动员，都是自愿去的。

B：他那时候走的早，头一阵讲究成分，那时候与成分有关，富农、中农都不要。

A：共产党没有动员去当兵吗？

B：我那时候在家的时候动员去当兵啊。俺门口那家，当兵牺牲了，后来人家妈就不愿意了，还找过我。我是 1949 年入党，以后就是做妇女工作，再之后就管计划生育，一共干了 48 年。他是村里最早去当兵的，再以后就是动员的。

C：老二就是被动员去当的兵。

A：那村里当时除了男的去当兵，妇女儿童有没有在家里做一些被子、鞋呀之类的支援前线呢？

B：啊，给共产党做被做衣服啊，我都做过。发布料、针线啥的让群众缝被、纳鞋底。

A：解放战争那会不是要支援前线嘛，有没有给村里分配什么任务？

B：粮食就是任务，是上级给的任务，你就得拿。你是开着车来的吗？

A：嗯，开着车从文登来的。

B：文登的政府让你来调查的吗？

A：不是，我是大学生，学校有一个调研，希望来了解一下以前的历史，就是希望能让现在的青年能够了解一下以前的历史。

B：前一阵开了党员会，有个党员在村里当了三年的书记，叫邵明刚，他干书记的时候村里就有反映，邵明刚在哪入的党，都不知道在哪入的党。党员会是晚上开的，我不能走，老头去开的，我走道不行。门口的灯也不亮，我的腿也不行，我不能去。咱这 120 多个党员，俺俩是最大的岁数，老头一年拿 600 的补贴，老党员有，我不能拿。老头 1946 年入党，1949 年来的家，来家的时候，村里有一帮负责治安的人，他干治安，我干妇女干部。

A：治安，就是巡逻那种的，保障安全的吗？

B：对啊，就是民兵巡逻。

C：我来家在村里可出劲了，那阵我来家之前住在党校。

B：挂彩了在党校住着休养，等到以后就出来了。子弹在他手腕穿过去了，他挂彩挂得轻，现在都看不出来了。

C：我那阵都没去找上头，我当兵那阵腰肋骨都塌下去了，当时来的炮弹正好落到我们身边，那些人都死了，就剩我自己压在了泥底下，腰不能动了，我这个伤我能去找，但是没找。

B：最早是三等乙，三等乙是两条腿不能走，以后弄了二等乙，二等乙比三等乙多了两层，所以一年给三十块钱，那阵钱低，现在给一千一百块钱，就是当兵的钱，当兵挂彩的钱。

C：我怎么没去找这个事，为了俺家老二去找了十趟，那阵找可费劲了，跑了十来趟。

B：去了人家就问，你有什么要求，说没有别的要求，俺二哥两条腿都不能走。人家问你要什么，要钱还是要什么，他也不会说。我娘家兄弟在整骨医院，俺兄弟找医生给他检查，二哥说我不去找了，上级给我什么钱我就花什么钱，他自己说现在还不比过去强嘛。那当然是了，现在的生活不比过去强天上差地下嘛。我活到这个岁数，还剩两个儿子一个姑娘，前天我那个大儿子他闺女给他买的保险，这不走了（去世了）。姑娘买的保险，九万来块钱的保险，他使了一年多，给大儿子媳妇460，给我460。我过这样的生活，这个钱，我和老头俩也不能使，儿子死了，这个大媳妇，脑子不好，天天背着小书包到处走，那怎么办呢，没有办法。我们家的生活要求挺低的，要不我们怎么说满足呢，现在有共产党，国家有习主席，这些人挺负责的，挺好的，所以我们就满足。可是人家村里人说我啊，你这个党员真可惜，管计划生育那个时期，黑天白天地跑，没白没黑地干。都说你怎么不去找上级，我去了，上镇上去了，人家就说，你这个党员登记的档案是不对的。那怎么办呢，人家白纸写上黑字，那能说什么，拉倒吧，不要了，已经很满足了。

A：哎呀，真是可惜了。

C：那阵带着孩子没去参加整党。

B：那就是为了生孩子，没法去开会。那阵每天晚上，一气干到过年，每天整。每天晚上，没有法都抱着孩子去，头上那三个，俩小子一个闺女。那阵上面整党，你写上去知道有你这么个人，你不记的话这个人也就没参加入党。那怎么办呢，镇上说，按照你这个年龄你 1949 年入党，应该是老党员，一年两三千块钱。我说权当没有了，这个钱咱不花了。旧社会过来的人和现在的青年人不一样，受过苦，挨过饿，知道满足。就说垃圾堆谁扔的馒头，哎呀妈呀，真可惜，那么白，我都不舍得，因为我过过穷日子。

A：今年是新中国成立七十周年，现在国家发生这么多变化，您心里有什么感受吗？

B：你说我心里什么感受啊，现在真好！我都这么大岁数了，我说我现在很满足了，为什么满足了，最早隔山说话，现在都有电话电灯什么的。现在干活也去吃个苹果，我都挺满足的。因为什么，从前没吃没喝，我家老头子他妈出去要饭了，老辈子出去要饭了，要着吃，没有地。等到以后，土地改革分地了强了些，早的时候没有地，你想吃东西你没有地的话不行，没有地吃啥，为什么说财主家，人家过得好，他的地多，都有百来亩的地。

A：新中国成立七十周年，您对俺们这一代大学生青少年有什么期望吗？

B：我期望你们好，就是希望你们好好干，希望咱这个国家越来越壮大，越来越好！

A：好了，奶奶，谢谢您给我们讲了这么多。您也有点累了，以后再找时间听您讲！

三、分段整理

（一）基本情况概述

1. 家庭基本情况

我叫殷凤花，出生于 1925 年，今年 93 岁了，现在和老伴在一起居住在村里。我的老伴比我小两岁，我们现在身体都很好。我经历过抗日战争、第一次土地革命、支前运动、第二次土地革命等事件，觉得现在的生活很满足。我于 1949 年入党，因为档案关系，没有享受到党员的待遇。我有两个姐妹、三个兄弟，三个兄弟中有两个当过兵，二哥还因为当兵废了两条腿，我养我的二哥养了 31 年。我 1949 年 24 岁开始在村里当妇女干部，一直到了 72 岁才退休。在做工作的时候，虽然每天到处奔波很累，但是心里很有成就感。我的丈夫 1945 年参军，1946 年入党，一直到 1949 年才回到家中。我的丈夫算是村里最早一批去当兵的人，他是机枪队的队长，也是一个班长，在前线打仗，现在有二等乙的军功，我们是一个革命之家。我的父母是北京人，当时由于家里穷，父亲娶不到老婆，所以花钱买了我的母亲。我的母亲那时候在财主葛家当丫鬟，我的母亲来这里的时候才 9 岁，她是我奶奶养大的，养到十五六岁就和我的父亲结婚了。我们家在土改时的成分是贫农，家里很贫穷，父亲是瓦匠，靠盖房子维持一家人的生计。

那个时候，我和我老伴的家里都很贫穷，日子也就那么熬过来了，再看看现在美好的生活，我真的很满足。我和老伴是 1949 年结的婚，我们有三个儿子一个女儿，小儿子小时候溺水死了，大儿子前一阵也得病去世了。大儿子是 1950 年出生，二儿子 1952 年出生，三女儿 1954 年出生，小儿子 1956 年出生。我的大儿子去年得了脑出血，四个钟头就走了，66 岁走的；第二个儿子在龙口退休了；小儿子在文登做装潢；小女儿在威海，现在在消防区工作，工作很忙，很少有时间回来看我们；小媳妇经常回来看我们，并给我们送很多吃的。我平时就和老伴自己在家，我们的生活都挺好的，孩子也都挺好的。

2. 村庄的基本情况

我来自山东省威海市文登区宋村镇的宋村，是整个宋村镇上最中心、居住人口最多的一个村子，坐落在胶东半岛东南部，位于宋村镇的中心地带，依山傍海，环境优美，是个大村。那个时候村里有村长，也有书记，分地是上面派下来的工作队管的，工作队说了算。每个人分到的地大概有三亩，多种植小麦、玉米、大豆、红薯以及各种蔬菜水果等，每家除了种地自己也做点小买卖谋生。在抗日战争结束以后，我们村子就在共产党的领导下，动员参军、巩固后方，引导群众积极参与支前运动。村里的青壮年去参军，村里的其他人就种粮食、做被做鞋。以前村里人少，现在有差不多两千人口，我们村依靠优越的气候和便利的地理位置，对外出口村民自己种植的瓜果蔬菜，村民依靠这个发家致富，过上了富足的生活。

(二) 抗日战争胜利与土地改革

1. 抗日战争的胜利

抗日战争的时候，我们村的回龙山上有驻扎的日本鬼子，那时候回龙山的鬼子老下来扫荡，上村里扫荡、抓鸡，反正不干正经事。那时候有粮票，谁口袋里装着粮票，让日本鬼子逮到就说他是八路军。当时从村子里出去需要一个类似通行证的东西，我们村里有一个姓张的人，他的粮票被日本鬼子检查出来了，就说他是共产党、八路军，然就在回龙山上被枪杀了。那时候村里有菜窖子，菜窖子大，日本鬼子一来，我们就跑到菜窖里躲着，日本鬼子穿着大皮靴子，走路咯噔咯噔的，我们都很害怕。那时候年轻的女人都得把脸抹上灰，弄得很黑才敢出门，这样日本鬼子看不出来岁数大小，要不抓着年轻的就轮着强奸了。日本鬼子走了以后，我们村这就归共产党管。

2. 土地改革

我记得土地改革这个事是工作队管的，就是上级派的工作队来土改。土地改革就是租财主的地，租财主的地得拿钱，得给他东西。我1949年当妇女干部就下去做工作，挨家挨户告诉不用给财主钱，有的人白天改了，晚上就去送钱，所以我们就得看着这样的。1947年土改之前，我的母亲家有三亩地。我丈夫家也很穷，当时分了地和房子，我家的这个箱子也是分的。我现在住的这个房子是为了伺候我的二哥分的，二哥当兵回来两条腿都不能走了，我伺候了他31年。土改的时候我家划的是贫农成分，我家除了地还分着了房子，分了头牛。俺老头子家是真穷啊，弟兄四个，只有两栋房，这个房子我在伺候二哥，那时候他当兵什么也没有，上级就找我和我丈夫伺候，因为我们两个都是党员，上级找我们说你们得伺候。我那时候有孩子，孩子都小，俺二哥来家上级给了80斤大米，他不能吃别的，就弄大米吃。那时候妇女有岗，一个连片一个岗，当时查岗上我老伴家门口，看到俺家老公公，一个小老头在门口坐着晒日头。那时候他家真穷，什么也没有，但是我还是和他结婚了。当时土改有宣传口号，1949年就是"打土豪，分田地"。土地改革的时候俺家分了二亩地。家里除了种地还做了些小买卖，那时候我爹是瓦匠，他出去盖房子，再早一点的时候搭棚子出去卖饺子、面条什么的。

（三）支前运动的动员与参与

1. 支前运动的动员

当时去支援前线都不是强制性去的，都是自愿去的。那时候我在家的时候动员参军，因为我是妇女干部，我也去动员。一个片一个妇女队长，到处跑。那时候我入党没公开，开党员会就敲敲门，我就知道了，当时就在树林里或者哪间小破屋里开党员会。我丈夫那时候没有人领着上前线去，就在区队，自己去报的名。参加当兵就去报名，报完名那一天就领着去连队里了。我丈夫17岁参军，当时和他一起的一共三个去当兵。那时候什么样的兵都要，我丈夫个子不高，但是人家也要。他算是村里最早去当兵的一批了，自愿报名去的。后来村里也有一些人去当兵，这些就是动员去的了。村里那时候去当兵的人不多，就走了几个，那时候没有动员的。他那时候走得早，后来共产党动员着去当兵，我那时候做妇女工作，也动员群众去当兵。当兵有牺牲的，人家家里就不愿意了，还找算过我。我那是1949年入党，就是老党员了，以后就是做党的妇女工作了，这一干就是48年。

2. 支前运动的参与

我的丈夫在机枪连，还是个小队长。那时候不用训练，去就行了。他去的时候一看这个武器这么重觉得很发愁，因为个子小所以根本拿不动。那些大个子都没要，就要的我丈夫这个小个子，首长说他有才。村里那时候去当兵的人并不多，他还清楚记得他是 37 师 110 团的。他是村里最早去的，再以后去参军就是动员着去的，老二就是动员的去当兵。

（四）支前与胜利

当年支前运动的时候，我就没日没夜地下去做工作。打仗的时候，我老伴在前线打仗，子弹在我老伴的手腕穿过去了。他挂彩挂得轻，现在都看不出来了。当年打仗打得他的腰肋骨都塌下去了，他都没有去找赔偿。当时来的炮弹就正好打到了我丈夫身上，和我丈夫一起作战的那些人都死了，就剩我老头自己压在了泥底下。等打仗胜利了之后，他 1949 年就回家了。回家之后，村里有一批负责治安的人，他干治安，我干妇女干部。最早俺家老二是三等乙的军功，三等乙是两条腿不能走，以后弄了二等乙，所以一年多给三十块钱，那阵子钱给得少，现在给一千一百块钱，就是当兵挂彩的钱。治安就是民兵巡逻，保障村里人的安全，俺老头当兵回来之后在村里干得可出劲了。

村里除了男的去当兵，妇女儿童都在家给共产党做被做衣服啊什么的，我都做过。发布、针线啥的让群众缝衣服、被子，纳鞋底，然后再统一收起来。之前种地要交公粮，苞米、麦子是主要的，按照地收。那阵老百姓就算上缴粮食负担也不是很重的，国家也会留粮食给老百姓吃啊，有数啊，多少粮有数。不是你有多少地就交多少，你有几亩地，你这几亩地应该给国家多少亩地，都是有规定的。我们村子东边有粮管所，群众都推着车去往粮管所送。老百姓对这个缴纳公粮的积极性不存在高不高的问题，上级就规定这样的，就得交，不交不行。上头也会给老百姓分配棉花一类的东西，支援前线的时候给村里分配上缴粮食，就是给村里的任务。

村里人说我，你这个老党员真可惜没录上。当时干工作的时候，真的是每天没日没夜地跑。都问我说你怎么不去找上级呢，我去了之后，人家就说，你这个党员档案是不对的，人家白纸写上黑字，那能说什么，只能不要了。那时候就是为了生孩子，没法去开会。那阵每天晚上开会，我们没有办法抱着孩子去开会，你写在档案上就知道有你这么个人，你不记的话这个人也就没参加入党。镇上说，你 1949 年入党，应该是老党员，一年两三千块钱。我说全当没有了，这个钱咱不花了，不过我的丈夫现在因为当兵每年可以拿个千八百块钱，我们也挺满足的了。

（五）奖励与回馈

我心里的感受就是现在真好，我都这么大岁数了，活到现在已经很满足了。最早隔山说话，现在随着发展，电话电灯什么的都普及了，还有电视冰箱这些东西，可方便了。现在想吃点什么就能吃点什么，从前没吃没喝，因为家里穷。我丈夫的母亲以前还出去要饭，因为没有地，所以只能要着吃。等到以后，土地改革分地了日子才好过了一点。再早的时候没有地，想吃东西你没有地的话不行，没有地吃不了东西。为什么说财主家富裕，人家地多，都有 100 来亩地。现在什么都有，我真的很满足。我们家的生活那怎么说满足呢，现在有共产党，国家有习主席，这些人挺负责的，挺好的。现在国家也会发补贴，有这么多的福利政策，我们的日子也过得很好，所以我说我很满足。前一阵开了党员会，有个党员在村里当了三年的书记，是个坏党员，他干书记的时候村里就有反映，没有人知道他是怎么入党了的，所以说不要犯这种错误。再有就是旧社会的人不像现在的青年，看见垃圾堆谁扔的馒头，我都觉得真可惜，那么白，我都不舍得，因为我过过穷日子，所以我更加知道珍惜。最后我期望这你们这一代的青年好，希望你们好好干，咱这个国家越来越壮大，越来越好，希望你们好好干，让国家更加富强！

四、调研日志

八月十九日一大早，我就早早地和母亲回到老家。我有很久都没有回到这个村子里了，村子里已经发生了翻天覆地的变化，家家户户的房子都好像重新整修过了一般，村里的路也由原来泥泞的路变成了平整的水泥大路，整个村子现在变得非常整洁明亮。我们先是到了大队部，村里一名干部带着我们到了老人的家里。一开始，我的心里其实有一些忐忑，生怕自己无法和老人很好地交流，也害怕老人出现其他的突发情况，总之，很多可能性在我的脑海中闪过。我就是怀着复杂的心情来到了老人的家中。

刚开始我还没有很好地进入访谈状态，和奶奶对话觉得比较害羞，导致好长时间支支吾吾地问不出来问题，可能是由于准备不太充分，对这段历史了解还不够充分，所以说话没有底气。幸亏我的母亲一直在旁边引导着，才使得访谈逐渐步入正轨。老人讲述了她当年的经历。这位老人 1949 年入党之后，做了 48 年的妇女工作，一直兢兢业业，直到 72 岁才从工作岗位上退下来，这是非常值得尊敬的。老人的丈夫在解放战争时期当了四年的兵，在机枪队担任队长，一路奋勇杀敌，不断战斗，直到战争胜利才复员回家。甚至在战斗中受了很严重的伤，也没有向上级提出过多的要求。老人兄弟6个，有3个去当过兵，可以说老人的一家算得上是革命世家，不管是在前线奋勇杀敌，还是在后方做组织工作，都是响应党的号召，认真完成党和国家交付的任务，这种大无畏的精神值得我们这些青年人学习和发扬下去。

老人回忆起当年抗日战争时期，日本鬼子来村里扫荡，他们穿着厚重的靴子，靴子在地上发出砰砰的响声。日本鬼子进村里到处抓鸡，抢粮食，强奸妇女，老人他们当时就害怕得躲到菜窖里、草垛里藏着。老人回忆起当时的情景，还表现出有点恐惧的样子，这也就是经历过的人才能理解到的痛苦吧。土改的时候，老人家不仅分到了地，还分到了一头牛和房子，但这并没有改善老人家的生活条件，老人的家和老人丈夫的家里都很贫穷。老人的丈夫在我们访谈的过程中买药回来了，他们虽然都九十多岁了，但是身体都非常硬朗，老人的丈夫也同我讲了一些当年他去当兵打仗的事情。当年他去当兵的时候才17岁，算是村里最早一批去当兵的，他个子不高，但是首长就偏偏看上他，并让他当队长。直到新中国成立那年，老人才重新回到家中。老人的丈夫现在每个月都能领到当兵的补贴，前几年国家还为他颁发了军功章，这是何等的殊荣啊。老人回想当年开展工作的时候，说每天都要开会，不分昼夜地下去做工作，一直都是这样，不曾间断。我听完打心眼里佩服这位老人，那时的工作不好开展，而且非常辛苦，但是老人一下子就坚持了48年。老人的家里一直都不富裕，但是却从来没有叫苦叫冤。

访谈的过程中，老人一直表现得非常健谈，回忆并和我讲述了许多当年的历史，老人感慨现在的生活变得这么好，国家的繁荣昌盛，自己生活得也很开心，老人还对我们新一代的青年人提出希望，希望我们都好好地学习，好好地干事，好好地奋斗，叮嘱我们现在的条件这么好，一定要珍惜现在的生活。这次调研的难度其实不小，因为我对于支前运动的历史了解甚少，再加上经验不足，难免访谈时会有一些漏洞，访谈的效果也不是那么理想。但是我通过这次访谈收获了很多，不仅了解到了很多当年的历史和故事，而且我更加明白了今天幸福生活来之不易，作为新一代的青年人，一定要好好学习，为新时代国家发展和社会进步努力贡献自己的力量。

赵云祥支前口述资料

陈 婧

（政治与公共管理学院社会工作专业 2017 级二班）

采访者简介

本人兴趣爱好广泛，热爱音乐和唱歌，晚上会到操场散步或者跑步来锻炼身体。在平时生活中，喜欢看电影和阅读。因为专业的关系，平时热爱做一些志愿服务活动。曾荣获 2018 年度"山青十大阅读之星"称号，2019 年校优秀共青团员，晨之曦社工协会优秀志愿者等荣誉。

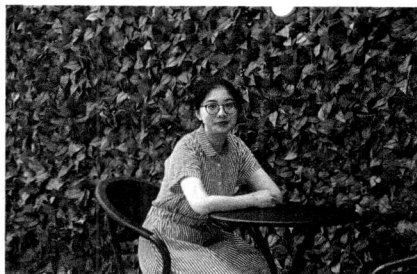

在暑假开展口述史调研中，令我最大的感触就是在那段艰难的日子里，有那么多的老兵默默付出着自己的一切，曾在历史教科书上学到的内容也鲜活起来。"哪有什么岁月静好，不过是有人为你负重前行"，我们应该铭记这段历史于心，我们更应该尊重这些老兵战士们。现在的幸福生活来之不易，应更加珍惜现在所拥有的。

一、受访者基本信息表

调研点	山东青岛市即墨区赵哥庄	受访者编号	CQ20190801ZYX
调研员单位	山东青年政治学院政管学院	受访者性别	男
调研员姓名	陈婧	受访者姓名	赵云祥
调研员联系方式	13697667313	首访时受访者年龄	89
受访者类型	80 岁以上老人支前运动	首次采访时间	2019 年 8 月 1 日

是否有干部经历	否	曾担任的干部具体职务及时间	无
是否生育	是	受访者结婚的时间节点、生育子女的具体情况	1951 年结婚；共有三个孩子，其中两个女儿，一个儿子。
现家庭人口	5	家庭主要经济来源	务农
受访者所在村庄基本情况	赵哥庄位于山东丘陵地带，地势较为缓和，空气清新，环境质量好，有南北通向外界的乡村公路。临海，属于温带季风性气候，夏季高温多雨，冬季寒冷干燥，海洋特征明显。该村庄多种植小麦、玉米、大豆、棉花、红薯。 当前，村民多以在本地务工为主要经济来源，人地矛盾缓和。近几年，村庄经历过拆迁，原村庄里的人都进行了搬迁，去了附近的村庄或到市里去租房，等待安置。		
受访者基本情况及个人经历	老人 1931 年出生，20 岁结婚，生有两个女儿一个儿子。老人从小受过很多苦，家里也不是很富有。老人经历过土地改革、"大跃进"、人民公社化运动、"文化大革命"、改革开放等重大事件，阅历丰富。 抗日战争时期，老人年龄尚小，记得当时大家都很害怕，一有风吹草动就关紧门窗，躲藏在家里不敢出门。解放战争后期，兄弟姊妹陆续长大，也有几个因为战争和其他原因早早就去世，活到现在的不多了。令老人最悲痛的是在 1949 年淮海战役之后，老人的哥哥在过长江时不幸牺牲。听到这个让老人和家里十分悲痛，回忆起来也不禁潸然泪下。 在祖国迎来新中国成立 70 周年之际，老人感慨国家发展得快，变化也大。自己和老伴现在生活也很好，之前一些想不到的或者不可能出现的一些东西，现在也都一一实现了，让老人感觉很幸福。		

二、全文整理

访谈时间：2019 年 8 月 1 日

A：陈婧　B：赵云祥夫妇

A：爷爷，您好。我是山东青年政治学院一名在读本科生，受学校团委委托，想了解一下解放战争，特别是民众支前的事。我们会把了解到的这些故事整理成文章，让更多的青年大学生了解那个年代，了解那个年代的青年人做的事，也算是我们年轻人为新中国成立 70 周年奉献的一份小礼物吧。您亲历过那个时代，应该有很多故事和我们聊一聊吧？

B：好的，是经历过不少事，年龄大了，不少记不清楚了。

A：爷爷，看您身体挺硬朗的，今年高寿啊？

B：我 89 岁了，1931 年生人。

A：打日本鬼子的时候，咱这儿都有日本兵吗？

B：有日本兵啊。他们还上我们这里搜刮粮食，很害怕。但是他们人不多，主要是些汉奸、二鬼子经常来，那些人比鬼子都坏。

A：那时候您家里有当兵的吗？是参加的哪支部队？

B：抗日战争那会没有，都还小。

A：鬼子被赶跑的时候，您大约有多大岁数？家里有几个人？

B：鬼子投降不就是 1945 年嘛，那会儿我 14 岁。当时家里 5 口人，我们兄妹三人，加上两位老人。

A：那日本鬼子被赶走之后，咱们这是谁的部队接管的？共产党的军队和国民党的军队有过争夺吗？接管后做了哪些事情？

B：一开始是共产党吧，国民党都是占据条件好的城市，村子里就是共产党先进来的。后来共产党和国民党有过争夺，我还记得国民党被赶跑以后，共产党八路军在庆祝的场面。

A：爷爷，那时候咱庄是谁在管事？他们是怎么产生的？他们都是党员吗？

B：那时是村长管事，是我们村民选出来的，是受村民信任的干部，选村长主要还是考虑他是不是能替咱老百姓主事。村干部里面有一个是党员，其他的不是。听说也有一个是从外面派来的，还是个党员。那个时候的共产党不公开，当时也不知道谁是共产党，是后来才知道的。

A：那您当时参加过村长选举或者干部选举吗？对于这种方式选举产生村

干部的方式当时有啥感觉？

B：没有，没参加过。那时候年龄不大，不让参与吧，反正就是没有亲自参与过选举，倒是后来有过几次。

A：爷爷，关于土地改革咱再回忆回忆。咱这啥时候开始进行分田地的？是共产党来了之后就给我们搞分地了吗？

B：鬼子被赶出去后差不多就开始了，我记得解放后搞那次土改和人闲聊的时候，有人就说到过，我自己是没啥印象了，鬼子投降那年才14，这种事是大人们的事。

A：当时是谁在管这个事？

B：谁管事不是太清楚，印象中就是抗日战争胜利后，村子里来了不少外地人，他们经常召集开会、演戏之类的。小孩嘛，就是感觉热闹了，村庄突然就活了。战乱嘛，看见有挎枪的能躲就躲起来，不怎么敢出门。领导土改的话，当时就是这些人组织的吧。当时村子里有好多组织，什么农会、妇救会、儿童团。咱也不知道是谁具体管啥事。

A：土改前家里有多少地？土改时，被划分为什么成分？这个成分是怎么划出来的？

A：差不多一亩左右。我们家被划分成中农成分。先是自己上报土地、牲口以及房屋这些，然后在会上决定。我们家地其实不算多，但是俺爹能干，房子盖得好，划成分应该是把这个也算进去了吧，地不多。

A：当时都种了哪些作物，一年收成分别有多少？够一家人吃吗？

B：种的麦子、土豆和地瓜，产量不多，只能刚刚够吃。

A：除了种地，您家还有其他收入来源吗？收入怎样？

B：在家里做做小针线活、小手工。打国民党的时候，我还给解放军纳过鞋底。

A：给部队纳鞋底是村里统一要求的还是自愿的？

B：有愿意做的，也有不愿意做的，我是自愿做的，那时候地少，不用上地，闲着也是闲着。

A：鞋底是统一收起来吗？

B：嗯，纳鞋底就是从村里领材料回家干活，到一段时间会把鞋底统一收起来。

A：这些事是村长说了算还是其他组织说了算？

B：就是村长说了算，也没有别人。农救会也管事，那时候村里也住着一些外来的，他们管什么就不知道了，一般都是村长或者农救会的人安排。

A：分土地也是村长说了算吗？

B：分地是农救会说了算，这个我还有印象。他们来过家里好几回，就是统计土地、房屋这些，弄得很仔细，养了几只鸡种了几棵树都算上。

A：分地之前村里开过会吗？

B：开会啊，不止一次呢。会上就把村里人的地都分完了，都挨家挨户地写好每一户该分多少。

A：那您家的经济情况在村里算好的吗？您和家人当时对土改是什么看法？

B：俺家中等吧，多少有一亩地。俺爹也会点手艺。大概村里街坊都是这个样子，不敢有什么看法。那个时候庄上管事的换来换去的，咱老百姓敢有什么看法啊，让干啥就干啥呗。

A：在一开始，老百姓对参军和支前是什么态度？是民众自发组织起来的，还是有人在动员组织？

B：有积极参与的，也有动员。村里去当兵的少，都是兄弟多的，家里穷就去当兵。支援前线的人数就多了，不少人去过。

A：负责这件事的人有咱自己村上的吗？是村长管吗？

B：对的。村长，大家听他的安排是因为他在村里的威望。在大会上开始动员，也一家一户地安排。

A：动员你们去前线的时候是用什么形式宣传的？

B：那个时候就是村里的农救会组织人去前线支援的，也没有多少宣传，就是按家里人口派任务，安排谁去就跟着去。

A：支援前线的时候有什么钱或者其他物资奖赏吗？

B：不给钱，都是义务的，自愿去支援前线。

A：1949 年之后有专门的人来调查这一事件吗？

B：没有，那些烈士有记录，有烈士塔，其他人没有。去支援前线的人挺多，基本上男劳力都去过。

A：那个时候村里有多少被动员去当兵的？

B：当兵的不多，但参加解放军的、国民党的都有。

A：参军之后有证书吗？

B：有的，参加解放军的发一个"光荣家属"门牌。

A：支前物资的粮食是以什么形式征缴的？那打仗这些粮食怎么运到前线的？

B：种地得上缴公粮啊。以前是种地主的地，交的是地租。土改之后就是交公粮，比起地租来，公粮负担不是很重。往前线运粮食啊，这个都有专门的村负责运粮队。

A：粮食是怎么运去的，是咱自己送去吗？

B：公粮是自己送到粮站的，他会给你开个证明。支援前线的粮食都是从粮站走，不用老百姓自家的粮食。

A：支援前线的运粮队是怎么运的呢？

B：就是用扁担从粮站里走挑过去的，也有用小推车的。

A：是什么时候给送呢，白天送去吗？

B：不是，都是晚上走。

A：这个路上有危险吗？

B：没有什么好路，都是晚上走。很黑，没有什么亮光。危险倒不是很大，人家有专门的人领着，也有当兵的护送。那个时候有去送的，路上也有回来的，人很多。

A：今年是新中国成立七十周年了，爷爷您回想一下从新中国成立一直到现在的国家变化，您有什么感受？

B：国家发展得越来越好了，越来越强，住进楼房，吃的也很好，感觉就是不愁吃不愁喝，挺幸福。

A：谢谢爷爷，打扰您这么长时间了，以后有时间再来和您聊天，听您讲讲过去的故事。

三、分段整理

（一）基本情况概述

我叫赵云祥，出生于1931年，今年89岁。1951年结婚，共有三个孩子，其中两个女儿，一个儿子。哥哥在参加淮海战役时不幸牺牲了，我在当时主要是往前线运送过粮食。

（二）抗日战争胜利与土地改革

日本鬼子来的时候大家不敢出大门，都躲在家里，生怕发出一点声音来。记得他们还上我们这里搜刮粮食，很害怕。当时我14岁，还没有结婚。当时

家里5人，我们兄妹三人，加上两位老人。哥哥自愿去入伍，参加过淮海战役，在渡长江时牺牲的。日本鬼子被赶走之后，咱们部队接管的共产党和国民党有过争夺，我还记得国民党被赶跑以后，共产党八路军在庆祝的场面。

当时是村长管事，都是村民选出来的值得信任的干部。有一个是党员，其他的不是。听说也有一个是从外面派来的，是不是党员、干什么事就不太清楚了。很遗憾没有参加过选举村长或者干部选举，没参加过。那时候光去种地，支持家里生活都够苦的。

（三）支前运动的动员与参与

日子鬼子被打跑了之后共产党就来领导我们这里。家里就分了地，但不多，给俺家分了两亩的地，划的是中农，分完地之后就有东西吃了。鬼子被打跑、国民党和共产党还没打仗的时候，这一片地方还很平静。抗日战争结束了以后，共产党经常在咱们这边活动，动员群众。

到了后来我们这里解放了，上面派土改队过来开展我们村的土改工作。村里出现了农救会，那个时候每个村上都会有这么一个组织。当时是八路军过来给我们村组织的，里面的干部都是本村的，没有外来的。农救会的会长就是被任命的。

我负责给前线送粮食。村里人去支援前线都是义务、自愿的。那个时候他推着小车给前线的八路军送粮食，去支援前线的人，其中有人用小毛驴驮着粮食，也有人用小车推着粮食，还有用扁担挑的。我没有获得什么荣誉证书，一般只有那些烈士有记录，其他人没有。1947年左右在我给前线送粮食的时候，我妻子就在家里给八路军做了好几年的鞋底。那个时候做鞋底有愿意做的，也有不愿意做的。材料都是村里领的，做完后有人会把鞋底统一收起来，那个时候村里除了农救会还有个村长管事。

那个时候分地，家里一共几口人，农救会就叫着家里的一个人过去看自己家里的那一片地的地边。分地之前会开一次会，在会上就把村里人的地都分完了，都挨家挨户地写好每一户该分多少亩地。在分地的时候地主也有不同意的，不过地主也会分到自己应得的一份。

（四）对新中国成立70周年国家变化的感受

国家发展得又快又好，村里的生活也富裕了，家家户户都安上了空调、微波炉、洗衣机、冰箱等家用电器。现在不少人家都有了电动车、电动三轮车、轿车等。到60岁时，就不用下田了，可以领养老保险金回家享福了。环境也变好了，村后的小溪，原来是浑浊的寸物不在，如今有了许多广告标语插在周围，环保工人通过自己的劳动改变了水的颜色，现在小溪的水清澈见底，连河底的沙石都清晰可辨。你们一定要好好学习，努力为国家建设美好的未来贡献自己的力量。

四、调研员心得与体会

重温历史，追寻那永远不会磨灭的历史。在那个炮火纷飞的年代，我们党和军队，在小米加步枪这种装备极为落后的情况下却战胜了军事力量极为强大的日本侵略者，战胜了装备精良、拥有飞机大炮加牛肉罐头的国民党军队。靠的不仅仅是过硬的军事技术、先进的军事设备，更是军民之间不断加深的血肉情，靠的是人民群众最无私的奉献和极其巨大的牺牲精神。

在回来的路上，已夜幕降临，我回想一天的采访，心灵被深深地震撼了。究竟是一种什么样的力量支撑着革命先烈们在如此艰难困苦的条件下前仆后继，浴血奋战呢？是一种推翻旧社会、建立新社会的远大理想，是为了共产主义牺牲一切的坚定信念，成就了革命先烈们勇往直前的思想动力和精神源泉。

战争的硝烟虽离我们远去，但革命传统作为宝贵的精神食粮要代代相传。特别是在当前中国全面步入新时代的关键时期，我们作为新时期的大学生，更应该继承和发扬这种精神，在这片先辈们抛洒过热血的沃土上开创更加美好的未来。

刘化奎支前口述资料

李雪凝

（政治与公共管理学院社会工作专业 2018 级）

采访者简介

爱好：做志愿服务、学习、听歌。座右铭：做一个温暖的小太阳，在世界上发光发热。暑期的口述史调研，让我第一次有机会近距离接触到老兵，真正地去了解他们的生活，真正地了解那过去的岁月。听完老人家的故事，我感触万分，让处在和平年代的我感到无比的幸运。尤其当看到老人家腿上残留的炮弹片，我的眼中盈满了泪水。这是无情的战争年代在老人身上留下的痕迹与伤疤。老兵，这是一群可爱的人，他们值得我们每一个人去尊重，值得我们每一个人去温柔相待。爱可能迟到，但不会缺席！

一、受访者基本信息表

调研点	山东青岛市平度市田庄镇宝落村	受访者编号	LXN20190815LHK
调研员单位	山东青年政治学院政管学院	受访者性别	男
调研员姓名	李雪凝	受访者姓名	刘化奎
调研员联系方式	19862103270	首访时受访者年龄	92
受访者类型	解放战争老兵	首次采访时间	2019 年 8 月 15 日

是否有干部经历	否	曾担任的干部具体职务及时间	无
是否生育	是	子女情况	5（4儿1女）
现家庭人口	7	家庭主要经济来源	打工
受访者所在村庄基本情况	宝落村是田庄镇一个自然村，紧挨于埠村、南尹家村，物华天宝，山明水秀，气候宜人，英才辈出。村内资源丰富，有锰、金、石墨。村民多种植玉米、花生、小麦、棉花。当前，村民多以在外地务工为主要的经济来源。		
受访者基本情况及个人经历	老人1928年10月26日出生，27岁结婚，生有四儿一女。老人参加过淮海战役、渡江战役等，主要负责后勤医疗工作。支前运动时，抬过弹药、支架。后来在解放三合山时被炮弹炸伤，成为残疾军人。老人腿内仍有炮弹碎片至今未取出。老人立下许多军功，得过众多军功章，跟毛主席合过影，但都没有很好地保存下来。老人现在仍然坚持着军人的信仰，为当过兵而自豪，热爱党，热爱人民。		

二、全文整理

访谈时间：2019年8月15日

A：李雪凝　B：刘化奎老人　C：刘化奎老人二儿子　D：刘化奎老人妻子　E：李雪凝妈妈

A：老姥爷，您多大岁数了？

D：他叫刘化奎，92岁了。1928年10月26日生人。

A：老姥爷有几个孩子啊？

E：6个孩子，4个儿子，2个女儿。

A：我联系的那个二姥爷多大呀？

E：60左右吧，他是老二。

A：老姥爷，咱从抗战到现在是一直住在这吧？

B：我当兵参加淮海战役、渡江战役。1951年转业回来，之前在外面当兵。

A：就是咱当兵之前也是在这是吧？

C：老家就是宝落村，好几辈都在宝落村住。

A：当时有日本鬼子的时候姥爷记着没有，那时候咱村能有多少人？

C：问你那时候咱村有多少人。

B：那时候有300来人，是个小村。

A：咱这里是行政村还是自然村？

E：应该是个自然村，咱抗战的时候应该在大泽山、三合山那里。

A：姥爷，鬼子来的时候您当时结婚了吗？

B：鬼子来的时候很年轻，那时候也就十来岁，汉奸在张戈庄住着。

A：咱这没有吗？

B：咱这没有，村子小，就张戈庄住着汉奸。

A：那鬼子在哪儿住着？

B：鬼子住在平度，沙河那里也有鬼子。一共也没几个鬼子，他们平时不怎么来村里。

A：姥爷，你啥时候结的婚呀？

D：27岁结的婚，解放之后的事了。

A：当时鬼子来的时候您有啥印象？

B：鬼子来过咱庄，还打死过几个小曼①来。鬼子来了，在咱庄来点火，弄了3个人绑在树上，点上火了，都烧成残废了。

A：还打死了小曼啊。

B：嗯，日本鬼子做的。

A：那是谁打跑了他们的，国民党还是共产党？

B：八路军，八路打跑的，那时候八路打的郭庄，1945年的事。

A：姥爷，那您当时参加抗日战争，打鬼子了吗？

B：打呀。日本鬼子投降以后，咱这来就平复了，被八路占了，咱这就木有事了。

A：姥爷，那时咱家里有地吗？

B：地，那时候有限的地，俺一家也就三亩来地。解放了以后，又分了一亩。

① 年轻女子。

C：那时候是有地主的时候。日本人走了以后就斗地主了。

B：哦，那个时候共产党就领导土改了啊。

A：姥爷，那你是不是入党了呀？

C：你姥爷半个字都不识，怎么入党。

E：就是退伍军人。

B：解放军过来就去当兵了，跟着部队去参加雅丹江平复。

C：你姥爷1947年当兵，1949年退役。当时阅兵号召退伍军人参加，咱也不懂，等去找就晚了，结果没赶上。

B：那时日本鬼子投降了，我当兵的时候日本鬼子就投降了，那阵跟国民党干上了，打的国民党。

A：那共产党是什么时候和国民党打的？

B：我参军那会已经打起来了，先是淮海战役，之后就是渡江战役。渡长江以后，就把国民党给解决了，就打垮了，蒋介石就跑台湾去了，不在南京了。

A：当时八路军把鬼子打跑后，国民党来过咱这吗？

C：国民党也到咱这了。

B：国民党1946年进攻杀了不少人在咱这。

C：就是胶莱河大惨案。那个就是国民党干的。

A：国民党杀的谁啊？

C：有老百姓，也有共产党。

B：杀了多少人？那个台州湾就杀了不少。

A：国民党杀的呀。

B：还乡团也杀了很多，咱这个岔我被斗了嘛，就当了国民党，就跟着国民党去了。国民党返回来是在1946年，1947年就开始杀共产党了。就那个样了，糟蹋了些人。

A：那胶莱河大惨案是什么时候的呀？

C：那是哪年的呀，大约？就胶莱河大桥大惨案，说河里水都是血。

B：那是1947年。就是1947年打高密嘛。

C：那个三合山战役是哪年呢？

B：三合山战役主要是在 1948 年，1947 年下半年就接上打三合山。

A：一开始共产党和国民党就打仗吗？

C：当时蒋介石和共产党还搞合作，后来两个区分了，1947 年区分的。歼灭日本鬼子时是国民党和共产党合作。

A：那个时候，八路军经常在咱这里活动，动员百姓吗？

C：就是动员当兵的意思，做老百姓工作让去当兵。

B：1947 年和国民党打起来之后，共产党就来动员当兵了。咱这个庄不大，但当兵的很多，我知道的就去了 54 个。

A：去了那么多呀，这不村子里的男劳力都去了吗？有牺牲的吗？

B：去了 54 个，后来死的死跑的跑，就剩了我们 6 个。

A：姥爷，您还知道您那个部队叫啥名吗？

C：你的退役证呢？上面应该会有。他们退役兵后来又参加过根治海河，那时候发的有证。

C：哦哦，这证上光有个 1928 年出生，没有部队番号。

A：那部队的名字还知道是什么吗？

B：那时我在后勤。

C：去了第二天就开始打仗了。

B：1947 年我去的 13 团。

A：那领导叫啥名呀？

B：排长、班长都忘了叫啥了。1947 年我在后勤，都想不着了。我当时在后勤押卫生局，就我自己。就打高密的时候，就我自己。

C：就军队医院，他管着保护医院安全。

A：姥爷，那您土攻的时候还记得吗？

C：土地改革，斗地主，打窝巴的时候。

B：土改是在 1947 年嘛，那个时候我就当兵走了，家里的事知道的不多。

C：咱这最大的地主是张舍老白家吧。

B：是，最大的地主，斗得挺惨的。

A：当时怎么斗的呢？

B：就是家里没人了，就剩老白自己了，都跑了，没人了。

C：都跑了，那时候，老百姓逮着他家里的人就揍。

B：家里都走的没人了，老白家，就剩个绊绊磕磕的傻子，一个儿子在

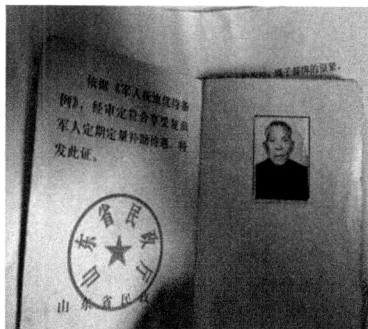

家里。

C：那时候都走了，爱分地分地，爱分房子分房子。

A：那时候咱家也分地了吗？

B：咱分了块园子地，分了一亩地。

A：就光分了地，别的没分吗？

C：没分着，分不过数来。主要东西都归公了，金银财宝分不到老百姓手里。当时斗地主，打窝巴嘛，都归公了。

A：那地是共产党来分的吗？

B：是，就是解放区过来的，当时是辛安区的干部来领导分的。

A：是外来的这些人管这事，还是庄上有负责这事的呢？

B：那时候咱庄上有农救会，农救会长是陈守成，主要是他们来管，就他在家管分地。

A：那支援前线，淮海战役的时候，还记得吗？

B：淮海战役的时候，我就是押民工的嘛，我住在黄山头车站，安徽那。

A：哦哦，你就是部队上负责护送民工的啊？这算是问到明白人了！那些民工也是你负责招来的吗？

B：那个不归我管。支援前线是个大事，不是几个人、几个部门就能办的。这么大的规模，都是有组织、有计划的。可以说这个事几乎是牵涉到了所有的部门、所有的人，也能看出共产党当时不光是能打仗，组织动员能力才是胜利的保障。我只是代表部队负责把人领到去的地方，那些民工都是村里自己组织的。

A：那当时您也是跟着民工一起走吗？

B：嗯，俺押的都是抬担架的。步行去的安徽，四个人一副担架，两个人一个车子，两个人轮换着推着车子，推着被窝啥的，有的车子上还有弹药。虽然民工队伍没多大危险，我们也得小心准备着。淮海战役结束以后，我回来在西南山过的年。过年回来那次，咱村只回来6个，54个一起去当兵的就剩了6个，其他的死的死、跑的跑。

A：姥爷，淮海战役您也参加了吗？

B：参加了啊，淮海战役那会就是押民工，后勤保障，没上前线。我的奖章都有来，淮海战役章、渡江战役章，好几个。当时也不在意，军章什么的都丢了。

A：当时姥爷您就是负责支援前线的吗？

C：负责后勤医疗，管抬担架、抬弹药什么的。

A：当时淮海战役，支援前线往前线送什么？就是弹药、粮食是吧。

C：那时不叫粮食，叫给养。

A：那给养是老百姓自己家捐的？

C：都是当地老百姓交的。

A：他们给呀？

C：那时国家没有储存军粮。都是到那，地方政府就会号召老百姓给当兵的军粮。

A：那时候国民党抢东西吗？

C：怎么不抢东西，国民党像日本鬼子三光政策差不多。日本鬼子侵略中国的时候，三光政策，烧光、杀光、抢光，国民党也差不多。

B：当时国民党也这样呀？

C：也这样，要不共产党恨他，老百姓恨他。

A：咱家当时一直是种地吗？

C：当时就是种地。你姥爷后期就上新建公社了。你老姥爷就跟你姥爷一起去公交办干临时工，那是后期了。

A：那时土改咱村外来的工作队主要管什么呢，也负责组织当兵和支前吗？

B：搞土改就是苏村郑相官。那不就让国民党弄去在门村杀害了嘛。

C：土改那时国民党是败了，但后来又打回来一次。

B：那时辛安区的驻地在娇戈庄，国民党后来打回来过，辛安区区长郑相官、副区长杜培龙被国民党打死了，他们都在娇戈庄死的，还乡团害的。

A：当时国民党是没断根呀。

B：还乡团就是跟国民党来的。就是家里被斗的人都跑出去当了兵，去了国民党那里，他们组织了还乡区，国民党打回来的时候，他们也回来进行报复。

A：当时那个农救会一个村就一个吗？

C：会长呀，就跟现在的村长一个意思。

A：是老百姓选的吗？

B：村长是李云台。

A：村长和会长是老百姓选的，还是上级任命的？

B：各个村都不一样，有的是村民选出来的，有的是任命。农救会一般是贫农来当，村长就说不定了。

A：你们支援前线的时候，军队给钱不？

B：军饷呀，那时候没有军饷。有很多当的是"土八路"，不是正规军，其实就是从村里调的民兵。

D：干义务兵。

A：那在咱赢了之后，有人到咱这里做记录吗？

C：那是民政部门下来调查过。

A：那有补贴是吧？

C：有，你姥爷现在一个月都 1800 了。你姥爷要是再晚几年退役就会更多。退役证给他弄了 1949 年。他是 1947 年当的兵，开始连残废金都没捞着。

B：当时回来打三合山的时候，腿里面还有炮弹皮，现在年数长了也不敢取了。

A：这不新中国成立 70 周年了，国家变化这么大，你有什么感受？

B：我就沾共产党的光。

C：你姥爷以前一年不到 300。从辛安区划分变成公社，成平度县，咱划为张舍公社，你姥爷开始领残疾金。原来 20 多年，归官庄公社，你姥爷都没捞着领。因为以前没上学什么不懂。后期划为张舍公社又开始领了，以前不懂，不会取政治材料，不然得补偿损失。那是国家照顾残疾军人的，一直都有。

C：共产党给你的待遇你觉着达到你的理想目标了吗？

B：照我的思想达到了，咱也没干过啥大事，比起那些在战场上牺牲的，有什么不满足的。

A：您觉着现在的生活是不是比以前好了呀？

B：现在的生活比以前好多了。

C：不用说是当兵的，老百姓生活比以前也好多了。

A：以前吃树皮是真的有吗？

C：怎么没有，我跟你姥娘就吃过树叶子。

C：吃花生皮。收完花生，掐掐就捻着吃。

E：吃棒子骨头。

C：菜都找不着。

E：掐点地瓜干当饼干吃。

C：地瓜干当调料吃。

A：那现在新中国成立70周年，你有啥话想对我们这些年轻人说？

B：亏是共产党、毛主席领着解放了，在习近平主席领导下生活越来越好。现在生活好了，不愁吃不愁喝，希望你们这些大学生好好学习，用你们的知识和能力把国家建设得更好。

三、分段整理

（一）基本情况概述

1. 家庭基本情况

我叫刘化奎，出生于1928年10月26日，今年92岁。27岁结的婚，有五个孩子，四个儿子，一个女儿。1947年，共产党在村里征兵，我们村子里共54个人去当兵。年轻时，我随部队参加过淮海战役、渡江战役等。后来在三合山战役时，因炮弹片受伤致残复员回家。因为我的文化水平有限，不识字，当兵时间又短，没有能够入党，复员后就回家务农了。一块出去的这些人，跑的跑，死的死，最后就剩了6个人。

2. 村庄基本情况

我的家一直在宝落村，这个村是个自然村。打跑鬼子后，村子就没大有人了，估摸着当时也就300人，在附近算是小村。当时我们都是种地，每个人家里都有一两亩地。斗地主土改时，区里派人来的，给分的地。之前都吃不饱，穿不暖。现在生活都好了，村子里有很多工厂，大家都出去打工赚钱了。

（二）抗日战争胜利与土地改革

1. 抗日战争的胜利

鬼子来过村，还杀了几个小曼。鬼子在咱庄，弄了三个人绑在树上，点上火了，都烧成了残疾。鬼子在平度、沙河住着，咱这没有，汉奸在张戈庄住着。最后他们都被共产党打跑了。

2. 土地改革

土地改革，斗地主，打窝巴的时候，咱这最大的地主是张舍老白家。当时斗的他们家里就剩老白自己了，都跑了，没人了。那时，老百姓逮着地主就揍。老白家，就剩个绊绊磕磕的傻子儿子在家里。那时候，爱分地分地，爱分房子分房子。咱分了园子地，分了一亩。当时是辛安区派人来分的，咱庄的农救会长是陈守成、村长是李云台，他们都是贫农。

搞土改就是苏村郑相官，后来让国民党抓去在门村杀害了。土改那时国民党曾经打回来过，家里被斗的人都跑出去当了兵，去了国民党那里，他们组织了还乡团。那时辛安区在娇戈庄，还乡团就是跟国民党来的，就住在娇戈庄。辛安区区长郑相官、副区长杜培龙被还乡团他们抓到娇戈庄杀害了。

（三）支前运动的动员与参与

1. 支援前线

支援前线的时候，没有军饷。就从村里调民兵，干义务兵。我当时负责后勤医疗，管抬担架、抬弹药什么的，给养都是当地老百姓给的。那时国家没有储存军粮。都是到哪，地方政府就会号召老百姓给当兵的军粮。那时候国民党抢东西。国民党像日本鬼子三光政策差不多。日本鬼子侵略中国的时候，三光政策，烧光、杀光、抢光。所以，共产党恨他，老百姓恨他。

淮海战役，俺都是押担架的。步行去安徽，四个人一副担架，两个人一个车子。两个人推着车子，推着被窝啥的。

2. 解放战争

最初共产党和国民党合作，最后两个区分了。国民党在咱这制造了胶莱河大惨案，杀了很多人，不仅杀共产党，也杀老百姓。1947年土改以后，区里就来人动员当兵了，咱这个庄去了54个，我们都是去的13团。

3. 战后

1951年因伤转业回来，划为张舍公社的时候开始领残疾金，现在能领到1800块钱，共产党给的待遇达到我的理想目标。现在的生活比以前好多了。

4. 对新中国成立七十周年想说的话

我就沾共产党的光，亏是共产党、毛主席领着解放了，在习近平主席领导下生活越来越好。希望年轻的大学生好好学习，用自己的知识和能力把国家建设得更好。

四、调研员心得与体会

2019年8月15日，我怀着好奇、憧憬跟妈妈、弟弟坐着公交车来到了姥姥村。记得姥姥以前跟我讲过，我有一个当过兵的老姥爷。正好调研的对象就是老兵。所以我寻求妈妈、姥姥的陪同，先去超市买了一箱奶和一箱补品。随后在姥姥的引领下来到了我的老姥爷家。第一次去很紧张，姥姥在前面打头阵，我紧紧跟在后面。恰巧老人家在门口乘凉，姥姥说明了缘由，老姥爷带着我们走进屋。老姥娘在沙发上看电视，老姥娘看到我的时候没有认出来。在我很小的时候，老姥娘见过我，长大就没有见过，现在已忘记了。在我姥姥的介绍下，老姥娘很激动，很热情地招待了我们。老姥爷已经 92 岁了。他除了腿上因存留炮弹炸伤过的碎片，成为残疾军人，走起路腿脚略微不便，身体的其他方面都比较好，思维比较清晰，比较健谈。老姥爷还保留着当兵时的习惯，带着军帽，穿着军服。

随后，我们开始了关于战争的聊天。通过聊天，我了解到了许多不为人知的故事，了解了许多的历史事件。胶莱河大惨案、还乡团给我留下了很深的印象。没想到国民党也有过惨无人道的暴行。据老姥爷讲，国民党残杀过许多无辜的老百姓和共产党。"河里都是血"，"死了好多人"。老人的一句句话组成了一幅画面呈现在我的眼前。到处都是凄惨的呐喊、回音。这些令人发指的惨案令人感到悲痛。说起这些时，老人仍然非常愤怒，那一幕幕狰狞的画面，仿佛仍呈现在老人的眼前。还乡团是地主被斗时逃出去后组成的队伍，跟着国民党来到这里。在国民党被打败后，他们并未被根除，仍存在着残余势力，且非常猖獗。据老姥爷讲，他们在门村残忍地杀害了农救会的会长和副会长。

最后，我问了老人对共产党治理国家的看法。老人激动地说："多亏了共产党，我就沾了共产党的光。"此外，老人还表达了对新中国成立 70 周年的祝福。聊的这一个小时，说长不长，说短也不短。他让我感受到了老一辈的革命精神，让我了解了旧时代。我们能够生存在一个和平的年代，这都是老一辈人浴血奋战得来的，老人腿中残留的炮弹碎片就是很好的写照。经过这次调研，我觉得我会更珍惜现在的美好生活，更学会感恩。

老兵，可爱的人。他们是时代的里程碑，是我们新一代的标杆。愿我们能够不负韶华，未来可期，不辜负这个时代。

附录　那些年支前民众的革命岁月口述调研提纲（节选）

一、调研目的

围绕 1947—1949 年支前运动这一主题，运用"动员—参与"的分析范式，以经历过的此运动的老人为主要访谈对象，深入了解支前运动兴起的历史背景，研究战争时期党的政治动员的方式和途径，深入挖掘支前运动的当代教育意义。

二、提纲设计

提纲主要按照支前运动基本情况、背景及主客观原因分析、具体细节以及支前运动的影响和意义等逻辑架构进行设计。重点是了解党在支前运动中领导作用发挥的方式及途径；普通民众参与战争的动机及作用等。

三、访谈说明

1. 背景说明。支前运动指的是 1947 年至 1949 年间，解放区广大农民纷纷参军参战，成为解放战争迅速取得胜利的关键。据统计，三大战役共动员支前民工 880 余万人次，人民群众出动支前的大小车辆 141 万辆，担架 36 万余副，牲畜 260 余万头，粮食 4.25 亿公斤。在千里运输线上，奔流着一支亘古罕见的支前大军，他们冒着枪林弹雨，忍着风雪饥寒，依靠人力和落后的工具，翻山越岭，破冰渡河，谱写着一曲人民战争的动人凯歌，涌现出许多感人事迹和无数的英雄模范。其中，由于是淮海战役的主战场，山东解放区先后有 59 万青年参军，还有 700 万民工随军征战，为战役提供了取之不尽的人力和物力支援。华东野战军司令员陈毅曾深情地说："淮海战役的胜利，是人民群众用小车推出来的。"

2. 访谈前的准备。

（1）背景知识准备，了解支前运动的整体情况，了解山东省人民支前运动的基本情况，了解受访人所在地方支前运动的情况；

（2）背景资料准备，阅读相关文献（参见培训材料附录一、二）；

（3）了解受访个人信息（主要包括姓名、年龄、性别、祖籍、身体状况、政治身份、教育程度、主要经历等）、家庭情况（主要包括家庭成员基本情况、现在家庭土地情况和农业生产情况、家庭目前经济状况与主要收入来源、家庭经济状况在村里的位置等）和所在村庄基本情况（主要包括：村庄所在区域的自然环境、地理位置、地形地貌、气候条件，了解村庄的起源与形成、村庄的姓氏分布、家族宗族情况等，了解解放前夕村庄的一些情况）。

3. 访谈难点。本次社会实践最大的难点在于调研对象的寻找，尽量是以实际参加过支前运动的老人为主。解决难点的方法之一是到县级以上档案馆、党史研究室（史志办）及民政部门进行查阅。方法之二是通过乡镇（街道）进行探寻。

4. 调研方式。以实地访谈为主，辅之以网络或电话进行补充修正。

5. 建议的访谈方式。

（1）目标清晰。本次访谈的问题较多，核心是弄清楚民众支前的历史背景以及地方党组织在此过程中的领导作用。

（2）态度谦逊、耐心。确定访谈对象后，首先要说明自己的身份，说明访谈的目的和意义，取得受访者的信任，打开"话匣子"；

（3）灵活运用访谈提纲。要注意受访者的身体和精神状态，对调研提纲中涉及的问题进行适当的精简或补充追问，特别注意对一些具体人物、事件、关键性细节及可供统计分析的数据等问题的补充追问。

6. 重点注意的几个问题：

（1）做好前期准备。阅读相关书目，了解山东民众参军支前的历史；查阅调研所在地的档案、文献等，了解当地参军支前的整体情况；熟练提纲，把握核心内涵。

（2）学会进行追问。不能只是简单对照提问，在追问中收获细节，发现问题；多问"为什么"，多问"如果不……"，多问"有没有例外"。

（3）注意记录、挖掘原汁原味的话语、说法、故事、段子等。当地的、富有地方特色的"名词""话语"很有价值，是今后学位论文选题的重要切入点。

（4）注意搜集当时的老照片、档案、文件、文字资料、账簿等。

四、访谈提纲

第一部分：基本情况了解

调研员（统一简称为"Q"）对受访人（统一简称为"A"）进行问候，了解受访人基本情况，了解村庄的情况，拉近感情。

例：

1. Q：爷爷您好！我叫＊＊＊，东村＊＊＊的外孙。您身体看起来很硬朗，您今年高寿啊？那您比我外公还大 10 几岁呢！您是自己住还是跟儿孙住一起？

2. Q：平时您自己做饭吗？饭量咋样？

3. Q：您一般几点睡觉，几点起床，中午睡午觉吗？

4. Q：每天还出门溜达吗？平时都干点什么呢？

（以上问题调查员可以自由发挥，但要注意方式方法，要有礼貌地问候老人，给老人留下好印象，拉近感情；同时注意不要直奔主题，不要一气提出过多问题。）

5. Q：咱家一直生活在现在这个村庄吗？咱庄历史上出过名人吗？

6. Q：咱庄现在大约有多少户，多少人口啊？每人平均几亩地啊？村民都靠什么生活？经济和生活水平在附近几个村子当中处在什么位置？

注意：这一部分在整个访谈中起着非常重要的作用，调研员一是要有耐心，不要抱着完成任务的心态。尽量一次只问一个问题，问话的语速不要太快，让老人慢慢进入状态。二是问题设计尽量由近及远，由熟到生，多些闲聊，逐渐打开老人记忆和话匣子。三是问题尽量口语化，避免老人因听不懂、听不惯调研员的问题导致的交流障碍。

第二部分：调研员简单自我介绍，说明访谈的主题和意义

例：

7. Q：爷爷，今天来打扰您是这样一件事：我现在山东青年政治学院读大学，受学校团委委托，想了解一下解放战争，特别是支前运动的事。我们会把了解到的这些故事整理成文章，让更多的青年大学生了解那个年代，了解那个年代的青年人做的事，也算是我们年轻人为新中国成立 70 周年奉献的一份小礼物吧。您亲历过那个时代，应该有很多故事和我们聊一聊吧？

注意：这个年龄的老人经历过太多的运动。这一部分要花点心思，说明来意，使老人丢掉戒心，产生教育青年大学生的使命感、自豪感等。

第三部分：支前运动与土地改革

背景材料：1946年5月4日中共中央发布关于土地问题的指示，把抗日战争时期减租减息改变为没收地主土地归农民所有；1947年9月中共中央召开全国土地工作会议，制定了《中国土地法大纲》。1947年11月至12月，一个以土地改革为中心的波澜壮阔的群众运动，很快在陕甘宁、晋绥、晋察冀、晋冀鲁豫、华东等老解放区，东北等半老解放区，以及鄂豫皖、豫皖苏、豫陕鄂、江汉、桐柏等新解放区广泛开展起来。轰轰烈烈的土地改革运动，猛烈冲击着几千年来的封建土地制度。特别是在一亿人口的老区和半老区，基本消灭了封建土地制度，打碎了几千年来套在农民身上的封建枷锁，改变了农村旧有的生产关系。这一翻天覆地的变化，使亿万农民在政治上、经济上获得了解放，并由此迸发出难以估量的革命热情。他们踊跃参军参战，担负巨大的战争勤务，并以粮草、被服等物资支援自己的子弟兵，为解放战争的胜利，提供了源源不断的人力、物力支持。

例：

8. Q：

（1）打（日本）鬼子的时候，我们村上有日本兵吗？离咱庄最近的鬼子据点在哪里？离咱庄远吗？

9. Q：

（1）打日本（鬼子）的时候，咱这块都有哪些部队（鬼子、伪军、国军、土匪、八路、"土八路"等）？

（2）那时候您家里有当兵的吗？是参加的哪支部队？

（3）这种情况在后来的土改（分地）中对您（家）有过影响吗？

10. Q：

（1）鬼子被赶跑的时候，您大约有多大岁数？结婚了吗？有没有孩子？

（调研员在这个问题上需要耐心，帮助老人回忆，通过现在年龄计算一下当时老人年龄，然后可以提示老人）

（2）那时候您家有几口人？都有谁啊？

11. Q：

（1）日本鬼子被赶走之后，咱们这个地区（县城）是谁的部队接管的？属于共产党还是国民党？

（2）我们庄当时是归蒋介石管还是毛主席管？接管后做了哪些事情？有没有变化？

（注意：那时候多数老人没多少文化，一些用语要尽量用他们习惯的叫法。)

12. Q：

(1) 共产党的军队（解放军是 1946 年 10 月之后共产党部队的称呼）和国民党的军队在我们庄有过争夺吗？

(2) 您当时能感觉到共产党的军队和以往的军队有明显不同吗？

13. Q：

(1) 共产党在咱庄大约啥时候稳定下来了？

（调研员可以帮助老人计算一下，如洋鬼子打跑之后几年后）

(2) 那时候咱庄是谁在管事（村长、农会）？他们是怎么产生的（村民选出来的还是上面安排的）？

(3) 他们都是党员吗？（据研究，党员身份是之后土改工作队进来之后公布的，此时应处于秘密状态）为啥选他们？

(4) 您当时参加过选举村长（农会干部）吗？对于这种方式（选举）产生村干部的方式当时有啥感觉？

14. Q：

(1) 我们庄啥时候开始进行土改（分田地）的？是共产党来了之后就给我们搞分地了吗？（可以用抗战胜利的时间节点帮助他们回忆，比如听说日本鬼子被赶出中国后，多长时间分地啊？）

(2) 这个事是谁在管？（应该是土改工作队，此处老人不一定能准确说出来，可以分解引导：是本庄上的人，还是外来的人？是部队来的，还是县里来的？等）

15. Q：

(1) 土改时，您家有几口人？都有谁？年龄都多大了？（这里要捋清家庭关系，后面留意老人可能因时间原因记忆出现偏差）

(2) 分别从事什么生产（职业）？主要经济来源和生活情况咋样？

16. Q：

(1) 土改前你家有多少地？土改时，被划分为什么成分（贫农雇农、中农、富农、地主）？

(2) 这个成分是怎么划出来的？（土改工作队领导，通过"自报"和"公议"相结合的方式确定）

17. Q：土改过程中，您家得到（或失去）了什么（房屋、土地、牲畜、农具、衣物等）？

18. Q：

（1）土改后家里有多少地？是原来的大亩计算还是小亩计算？大亩的话相当于现在多少？

（2）当时都种了哪些作物，一年收成分别有多少？够一家人维持基本生活（够吃吗）？

19. Q：除了种地，您家还有其他收入来源（在外揽活或者做小买卖等）吗？收入怎样？

20. Q：

（1）土改后，您家有哪几个人可以从事生产（劳动力）？

（2）男性和女性分别有多少？

（根据以上家庭成员情况来帮助老人判定，但要考虑到当时情况。当时14/15岁男孩就能下地干活，算得上小劳力）

21. Q：

（1）土改后，您家的经济情况在村里处在什么位置？您和家人当时对于土改是什么看法？

（2）土改后最大的问题（或顾虑）是什么？

（3）担心过国民党军队再打回来被报复吗？这种情况发生过吗？

22. Q：

（1）除了分地、选村长（会长），还有哪些人？

（2）还有哪些事（如：有没有在文化上办识字班）

（3）哪些口号您仍有深刻印象吗？

23. Q：淮海战役打起来之后，咱庄有好多青年参军、支前，和土改有直接联系吗？

注意：作为民众支前的重要背景，土地改革发挥了重要作用。经历过这一事件的老人一般都会或多或少地了解一些，而且各个村庄在土改过程中都会有不少故事。在访谈过程中，尽量放慢节奏，尽量多地让老人回忆起那段往事。询问具体事件的时间可利用两个重要时间节点：一是1945年抗日战争胜利（赶跑了日本鬼子之后）；二是1949年新中国成立。可以先简单问一下关于抗日战争的情况，然后慢慢转到抗战结束情况，不要过分纠结于事件发生的时间，着重了解"故事"。

第四部分：动员与参与

背景材料：

1. 关于政治动员。"动员"概念属于军事范畴，从词源上看，它最早来源于普鲁士。动员在很多情况是作为军事语言来认识，第一次世界大战以后动员被普遍使用。政治动员可以视为和家长制和官僚制并列的组织管理方式之一，指的是一定的政治主体（政治精英或政治组织）在一定名义下（一般表现为意识形态旗帜），采用舆论宣传、思想教育、树立典型、利益诱导、组织控制等方式，以获取、集中、配置资源而达成一定政治目的的组织管理方式。其主要特征是激发人民的政治激情，或者构造一种政治压力，促使人民采取行动，以有效调动各种资源从而实现政治目标。以动员的方式制定和执行政策，长期以来一直是中国政治的重要特征。亨詹姆斯·汤森等的《中国政治》对毛泽东时代政治动员体制的形成原因、历史背景、政治动员方式、大规模群众运动形式、政治动员的利与弊以及党的领袖在政治动员中的作用等进行了深入的研究。作者概括了一种"毛泽东主义模式"，这种模式强调大众动员和参与，以此达到经济社会和政治目标的手段。塞缪尔·P.亨廷顿的《变革社会中的政治秩序》对政治动员问题的研究颇有意义。

2. 关于支前运动的动员。土改之后，得到土地的农民受到传统的小农安居思想影响，多数并没有自愿和自觉地加入参军支前运动中来。为此，在党的领导下，各解放区先后开展了各种行之有效的动员动作，才使得党的意志转变为人民群众的自觉行动，使解放战争发展为规模宏大的人民战争。

例：

24. Q：您印象中，参军支前是发生在土改之前、同时进行还是土改完了之后？

25. Q：一开始，老百姓对参军和支前是什么态度？是民众自发组织起来的，还是有人在动员组织？

26. Q：

（1）负责这件事（参军、支前运动）的人有咱自己庄上的吗？他是什么身份（村长？农会会长？其他?)？是党员吗？

（2）大家听他的安排是因为他的话有道理、他的政治身份还是他在村里的威望？

27. Q：

（1）有外来的人进行动员和组织吗？他们有介绍自己的身份（土改工作队？支前工作队？部队上的？县上的干部?）吗？

（2）是党员吗？大家听他的安排吗？

（3）大家听这些外来人的，是因为他们的话有道理，还是他们的身份？

28. Q：

（1）那个时候是怎么宣传这事的（标语、传单，开会等）？

（2）那些标语都写（贴）在哪些地方？用什么写的？谁写的？

（3）您还能记起一些口号吗？

29. Q：那个时候的传单是不是很简单啊？您还能记起一些宣传参军与支前的传单都有什么内容吗？

30. Q：

（1）开会宣传的时候，都是讲哪些内容的（诉苦、挖苦根等）？

（2）都是哪些人在会上讲？你还能记起当时开会时候的场景吗？有现场批斗（地主）吗？

31. Q：有没有挨家挨户进行动员？都讲些什么啊？

32. Q：

（1）经过这些宣传动员，老百姓对参军支前的态度变化大吗？

（2）您觉得这些（动员）形式当中，哪些是最有效的？

33. Q：

（1）咱庄上有参军支前比较有名的人吗？他们都是什么成分？是党员吗？

（2）您觉得他们积极主动参军支前的原因是啥？

（3）您能给我们讲讲他（们）的故事吗？

第五部分：支前与胜利

背景材料：1947—1949 年间，不仅有大批青壮年农民潮水般涌入人民军队；各地农民还组成运输队、担架队、破路队等随军组织，担负战地勤务，广大支前群众依靠人力和相当落后的工具，用肩挑、车推、驴驮、船运等方法，将大量的粮食、弹药等军需物资源源不断地运往前线，将伤病员送到后方救治；同时，他们还广泛建立与加强民兵组织，配合解放军作战。

例：

34.1. Q：那时候，咱庄上直接参加解放军的大约有多少？占多大比例？

34.2. Q：参军有年龄限制吗？最小的多大岁数？最大的又是多少岁？

34.3. Q：当时什么情况的人（家庭）去参军？有硬性的要求还是自愿报名？主动报名参军的多吗？

34.4. Q：参军的家里有哪些物质奖励（粮食？钱？）政策吗？有没有精神方面的奖励，比如类似后来"光荣家属"门牌这种东西？

34.5. Q：要是（够条件）不去的话，会怎样？有跑回来的吗？跑回来的话受到啥惩罚没有？

34.6. Q：

（1）那个时候参军的这批人有牺牲的吗？占多大比例？

（2）牺牲的家庭后来有啥照顾吗？活下来的后来怎么样了？有当大官的吗？

35.1. Q：

（1）什么情况的人（家庭）需要参加支前？有硬性的要求还是自愿？

（2）参军的家里有哪些优抚（物质的，精神的等）政策吗？

35.2. Q：党员和庄上的干部有没有发挥带头作用？

35.3. Q：有没有符合条件不去的？要是（够条件）不去的话，会怎样？

35.4. Q：咱庄上支前的都在一起吗，还是被随机分配的？我们庄承担了什么任务？

35.5. Q：您参加过几次，都到过什么地方？参加过什么任务？还记得是跟着什么队伍吗？

35.6. Q：

（1）执行任务的时候咱庄上领头的是谁？为啥让他领头呢？

（2）支前队伍是如何编制的？一个团涉及多大的范围（乡？县？），大约多少人？

35.7. Q：

（1）执行任务的工具（如小推车、担架等）是自备还是统一分配的？

（2）路上吃饭是自带干粮还是统一安排的（民站，百姓家中）？

（3）睡觉是怎么解决的？被褥自备的还是统一分配的？

35.8. Q：支前路上有没有印象深刻的娱乐活动（唱歌、喊口号、讲段子等）？

35.9. Q：有部队的人护送吗？有没有遇到过危险？有没有路上跑的？有没有负伤、牺牲的？

35.10. Q：据您的了解，都有哪些类型的随军组织？

36. Q：

（1）您参加过村里的民兵组织吗？都有哪些人参加啊？是怎么编制的？

（2）民兵队长（连长）是选出来的，还是上面任命的？

（3）为啥选（任命）他？都有啥样的装备？

（4）平时组织训练吗？谁来组织？都训练哪些科目？

（5）我们村的民兵都执行过什么样的任务？

37. Q：

（1）村里的老人、妇女及儿童也承担过支前的任务吗？

（2）您觉得妇女在参军支前运动中的作用大吗？她们主要做哪些事（送子弟参军、随军后勤、做被服等）？

38. Q：

（1）支前物资（粮食、被服、担架等）是以什么形式征缴的（公粮、征借等）？

（2）公粮负担重吗？比战争（淮海战役）发生之前多了几成？

（3）老百姓的积极性高吗？征借的物资后来还了没有？有付利息吗？

39. Q：陈毅元帅曾动情地说："淮海战役的胜利，是人民用小车推出来的。"您是怎么看这句话的？

第六部分：奖励与回馈

40. Q：据您的了解，党和政府对参军支前的个人和家庭都有哪些形式的奖励？在您的身边有比较有名的支前模范吗？您能讲一讲他的故事吗？

41. Q：新中国成立后，特别是改革开放以来，党和政府对老区人民的奉献有过多种形式的回馈，您印象比较深的都有哪些？您觉得满意吗？

42. Q：新中国成立 70 周年之际，您对我们这一代青年人有什么嘱托和期望吗？

后　记

他，现年 88 岁的王克昌老人，来自名扬鲁南的抗战支前模范村——临沭县曹庄镇朱村，是全国优秀支前模范。2013 年习近平总书记在鲁南地区考察期间，专门驱车前往看望。总书记握着王克昌老人的手，深情地说："让老区人民过上好日子，是我们党的庄严承诺。"每当老人回忆起这段经历，都是激动不已、热泪盈眶。

他，现年 95 岁的吴权生老人，参加过莱芜、孟良崮、上海等著名战役，负过重伤，荣立过解放奖章、独立勋章，是一名战功赫赫的老抗战功臣，现为二等伤残军人。从退休的那一刻起，他就用一个抗战老英雄的亲身经历，讲述着抗战故事，讲述着那一份份军民团结的情义，传播着抗战精神。正如他所说的，"30 年来，我坚持无论走到哪里，就把抗战革命传统带到哪里"。

他，现年 85 岁的邓纪禹老人，是有着 65 年党龄的优秀共产党员。解放战争之初，贫苦出身的他参加儿童团，在党的领导下成长，为党做着宣传工作，在支援前线的过程中，做出重大奉献。解放战争胜利后，他成为一名优秀的共产党员，一直坚持在基层社区的工作岗位上，勤勤恳恳，任劳任怨。当问他还能干多久时，他说："我是一名党员，我要为党和人民干到我做不动的那一刻。"

她，现年 103 岁的程俊兰老人；他，现年 95 岁的刘组双老人……他们的平均年龄在 90 岁以上，他们共有一个普通但及其光荣的名字——支前老兵。

为帮助青年大学生更直观地了解支前运动的历史，更深刻地理解那些曾经为共和国成立做出贡献的"普通人"的革命情怀。山东青年政治学院政治与公共管理学院团总支、政治学与行政学教研室及山青政论学社联合组织了"铭记历史·不负远期——那些年支前民众的革命岁月"口述史调研活动。

调研围绕 1947—1949 年支前运动这一主题，运用"动员—参与"的分析范式，以时间轴为导线，紧抓 1945 抗日战争胜利和 1949 年新中国成立两个时间节点，帮助老人建立起对支援前线历史的回忆，从"日本鬼子被打跑后谁来接管？"到"共产党来了之后做过哪些工作？"再到"国共两党领导时的差异？""宣传支援前线的方式与方法有哪些？""你参加的支前在那一年，经历了多长时间？"，到最后的"支前与胜利、奖励与反馈"，一步步地帮助老人回忆起那段峥嵘的岁月。

万事开头难，在正式开展调研前，为了确保调研提纲能够最大程度地帮助受访老人回忆那段过往已久的历史，调研团队通过多方联系，先锋分队在指导教师陈建坡的带队下，于6月中旬先后对济南市历城区91岁谢德来老人、济南市章丘区103岁程俊兰老人开展试调研，在调研中，不断完善调研提纲。感谢91岁的谢德来老人为我们讲述他与支前的故事："我参加了两次，第一次，我是参与的我们村上第二批担架队，从春天农忙前就走了，一直到秋天八月份才回来，一趟下来就是四个多月，最远是到达1000多里的汶上作战；第二次，是在济南战役中，作为运输队，从乡公所的粮站运粮食到济南城的前线支援，济南战役只有8天，所以就运了8天。"感谢103岁的程俊兰老人，讲述她老伴抗日战争期间入党和抗战后做农协会长、组织群众土改分地、支援前线的经历，作为一个普通的农村妇女，她纳鞋底、做衣，为前线奉献。

从5月份选定主题、调研大纲的设计；到6月份的多次试调研及调研大纲的修改、调研员校级招募、调研员的培训会与出征仪式，再到7月份到8月份调研员在各地档案馆查阅学习支前运动时期相关背景材料、寻找合适的老人开展调研，最后是9月的材料汇总和整理工作。每一步都是在考验着实践团的能力，每一个环节都直接影响着调研的质量。

调研团由来自各个学院的41名大学生组成，分成10个调研小队，分别奔赴济南、青岛、临沂、烟台等15地市开展活动。在烈日炎炎的七八月里，实践团第一分队前往临沭朱村采访支前模范王克昌，第二分队在莱芜雪野镇成功采访……一个个捷报从调研第一线传来，调研团的十个分队先后顺利完成调研任务。截至九月份开学，共成功调研了30位老人（13位老奶奶、17位老爷爷），8位老人年龄在80岁到90岁之间，22位老人超过了90岁。9月份开学以来，调研团经过更加辛苦的材料整理工作，现已完成对22个老人口述史材料的整理工作，共获得300张照片，22个调研视频，近30万文字材料。预计将形成1份完整的调研报告、30份支前老人专题报告、1个视频剪辑、1份照片剪辑及两本纸质期刊专辑。

本书共收录14位调研员的调研成果。在此特别感谢李香雪、张响、韩帅、王仁东、陈彤、王成龙、苏淑媛、种云泽、李立浩、李淼、李雪、陈彤、李椿芸等同学对本次调研付出的努力，由于篇幅有限、内容要求精炼等原因未收录。

经过为期5个多月的精心准备和积极运作，一份带有爱国特色、有着重要教育意义、内容丰富的"支前运动"的口述史调研材料终于落地了。调研的成果让项目组的每一位调研员和工作组成员深感荣幸，总结这次调研，我们感受到了普通民众的革命情怀和新中国的艰辛不易。他们一生过得虽平凡，却早在年轻时就留下了非凡的事迹：在炮火横飞、动荡不安的岁月里，他们勇敢地拿起枪杆子，抬起担架、推起运粮车、纳起鞋底、缝好棉衣，源源不断地支援着已经载入史册的战争。在那场规模宏大的淮海战役中，穿梭在硝烟弥漫的战场上，孜孜不倦地为子弟兵默默无闻地做着后方保障工作，留下了勤劳勇敢的身影，为革命的胜利加快了脚步；他们见证了新中国的诞生，为了祖国的建设添砖加瓦。七十年间不问耕耘，只争朝夕，岁月虽在他们脸上留下沟壑般的皱纹，但夺不去他们朴实真挚的表情和那颗奋勇向前、保卫家乡的炽热之心；我们难以忘记那个普通但又极其光荣的名字——支前老兵。